陸運高 著

看版圖
學中國歷史

中華書局

序言

先師譚其驤（季龍）先生有言：「歷史好比演劇，地理就是舞台；如果找不到舞台，哪裏看得到戲劇？」

任何歷史都是特定的人物在特定的時間和空間範圍中的活動，當然離不開地理環境，並受其制約。

歷史和地理是密不可分的。例如古今地名的變化，我們就必須了解。如果不了解，不是找不到這個地名，就是張冠李戴，以至無法理解本來很明白的歷史事實。中學語文課本曾選用唐朝詩人岑參的《白雪歌送武判官歸京》。根據作者的描述，他在「忽如一夜春風來，千樹萬樹梨花開」的景況下，在輪台目送武判官進天山。今天的輪台，離天山數百公里，在輪台無論如何也看不到天山。但如果了解唐朝的輪台是在今烏魯木齊附近，這個疑問就不存在了。又如，北宋覆滅後，趙構在南京即位，又在金兵的追逼下逃到揚州，再渡過長江。如果

以為這個南京就是今天的南京，則無法理解當時的軍事形勢：既然金兵是從北向南進軍的，趙構為什麼還要從南京北上到揚州？這不是正中（金兵的）下懷嗎？實際上，北宋的南京是今天河南省的商丘。由此南下，沿着當時的汴渠逃到揚州，這樣的逃跑路線就順理成章了。

除了古今地名的變化，中國歷史疆域的變遷也是歷史地理學的必修課。不用說一般讀者，即使是專家學者，或者偉人巨子，讀歷史也必須借助專門的工具書。

1955 年在中南海懷仁堂召開全國人民代表大會時，毛澤東遇到歷史學家吳晗，就談到讀歷史書時往往不知道一些地名的今地，問他有什麼書可查。吳晗推薦了楊守敬的《歷代輿地圖》，又說明此圖的不便之處，建議加以重編改繪。毛澤東隨後批示同意。吳晗受命組織並主持「重編改繪楊守敬《歷代輿地圖》委員會」，並推薦先師擔任主編。由於種種原因，毛澤東

直到 1976 年逝世時尚未看到這一成果，他牀旁成堆的常用書中還只能放着顧頡剛在上世紀50 年代所編的一冊《中國歷史地圖集》。

由先師主編的《中國歷史地圖集》9 冊終於在 1988 年出全，至今還是世界上最權威的中國歷史地圖，也是學術界和社會各界了解中國歷史的疆域、政區、地名和自然地理要素最有用的工具書。

《中國歷史地圖集》雖然權威，雖然是了解中國歷史的疆域、政區、地名和自然地理要素最有用的工具書，但是，它的讀者對象主要是專家學者，所以沒有配以相應的文字解讀，而且「如此巨著，怎能普及，怎能為廣大讀者服務？」（先師譚其驤語，引自《簡明中國歷史地圖集》前言）。

1990 年，先師又主編出版了《簡明中國歷史地圖集》，雖已配有文字解讀，但也僅以政區及地名的古今變化為主，沒有圖文並茂地闡述

中國歷史。

因此，要讀懂《中國歷史地圖集》，了解中國歷史疆域的變遷，並且加以綜合分析，還不是一般讀者所能做到的，至少需要有關專家加以輔導或說明。但這恰恰是我們歷史學家和歷史地理學家長期以來的薄弱環節，即缺乏面向大眾的通俗歷史讀物，其中更缺乏能從地理環境和空間分佈角度來闡述歷史的通俗讀物。所以當我收到陸運高先生的書稿，並粗粗看了一部分後，就感到這是一種新的嘗試，做了我們一直想做而來不及做的事。

陸先生自稱「是個拾遺補漏的家伙」，希望我能為此書的出版說幾句話，我也樂意從命。只是由於雜事叢脞（cuǒ），書稿擱了好幾個月尚未通讀一遍，而出版社發行在即，不能再拖。我只能脫離書稿本身，就了解地理環境和空間分佈對學習和研究歷史的重要性發表一點意見，希望能對此書的推廣有所幫助。

此前我與陸先生素不相識，也未曾見過面，通過電子郵件與電話聯繫，知道他並非歷史專業人士，寫此書純屬個人興趣，願為國人了解「左圖右史」的國史盡力，這也是我樂意推薦此書的理由。至於此書的具體內容和觀點，只能待我仔細讀後方能評論。但是，希望有更多的類似陸先生一樣的「拾遺補漏的家伙」，多出一些弘揚愛國主義的、圖文並茂地闡述歷史的、通俗的歷史讀物。

葛劍雄

上海歷史學會副會長、復旦大學教授兼博士生導師、復旦大學歷史地理研究中心主任

2005 年 8 月 13 日

目錄

序言 ———————————————— 2

引言 ———————————————— 6

（一）先秦時期的中國歷史版圖，都是大概的、不夠精確的 / 7

（二）「中國分治」不能說成「中國分裂」 / 8

（三）中國統一和分治的標準及統一或分治政權的稱謂 / 8

（四）秦帝國和宋王朝的區別 / 10

（五）中國歷史紀年一律採用公元紀年好 / 10

（六）幾百年才出一個的明君、強君 / 11

（七）中國的輿圖 / 11

歷代版圖一覽表 ———————————————— 12

第 1 章　中國古人類時期 ———————————— 24

第 2 章　黃帝及堯舜禹時代 ———————————— 27

第 3 章　夏王朝 ———————————————— 31

第 4 章　商王朝 ———————————————— 35

第 5 章　周王朝（西周） ———————————— 40

第 6 章　春秋和春秋六霸 ———————————— 44

第 7 章　戰國和戰國七雄 ———————————— 50

第 8 章　百家爭鳴　百花齊放 ———————————— 57

第 9 章　秦帝國 ———————————————— 61

　第一節　秦始皇掃滅羣雄 / 61

　第二節　秦始皇的四功績 / 64

　第三節　秦始皇加強統治的措施 / 68

　第四節　秦帝國的滅亡 / 69

第 10 章　漢帝國 ———————————————— 72

　第一節　劉項爭雄　劉邦立漢 / 72

　第二節　狡兔死　走狗烹 / 73

　第三節　呂后專政和「文景之治」 / 75

　第四節　雄才大略的漢武帝 / 77

　第五節　王莽改制和赤眉綠林起事 / 81

　第六節　光武帝劉秀延續漢帝國 / 82

　第七節　短命帝王和黃巾大起事 / 83

　第八節　東漢的疆域和人口 / 85

　第九節　漢帝國的諸子百家 / 87

第 11 章　三國鼎立 ———————————————— 90

第 12 章　晉帝國（西晉） ———————————— 94

第 13 章　東晉十六國 ———————————————— 98

　第一節　東晉王朝 / 98

　第二節　「十六國」之興衰 / 100

第 14 章　南北朝 ———————————————— 109

　第一節　南朝的禪位更替 / 109

　第二節　北朝之興衰更替 / 113

　第三節　「十六國」和南北朝時期的部族政權 / 118

　第四節　三國至南北朝時期的諸子百家 / 119

第 15 章　隋帝國 ———————————————— 121

第 16 章　　唐帝國 ————————————————— 125

　　第一節　開國皇帝李淵 / 125
　　第二節　玄武門之變 / 127
　　第三節　幾百年才出一個的皇帝唐太宗 / 128
　　第四節　裙襦遮掩後的唐高宗 / 132
　　第五節　中國獨一無二的女皇武則天 / 134
　　第六節　武則天的效仿者 / 136
　　第七節　唐玄宗和開元盛世 / 137
　　第八節　困窘不堪的晚唐局勢 / 140
　　第九節　唐帝國的諸子百家 / 143

第 17 章　　五代十國 ————————————————— 146

　　第一節　短命的五代 / 146
　　第二節　紛亂的「十國」 / 152

第 18 章　　遼宋金蒙分治時期 ———————————— 155

　　第一節　遼王朝 / 155
　　第二節　北宋王朝 / 158
　　第三節　南宋王朝 / 160
　　第四節　金王朝 / 163
　　第五節　蒙古汗國王朝 / 164
　　第六節　大理、西夏等王朝 / 167

第 19 章　　元帝國 ————————————————— 171

　　第一節　威服八方的忽必烈 / 171
　　第二節　元帝國的繼任者與反元大潮 / 174
　　第三節　馬可・波羅遊中國 / 177
　　第四節　宋元時期的諸子百家 / 178

第 20 章　　明帝國 ————————————————— 181

　　第一節　朱元璋草寇變帝王 / 181
　　第二節　叔侄爭位　成者為「祖」 / 183
　　第三節　文武雙全的明成祖 / 184
　　第四節　「仁宣之治」 / 187
　　第五節　宦官專政和「土木堡之變」 / 188
　　第六節　昏君庸帝和賢臣良將 / 190
　　第七節　農民起事和闖王李自成 / 190
　　第八節　明帝國的諸子百家 / 192

第 21 章　　清帝國 ————————————————— 195

　　第一節　後金開國者努爾哈赤 / 195
　　第二節　清帝國的創立者皇太極 / 196
　　第三節　多爾袞和順治帝 / 197
　　第四節　雄才偉略的康熙帝 / 201
　　第五節　「康雍乾盛世」 / 206
　　第六節　清帝國由盛轉衰 / 210
　　第七節　清帝國的文化科技 / 217

第 22 章　　中華民國 ————————————————— 219

　　第一節　中華民國締造者孫中山 / 219
　　第二節　袁世凱和北洋軍閥政府 / 221
　　第三節　北伐戰爭和蔣介石政府 / 223
　　第四節　艱苦卓絕的八年抗戰 / 225
　　第五節　全面內戰和國民黨政府倒台 / 228

主要參考書目 ————————————————— 234

附錄　地圖索引 ————————————————— 235

引言

中國，是我們最親愛的母親、最偉大的母親。我們中國母親的歷史悠久而浩瀚，任何一位中華兒女窮其一生也不可能究其詳盡。不過，對祖國的歷史略知一二是許多中華兒女的願望。也許上過中學的人，對中國的歷史大都略知一二。但提到中國母親的「老照片」，即中國的歷史版圖，就知之者不多了。

歷史上的中國版圖是怎樣的？或者說，夏、商、周、春秋戰國時的中國版圖是怎樣的？有多少萬平方公里？秦、漢、晉、隋、唐、元、明、清時「大一統」的中國版圖又是怎樣的？有多少萬平方公里？三國等「中國分治」時期的中國版圖又是怎樣的？……古今對照，中國版圖是怎樣盈縮變化的？……

對這些問題，通讀「二十五史」「地理志」的人，可能了然於胸。但是，「二十五史」裏的一套《漢書》就有一百二十卷，洋洋數百萬字，令一般人望而生畏，更何況「二十五史」三千五百卷，洋洋上億字？有幾個人能通讀呢？

怎樣才能讓普通人也能輕鬆、簡明地了解中國的歷史版圖，了解我們的國家在過去的幾千年裏面孔的變化呢？

時代在發展，社會在前進。現在，人們比較喜歡圖文並茂的圖書。光有文字，沒有圖畫、照片（或者很少）的書，是很大的缺憾。

在老祖宗「左圖右史」的啟發下，在前輩史家學者的熏陶下，筆者萌生了通過看版圖學中國歷史的想法：在透明紙上畫一幅中國標準版圖，用它來對照着回眸中國母親的「老照片」（歷史地圖），頓覺幾千年的中國歷史，立體地、完整地、直觀地、形象地、親切地「成竹在胸」！

而且，「不學不知道，一學真奇妙」。筆者

「天知一半」自報家門

Hi！列位看官，我是天知一半，為什麼叫這個名字呢？因為我見多識廣，手指天，天知一半，腳踏地，地全知完，所以世人稱我為「天知一半地知完」，簡稱「天知一半」。

最近閒來無事，覺得「看版圖學歷史」的創意很新穎。用透明紙印上今日中國的標準版圖，靈活地和歷史版圖重疊對照，這真是簡便而又一目了然的看版圖讀歷史、學歷史的好方法。我的好為人師慾忍不住發作起來，在此插科打諢，胡點亂評，如有不當，敬請批評指正！

查閱了多種版本的《世界歷史地圖集》，驚奇地發現，從秦帝國起，到明帝國止（前221—1644年），中國都曾是當時世界上版圖面積最大的國家！在公元前3世紀末到公元17世紀中這段時間裏，曾經顯赫非凡地馳騁世界，橫跨歐、亞、非洲的大帝國，如羅馬帝國、拜占廷帝國、阿拉伯帝國、奧斯曼帝國、初期的俄羅斯帝國等等，其版圖面積都不及當時的中國大（俄羅斯帝國是在17世紀中期到末期才拓展到西伯利亞東部，版圖面積超越中國的）。遺憾的是，中國從晚清起，夜郎自大，封關鎖國，1840年的鴉片戰爭以後，中國更淪落為弱國，飽嘗了「百年之辱」。古今對照，中外對照，看版圖重溫中國歷史，令筆者熱血沸騰，感慨叢生，時而掐指扼腕，時而拍案長歎！不過，更多的是有一種快感，一種為我們祖國母親無限自豪的快感！為了讓更多的人領略這種自豪，更深入地了解我們的祖國，筆者在親友的熱情

鼓勵和全力支持下，在一些專家學者的幫助教導下，製作了一份「歷代版圖一覽表」，並終於完成了力求「古今對照、圖文並茂、簡潔明快、一目了然」的本書，獻於同好的讀友，並誠摯地希望得到批評和教正。

下面，就本書中涉及的一些歷史問題、筆者的思考及觀點作一簡要說明，以期讀者能更輕鬆地深入閱讀本書。

（一）先秦時期的中國歷史版圖，都是大概的、不夠精確的

比較精確的中國歷史版圖，是在十九世紀清帝國的《嘉慶重修一統志》才有的。在此之前的中國古地圖（輿圖），都是很簡單的，或者不夠精確的。加上筆者水平有限，孤陋寡聞，因此，本書中先秦時期的中國歷史版圖，都是大概的、不夠精確的（當然，秦以後的中

「二十五史」：明帝國時，《史記》、《漢書》、《後漢書》、《三國志》、《晉書》、《宋書》、《南齊書》、《梁書》、《陳書》、《魏書》、《北齊書》、《周書》、《隋書》、《南史》、《北史》、《新唐書》、《新五代史》、《宋史》、《遼史》、《金史》、《元史》合稱「二十一史」。清帝國乾隆年間，《明史》行世，與「二十一史」合稱「二十二史」。此後把《舊唐書》併入其中，合稱「二十三史」。後來，把已經散佚的《舊五代史》輯錄整理成書，經乾隆皇帝欽定，與「二十三史」合稱「二十四史」，成為過去傳統史學領域中的「正史」。清末民初，柯劭忞（shào mín）撰修了《新元史》。1921年，當時的中華民國大總統徐世昌下令把它納入「正史」，這就形成了人們通常所說的「二十五史」。最近，中國政府組織一些專家撰寫《清史》。今後，「二十五史」可能就變成「二十六史」了。

國歷史版圖也不能百分之百地精確，但起碼有「二十五史」的「地理志」為依據）。

夏啟打敗了有扈氏（據有今陝西戶縣一帶），並將有扈氏的首領貶為牧奴，似可推斷，夏王朝的疆域（勢力範圍，下同）西達今陝西戶縣；夏的五世君王少康，曾在「過」（今山東掖縣西北）消滅了「澆」，似可推斷，夏王朝的疆域東至今山東掖縣西北；夏王朝曾建都晉陽（今山西太原），似可推斷，夏王朝的疆域北到今山西太原一帶……如此類推，筆者才得以大概描畫出商王朝、周王朝、春秋戰國時期的中國歷史版圖。

（二）「中國分治」不能說成「中國分裂」

秦始皇建立空前統一的秦帝國以後，中國經歷了漫長的封建王朝時代（前 221－1911 年）。在這 2132 年的歷史中，中國由統一到分治，又由分治到統一，不斷地「合久必分，分久必合」。

筆者以為，「合久必分，分久必合」的「分」，是分治，即「分而治之」。「中國分治」只是中國人分別治理中國的不同地區，絕對不是「中國分裂」，中國還是中國人的中國。很多史學家（包括很多歷史教科書）在講述中國歷史時，把三國時期、東晉十六國時期、南北朝時期、五代十國時期、遼宋金蒙時期等，都說成是「中國分裂時期」。這是不準確的。

「分裂」是使整體事物分開成獨立的個體，是質的裂變，如細胞分裂成兩個或多個新的細胞；如上世紀末蘇聯分裂成十幾個獨立的國家，才叫分裂。然而三國時期的魏、蜀、吳，都不是獨立的國家，而是屬於中國人分治的政權（王朝），是「中國分治」或者說是「分治中國」的政權（王朝）。同樣道理，東晉十六國時期、南北朝時期、五代十國時期、遼宋金蒙時期「分治中國」的政權（王朝），也不是獨立於中國的國家。因此，「中國分治」，絕對不能說成「中國分裂」。

根據這一觀點和歷史事實，上述所謂的

「中國分裂」時期，只是「中國分治」時期。

眾所周知，秦以後的中國封建社會歷史，統一是佔主導地位的。從公元前 221 年到公元 1911 年的 2132 年中，中國有 1558 年是統一的，約佔 73%；只有 574 年是分治的，約佔 27%。在分治的 574 年中，諸侯割據爭霸，兼併戰爭不斷，生產停滯不前，社會經濟凋零。分治時期，比起統一時期，人民的生命財產更加沒有保障，生活更加痛苦不堪。因此，中國人，起碼是絕大多數的中國人，都希望統一，反對分治，更反對分裂。

（三）中國統一和分治的標準及統一或分治政權的稱謂

許多史學家描述中國歷史時，對歷史上的中國的稱謂很不一致。有時稱「某帝國」（如唐帝國、元帝國等等），有時又稱「某王朝」（如唐王朝、元王朝等等）或者「某朝」（如唐朝、元朝等等）。另外，把中國分治時期的王朝（政

權）也叫作「某國」，甚至「某帝國」，更令人混淆。本着簡潔明了、清晰易懂的宗旨，筆者認為，統一中國的王朝叫作帝國，分治中國的王朝叫作王朝比較好。這樣叫法，當時的中國處於統一狀態或者分治狀態，就一目了然了。本書中對帝國或者王朝的區分標準大致如下。

統一的中國：

迄自秦王朝的中國歷代王朝，凡是面積在 480 萬平方公里以上，即相當於現在的中華

小詞典

版圖：版，戶籍；圖，地圖。版圖，現在指一個國家的疆域。

人民共和國版圖面積二分之一以上的統一的政權，本書都稱之為「某帝國」（即歷史上統一的中國）。因此，我們把中國歷史上八個統一的王朝，即秦、漢、晉、隋、唐、元、明、清都稱之為「帝國」。

儘管有些帝國統一的同時，存在過「一國兩治」甚至「一國多治」。例如唐帝國時期，存在有吐蕃王朝、渤海王朝等，但是，統一的唐帝國的疆域面積，大於當時的中國疆域面積（包括吐蕃、渤海等王朝的管轄面積）的一半，而且超過 480 萬平方公里，因此，我們稱唐王朝為唐帝國。

中國分治的王朝：

中國歷史上分治時期的割據王朝（政權），本書都稱之為「某王朝」或者「某政權」。這些分治中國的大大小小的「王朝」，主要的有 69 個。計有三國時期的魏、蜀、吳 3 個；東晉十六國時期的東晉、仇（qiú）池、遼西、成漢、前趙（漢）、前涼、北涼、後趙、前燕、後燕、西燕、南燕、西秦、南涼、代、前秦、後涼、後秦、前涼、北魏、冉魏、西涼、譙（qiáo）蜀、夏、北燕，共 24 個；南北朝時期的劉宋、南齊、南梁、陳、柔然、西魏、東魏、吐谷（yù）渾、突厥、北齊、蕭梁、北周等，共 12 個；五代十國時期的後梁、後唐、後晉、後漢、後周；吳、大長和（大理）、吳越、前蜀、岐、定難、契丹（遼）、閩、燕、南漢、荊南、楚、後蜀、南唐、北漢，共 20 個；遼宋金蒙時期的吐蕃（準確地說，興於唐而滅於元的吐蕃，還包含有許多小「王朝」）、大理、遼、宋、西夏、西遼、黑汗、回鶻、金、蒙古，共 10 個。

另外，還有一些特殊的王朝——漢帝國的「西漢」和「東漢」之間的「王莽新朝」、「更始王朝」；唐帝國時期武則天的「周朝」和「渤海王朝」、「回鶻王朝」等；秦、漢帝國的邊疆政權「肅慎」，晉帝國的「挹（yì）婁」，隋帝國的「突厥」，明帝國的「韃靼（dá dá）」；還有清帝國初期統治台灣的「鄭氏王朝」，中華民國時的「洪憲王朝」、「滿洲國王朝」等等；以

及「楚」、「大順」、「太平天國」等農民起事建立的政權等等，本書不把這些王朝（政權）算作中國分治時期的割據王朝，而把它們歸入「某帝國」（或中華民國）裏。

（四）秦帝國和宋王朝的區別

雖然秦帝國的疆域面積只有 350 多萬平方公里，但是，它是中國的「開國大王朝」，是第一個空前地統一中國的王朝，是當時世界上版圖面積最大的國家之一（秦帝國建立以前不久，曾有過版圖面積比秦還大的亞歷山大帝國和印度孔雀帝國。但是，公元前 323 年亞歷山大大帝〔Alexander the Great，前 356—前 323 年〕死後，其帝國隨即分裂瓦解；印度孔雀帝國的阿育王〔Asoka，前 304 ？—前 232 年 ？〕去世後，其帝國也遭遇了分裂瓦解的命運）。今天我們中國的版圖，是由秦帝國開創，由漢帝國、唐帝國、元帝國、清帝國擴展，由中華民國定形的。所以，我們稱秦王朝為秦帝國。

宋王朝（北宋和南宋）雖然是歷經 320 年的中原王朝，但是，它的疆域面積只有約 300 多萬平方公里（北宋時期）。南宋時期，疆土又被金王朝佔去約三分之一，疆域面積只有 200 多萬平方公里。而且，當時除了漢族佔統治地位的宋王朝以外，還有少數民族建立的吐蕃、大理、遼、西夏等等王朝。（遼的疆域面積比宋還要大。請參閱圖 37）因此，和三國的魏、蜀、吳王朝一樣，宋王朝只是分治中國的一個「王朝」而已。

但是，宋以後的史家往往以宋王朝為主，以吐蕃、遼、金、蒙古等王朝為次，甚至把宋王朝等同於中國，把吐蕃、遼、金、蒙古等王朝等同於外國，來說遼宋金蒙時期的中國歷史。這種觀點是源自「大漢族主義」和「儒家正統思想」的歷史觀。今天的我們當然不能認同這種看法。

（五）中國歷史紀年一律採用公元紀年好

以前，史學家提及中國歷史紀年，多採用當朝皇帝的名號年號加數字來表達。如漢武帝建元三年（即前 138 年），又如清聖祖康熙六十一年（即 1722 年）……這種年份的表達方式相當繁瑣複雜，比較難記。更何況，歷代中國皇帝多達數百，堪稱世界第一；而且，有些皇帝的年號又有許多個，如前所述的漢武帝，年號就有 11 個（建元、元光、元朔、元狩、元鼎、元封、太初、天漢、太始、征和、後元），讓人記得頭昏眼花。所以，除非特殊原因，本書一律採用公元紀年。在通俗歷史讀物中這樣紀年，簡易實用，連續性強，讀者一目了然，易懂、易學、易記。

「天知一半」點評

這是大漢族主義在作怪！列位看官，你以為如何呢？

（六）幾百年才出一個的明君、強君

中國歷史上的皇帝，不但有「明君」和「昏君」之分，還有「強君」、「弱君」、「治世之君」、「亂世之君」之說。帝王都是最大的壓迫者、剝削者，這是他們的本質。但是，一般來說，使百姓安康、國家強盛、政治清明、經濟發展的帝王，都可以稱之為「英君」、「明君」、「賢君」或者「強君」。

據不完全統計，從秦帝國到清帝國，包括分治中國的王朝，皇帝共有 388 位之多。其中比較典型的「明君」、「強君」、「治世之君」，或者「昏君」、「弱君」、「亂世之君」，大概各佔 10%。其他 80% 的帝王，多是平凡庸碌之輩。

在這數十位明君、強君中，最突出者不過五位而已：秦始皇嬴政（前 259—前 210 年），漢武帝劉徹（前 156—前 87 年），唐太宗李世民（599—649 年）、成吉思汗孛兒只斤·鐵木真（蒙古族，1162—1227 年）、清聖祖愛新覺羅·玄燁（即康熙皇帝，滿族，1654—

1722 年），都是幾百年才出一個的明君、強君。當然，「明君時暗」、「強君必暴」，即便是這些號稱明君、強君的帝王也免不了這樣那樣的缺點。不過，金無足赤，人無完人，吹毛求疵也不能吹掉他們的光輝。

（七）中國的輿圖

眾所周知，在照相術還沒有誕生和成熟之前，人類社會只有圖畫，沒有照片。為歷史條件所限，中國的古地圖，即中國的輿圖，嚴格地說還不能稱為我們中國母親的「老照片」，而是我們中國母親的「老畫像」。在明帝國學者羅洪先（1504—1564 年）繪的《廣輿圖》總圖裏，我們中國母親的「老畫像」還是不夠精確的。20 世紀以後，隨着先進、科學的測繪技術的不斷進步，「輿圖」才變成現代的地圖。今天我們能看到我們中國母親比較精確的「老照片」，不但要感謝古人留下的「左圖右史」，還應多多感謝現代科技的進步！

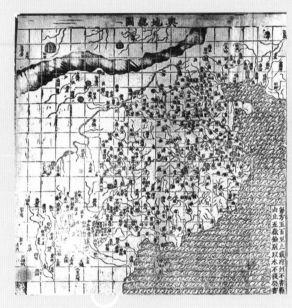

明人羅洪先繪《廣輿圖》總圖

歷代版圖一覽表

中國重要的原始人類化石和遺址分佈圖 圖1

○◎ 原始人類化石出現地點和遺址
○○ 氏族聚落主要遺址

中國古人類文化遺址圖

　中國古人類〔距今約 180 萬年—約前 30 世紀初〕

　　山西芮城西侯度人〔距今約 180 萬年〕
　　北京人〔距今約 70 萬年—20 萬年〕
　　仰韶文化人〔約前 5000—前 3000 年〕

黃帝及堯舜禹等部落分佈圖 圖2

● 歷史上的中國的範圍

●○ 黃帝、炎帝等部落活動地區

從黃帝時代到堯舜禹時代，我們中華民族的祖先大多生活在黃河中下游。

黃帝和炎帝在涿鹿打敗蚩尤。

黃帝及堯舜禹等部落分佈圖

　黃帝及堯、舜、禹〔約前 30 世紀初—約前 21 世紀初〕

夏王朝的版圖

夏〔前 2070—前 1600 年〕

商王朝的版圖

商〔前 1600—前 1046 年〕

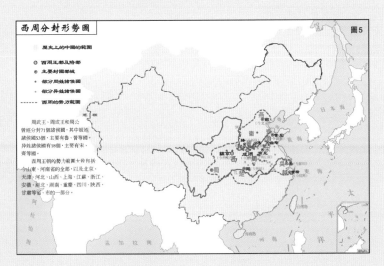

周王朝的版圖

周（西周）〔前 1046—前 771 年〕

13

春秋時期的版圖（約前 500 年）

東周及春秋戰國〔前 770—前 221 年〕

東　周〔前 770—前 256 年〕

春　秋〔前 770—前 403 年〕

戰　國〔前 403—前 221 年〕

戰國時期的版圖（約前 307 年）

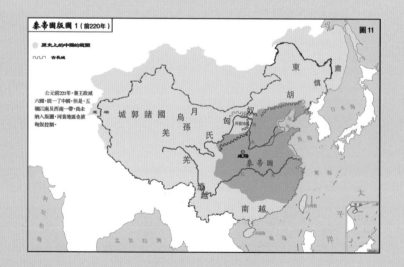

秦帝國的版圖（前 210 年）

秦帝國〔前 221—前 206 年〕

漢帝國（西漢）版圖（前 48 年）

　　漢帝國〔前 202—220 年〕

　　西　漢〔前 202—8 年〕
　　王莽新朝和更始王朝〔9—25 年〕
　　東　漢〔25—220 年〕

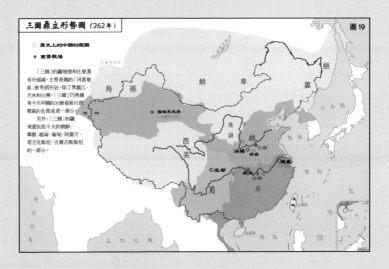

三國時期的版圖（262 年）

　　三　國〔220—280 年〕

　　魏〔220—265 年〕
　　蜀〔221—263 年〕
　　吳〔222—280 年〕

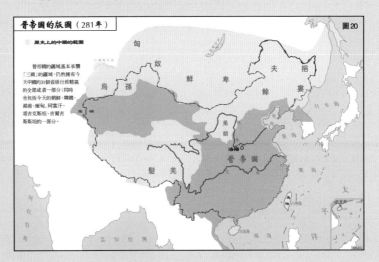

晉帝國的版圖（281 年）

　　晉帝國（西晉）〔265—317 年〕

東晉及「十六國」的版圖（327 年）

東晉及「十六國」的版圖（382 年）

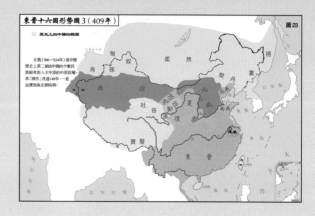

東晉及「十六國」的版圖（409 年）

東晉十六國〔296－420 年〕

東晉〔317－420 年〕

十六國（實際 23「國」）

仇池〔296－371 年〕

前涼〔301－376 年〕

遼西〔303－338 年〕

成漢〔304－347 年〕

前趙（漢）〔304－329 年〕

後趙〔319－350 年〕

前燕〔337－370 年〕

代〔338－376 年〕

冉魏〔350－352 年〕

前秦〔351－394 年〕

西燕〔384－394 年〕

後秦〔384－417 年〕

後燕〔384－407 年〕

西秦〔385－431 年〕（至南北朝）

北魏〔386－534 年〕（至南北朝）

後涼〔386－403 年〕

南涼〔397－414 年〕

北涼〔397－460 年〕（至南北朝）

南燕〔398－410 年〕

西涼〔400－421 年〕（至南北朝）

譙蜀〔405－413 年〕

夏〔407－431 年〕（至南北朝）

北燕〔408－436 年〕（至南北朝）

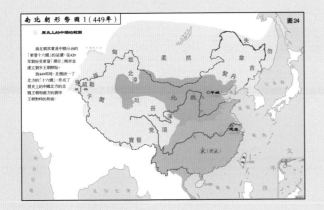

南北朝的版圖（449 年）

南北朝的版圖（546 年）

南北朝的版圖（572 年）

南北朝〔420－589 年〕

西秦〔385－431 年〕（「十六國」延續）

北魏〔386－534 年〕（「十六國」延續）

北涼〔397－460 年〕（「十六國」延續）

西涼〔400－421 年〕（「十六國」延續）

夏〔407－431 年〕（「十六國」延續）

北燕〔408－436 年〕（「十六國」延續）

劉宋〔420－479 年〕

柔然〔464－520 年〕

南齊〔479－502 年〕

南梁〔502－557 年〕

吐谷渾〔約 330－663 年〕

突厥〔552－659 年〕

東魏〔534－550 年〕

西魏〔535－556 年〕

北齊〔550－577 年〕

北周〔557－581 年〕

蕭梁〔555－587 年〕

陳〔557－589 年〕

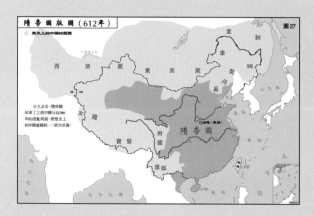

隋帝國的版圖（612 年）

隋帝國〔581—618 年〕

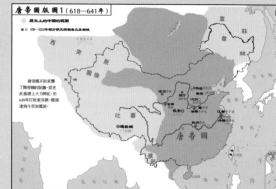

唐帝國的版圖（661—669 年）

唐帝國〔618—907 年〕

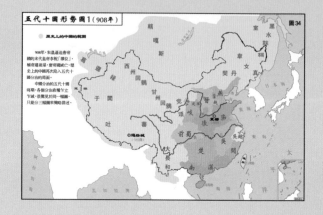

五代十國的版圖（908 年）

五代十國〔907—979 年〕

五代〔907—960 年〕

後梁〔907—923 年〕

後唐〔923—936 年〕

後晉〔936—946 年〕

後漢〔947—950 年〕

後周〔951—960 年〕

十國〔實際十五「國」〕〔907—982 年〕

吳〔902—937 年〕

大長和（大理）〔902—938 年〕

吳越〔907—978 年〕

前蜀〔907—925 年〕

岐〔907—923 年〕

定難〔907—982 年〕

契丹（遼）〔907—938 年〕

閩〔909—945 年〕

燕〔909—913 年〕

南漢〔917—971 年〕

荊南〔925—963 年〕

楚〔927—951 年〕

後蜀〔934—965 年〕

南唐〔937—975 年〕

北漢〔951—979 年〕

遼宋金蒙時期（1111 年）

遼宋金蒙時期（1142 年）

遼宋金蒙時期（1208 年）

遼宋金蒙〔960－1271 年〕

吐蕃諸部〔9 世紀末—13 世紀〕

遼〔938－1125 年〕

大理〔938－1254 年〕

回鶻〔10 世紀—12 世紀〕

黑汗〔10 世紀末—12 世紀〕

西夏〔1038－1227 年〕

西遼〔1132－1218 年〕

北宋〔960－1127 年〕

南宋〔1127－1279 年〕

金〔1115－1234 年〕

蒙古〔1206－1271 年〕

19

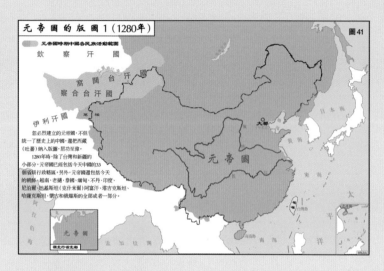

元帝國的版圖（1280 年）

元帝國〔1271—1368 年〕

明帝國的版圖（1433 年）

明帝國〔1368—1644 年〕

清帝國的版圖（1820 年）

清帝國〔1644—1911 年〕

中華民國版圖1（1917年）　　　　　　　　　圖55

中華民國的版圖承襲於晚清的版圖，包括「萬里長沙」
和「千里石塘」（今天的西沙群島、中沙群島和南沙群島）
等島嶼。
中華民國的版圖不但包括今天中國的34個省級行政轄區的全部，還包括今天的蒙古國的全部和俄羅斯的一部分（原來中國的唐努烏梁海地區，即今天俄羅斯的圖瓦共和國）。

台灣於1895年被日本割佔，1945年9月收回。

中華民國的版圖（1917年）

中華人民共和國版圖

中華人民共和國版圖

中華民國〔1912－1949年〕

孫中山政府〔1912年1月－1912年4月〕

袁世凱政府〔1912－1916年〕

北洋軍閥政府〔1916－1927年〕

蔣介石政府〔1927－1949年〕

附：台灣政權〔1949－　〕

蔣介石政權〔1949－1975年〕

嚴家淦政權〔1975－1978年〕

蔣經國政權〔1978－1988年〕

李登輝政權〔1988－2000年〕

陳水扁政權〔2000－2008年〕

馬英九政權〔2008－2016年〕

蔡英文政權〔2016－　〕

★注：1949年10月以後，中華民國作為國家已經消亡。但是，台灣政權作為中華民國遺留下來的中國地方政權、中國的分治政權仍然存續。

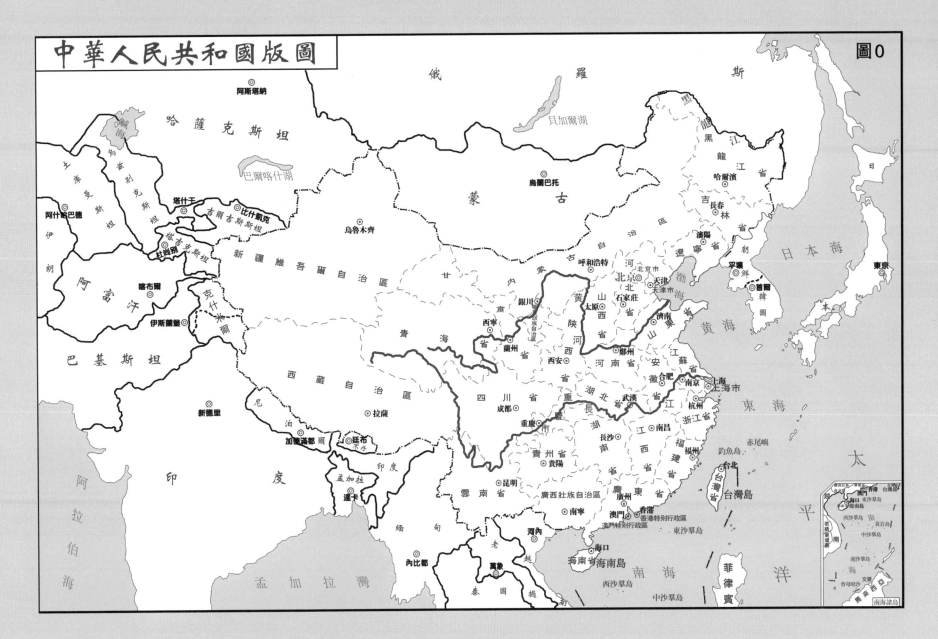

中華人民共和國版圖

圖0

第 1 章

中國古人類時期

▶▶▶ 〔距今約 180 萬年—約前 2500 年〕

我們偉大的母親——中國，是世界四大文明古國之一（另外三個是古埃及、古印度、古巴比侖）。在我們中國古老而又遼闊的大地上，東、南、西、北、中，到處都有古人類活動的文化遺址。（請對照參閱圖 0 和圖 1）

距今約 180 萬年，在山西芮城（位於今山西西南）的西侯度，就已經有「山西芮城人」在大自然的恩賜下，過着採集和狩獵的生活。又過了 10 萬年，即距今約 170 萬年，在雲南元謀（位於今雲南昆明的西北）上那蚌村，又有「雲南元謀人」在選取和打製石器，用來充當武器或者生產生活用具。

又過了大約 100 多萬年，即距今約 60 萬年，著名的「北京人」（又叫「北京猿人」），不但會打製石器和骨器，還會用火。他們在北京西南的周口店龍骨山山洞裏，時不時燃起熊熊的篝火，舉起燦爛的火把，表演粗獷豪邁的「火把舞」。

跳完了節奏明快的「火把舞」，「北京人」就「燒烤」各種獵物的屍體，「大塊吃肉，大口喝水」。

「北京人」吃「燒烤」圖

「天知一半」點評

現代的年青人，很多都對「燒烤」情有獨鍾，而且對「大塊吃肉，大口喝酒」十分着迷。看來，他們都繼承了「北京人」的「優良傳統」，不愧是我們偉大祖先的「孝子賢孫」。

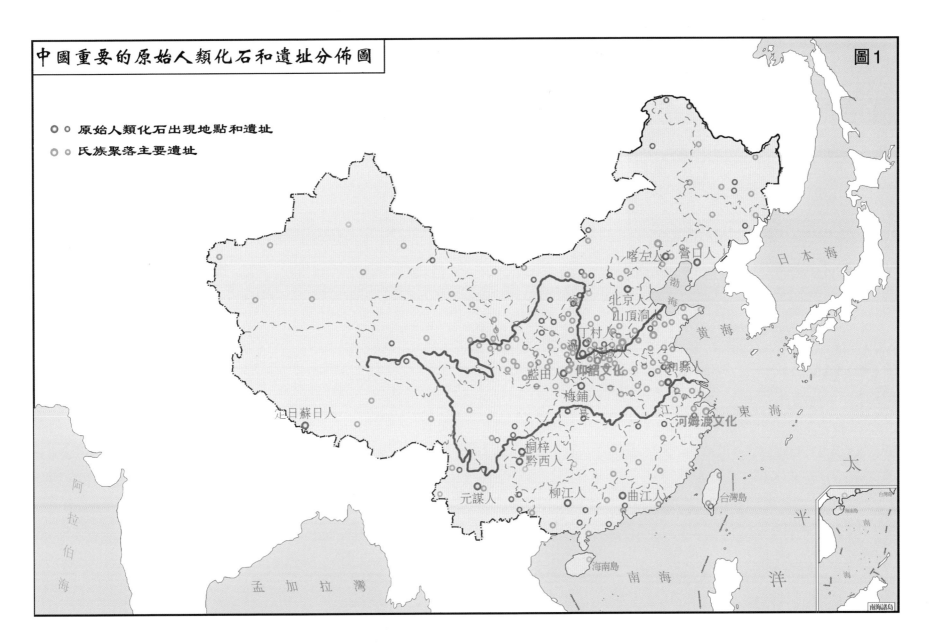

中國重要的原始人類化石和遺址分佈圖　圖1

○　○　原始人類化石出現地點和遺址

○　○　氏族聚落主要遺址

喀左人　營口人

日本海

北京人
山頂洞人

黃海

丁村人

藍田人　仰韶文化　和縣人

梅鋪人

定日蘇日人

河姆渡文化

東海

桐梓人
黔西人

元謀人　柳江人　曲江人

台灣島

太

平

阿
拉
伯
海

孟加拉灣

海南島

南海

洋

南海諸島

左：「仰韶文化」典型的彩陶盆

右：「紅山文化」遺址出土的玉龍

和「北京人」同屬早期舊石器時代或稍後的古代中國人，還有「陝西藍田人」、「河南雲陽人」、「湖北梅鋪人」、「安徽和縣人」、「貴州黔西人」、「遼寧營口人」等等。

歷史的長河又流逝了 50 萬年，即距今約 10 萬年，又有「遼寧喀左人」、「廣東曲江人」、「貴州桐梓人」、「山西丁村人」等古代中國人，在「與天鬥，其樂無窮；與地鬥，其樂無窮；與動物鬥，其樂無窮」。

而到了距今一萬至三萬年，在全中國各地，甚至邊遠的地區，都發現了晚期舊石器時代和中石器時代的古人類文化遺址，例如廣西柳江人遺址、西藏定日蘇日人遺址等等。

公元前 5400—公元前 5000 年（即距今約七八千年），以河北「磁山文化」為代表的新石器時代的文化遺址，在黃河流域地區廣為發現。

時間追溯到公元前 5000—公元前 3000 年，以河南澠池的「仰韶文化」為代表的古代中國文化，廣泛分佈在全中國所有省區。在「仰韶文化」遺址中，考古學家們不但發現了當時人們從事農業生產的工具——石刀、石斧和骨鋤，還有整整一陶罐的農產品粟。另外，還有很多陶器，上面都彩繪着犬羊魚等動物圖案，有的還有人形紋和各種幾何形圖案。按當時的條件來看，這些陶器製作得相當精緻美觀，反映出我們祖先偉大的想象力和創造力。

公元前 4500—公元前 3000 年，在中國東北地區的「紅山文化」遺址中，發現了大量精美的玉龍，證明我們的確是「龍的傳人」。

公元前 2500—公元前 2000 年，在山東和江蘇北部的東夷部族創造的「龍山文化」遺址中，發現了大量精美的黑陶等文物。這也充分反映出我們中華民族的祖先——古代四夷民族精湛的手藝和偉大的智慧。

第 2 章

黃帝及堯舜禹時代

▶▶▶ 〔約前 30 世紀初—約前 21 世紀〕

以「仰韶文化」為代表的古代中國文化，是當時世界上比較文明、比較先進、比較輝煌燦爛的文化。那麼，創造文明的以「仰韶文化」為代表的古中國文化的古代中國人，又是些什麼人呢？

「中國」這個詞最早見於西周。「中國人」，顧名思義，就是「中央之國的人」或者「中心之國的人」。

中國的主體民族漢族，是由古代的華夏民

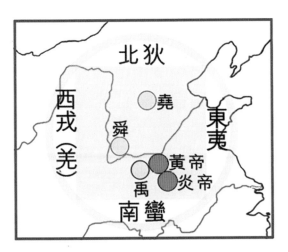

天圓地方中國四夷圖

族和其他民族長期雜居，逐漸混血而成的。古代的華夏族，又主要由遠古的炎帝族和黃帝族繁衍而成。炎帝族和黃帝族，活動於今河南（據古籍《帝王世紀》記載，「古有鄭國，黃帝之所都，⋯⋯炎帝長於姜水，都於陳」）。繼承炎黃的少皞（hào）、顓頊（zhuān xū）、帝嚳（kù）、堯、舜、禹部族，多數活動在今河南和山東的黃河流域。（請對照參閱圖 0 和圖 2）

春秋時期的古代典籍把古代的華夏族生活居住的這一帶地方叫作「中國」，表示其在東、南、西、北的四夷之中央。所謂「四夷」，即居住在東部的部落民族被稱為「夷」，居住在南部的部落民族被稱為「蠻」，居住在西部的部落民族被稱為「戎」或「羌」，居住在北部的部落民族被稱為「狄」。

從不斷發掘出來的文化遺址和文物史料來分析，當時的「中國人」——創造文明的以「仰韶文化」、「龍山文化」為代表的古中國文化的古代中國人，主要就是古代的華夏族和四夷民族。

「天知一半」點評

中國的「正史」，包括春秋時的古代典籍，絕大部分是漢族的文人墨客撰寫的。在儒家的正統思想影響下，「四夷」、「五胡」之類的稱呼，多少有一點輕蔑的意思。其實，漢族就是一個混血民族。現在的中國漢族人民，包括你我他，都可能有當時的四夷的血統。因此，四夷也是我們偉大的中華民族的祖先。輕蔑他們，與數典忘祖何異？因此，現在用「夷」、「蠻」、「胡」之類的字眼，只是為了行文的簡便，絕無輕蔑之意。

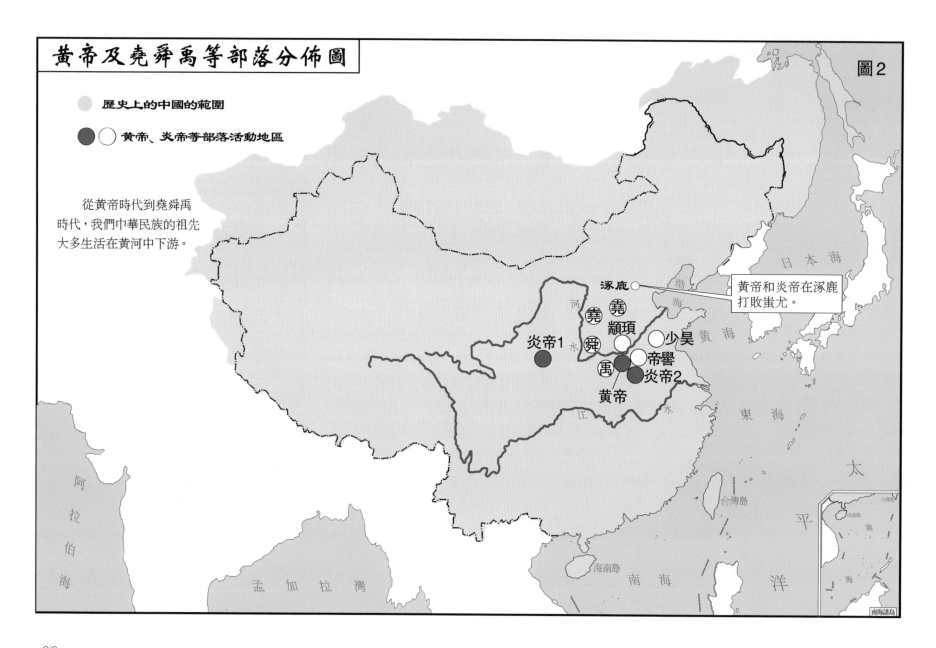

黃帝及堯舜禹等部落分佈圖

圖2

- 歷史上的中國的範圍
- ●○ 黃帝、炎帝等部落活動地區

從黃帝時代到堯舜禹時代，我們中華民族的祖先大多生活在黃河中下游。

涿鹿

黃帝和炎帝在涿鹿打敗蚩尤。

堯
顓頊
舜
炎帝1
少昊
帝嚳
禹
炎帝2
黃帝

河水
黃海
渤海
日本海
江水

阿拉伯海
孟加拉灣
南海
海南島
台灣島
東海
太平洋

南海諸島

黃帝同華盛頓辯論何種選舉制度好

根據春秋戰國時期的文獻記載，包括各種神話傳說的介紹，黃帝族曾經聯合炎帝族，在涿鹿（今屬河北）打敗以蚩（chī）尤為首領的東夷族。之後，炎黃兩族之間又打過幾次大仗。最後，黃帝族打敗了炎帝族。

可能因為黃帝族的黃帝戰功卓著，威名顯赫，就被各個部落民族推選為部落大聯盟的首腦。黃帝駕崩以後，被推選出來的大聯盟首腦還有少暤、顓頊、帝嚳等等。

當然，我們現在已無法知道，黃帝等大聯盟首腦是經過怎樣的選舉程序選舉出來的。我們更無法知道，當時的黃帝是由全民選舉出來的，還是由各部落民族的「人民代表」選舉

出來的？不過，有一點是肯定的：史料證明，從黃帝到少暤，一直到堯、舜、禹，約五百年間，部落大聯盟的首腦都是選舉產生，或者禪讓上台的，而非世襲傳承的。

春秋時成書的《尚書》裏有《堯典》等篇章，專門介紹了「禪讓」的故事。據說，堯擔任部落大聯盟的首腦時，就刻意挑選接班人。他諮詢了各部落民族，各部落民族推舉舜為他的接班人。堯對舜進行了三年的考核，並讓舜輔助自己管理政務。堯死後，舜就正式繼任堯的首腦之位。

舜在位時，也按照這種禪讓的傳統，諮詢各部落民族，各部落民族推舉禹為接班人。

「天知一半」點評

　　黃帝告訴我，他競選時得了九九八十一顆黃豆，是參選的「首長」投給他的。黃帝還自豪地說，現在的村長選舉，有多少人是「全豆當選」的？

當時，洪水肆虐，人民流離失所。禹勤勤懇懇、艱苦卓絕地率領二十多萬羣眾去治水。為了治水，禹的雙手長滿了堅硬的老繭，兩條小腿上的汗毛也被磨光了。因為長期浸泡在水裏面，腳指甲也脫落了。更令人感動的是，為了治水，禹曾經「三過家門而不入」。

經過這麼嚴格的「大禹治水」的考驗，舜死了以後，禹就理所當然地被禪讓上台了。

堯、舜、禹禪讓的故事，受到周朝文人以及春秋戰國時的史官傳頌。從夏王朝到春秋戰國，父傳子或者兄傳弟的一姓王朝制——世襲傳承制已經十分鞏固。當時的統治者不會容許

「天知一半」點評

　　世界上許多古老民族都有傳說，講到遠古曾有鋪天蓋地的特大洪水。西方人的「聖經」故事說，他們的祖先靠「諾亞方舟」才渡過了這次大災難。而我們中華民族的祖先說，他們是靠「大禹治水」來戰勝這次大災難的。

文人史官們無端地突發奇想，杜撰遠古時代的帝王是選舉產生的或者是禪讓上台的，而影響一姓世襲的絕對權威性。因此，我們完全可以相信，這些故事可能都是史實。

選舉和禪讓是好是壞姑且不說，但是，古代中國的選舉和禪讓制度，僅僅到禹為止。本來，禹在位時，各部落民族推舉皋陶（gāo yáo）為繼承人。不料，皋陶英年早逝，各部落民族又推舉伯益為繼承人。可是，禹死了以後，禹的兒子啟串謀其他人殺掉伯益，篡位當上了部落大聯盟的首腦，並建立了夏王朝。從此，父傳子或者兄傳弟的一姓世襲制度，在中國綿延了 3981 年（前 2070—1911 年）。

左：大禹治水圖

第 3 章

夏王朝

▶▶▶　〔前 2070—前 1600 年〕

　　夏王朝的國祚（王朝的壽命）共 470 年（前 2070—前 1600 年），疆域（勢力範圍）有 33 萬平方公里，擁有今山東、河南、河北、山西、陝西的一部分。（請對照參閱圖 0 和圖 3）

　　夏王朝是中國歷史上的「開國王朝」。儘管夏王朝還不算是一個完備的國家，而是一個國家的雛形，但它畢竟是開國王朝，是中國歷史上第一個一姓世襲的國家。我們中國母親「老照片」的雛形，就是夏王朝。夏王朝的開國之君是禹，禹曾被舜封為夏伯，賜姓姒（sì），於是禹就被後世稱為「夏禹」。夏禹創立的王朝就被後世稱為「夏王朝」。

　　因為年代久遠，夏王朝建立和滅亡的時間眾說紛紜。最新的研究成果認為，其建立的時間為公元前 2070 年，到公元前 1600 年被商所滅。

　　夏王朝的疆域有多大？現在沒有百分之百準確的資料。不過，其疆域（勢力範圍）大概是：東至山東的過（guō，今山東掖縣西北）一帶；南達河南中部；西到今陝西戶縣一帶；北及山西晉陽（今山西太原）一帶。夏王朝擁有今山東、河南、河北、山西、陝西的一部分，估計其疆域面積約有 33 萬平方公里。（請對照參閱圖 0 和圖 3）夏王朝的屬國有：後來滅夏的商部落、有虞氏、崑吾、扈、有易氏、有鬲（gé）氏等。比較邊遠的少數民族屬國還有東南的九夷、防風氏，南邊的三苗，西北邊的熏育等等。

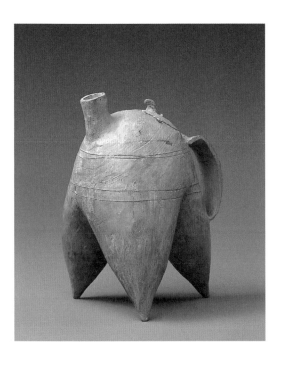

左：夏代陶盉（hé）

右：製作精美的夏代青銅牌飾

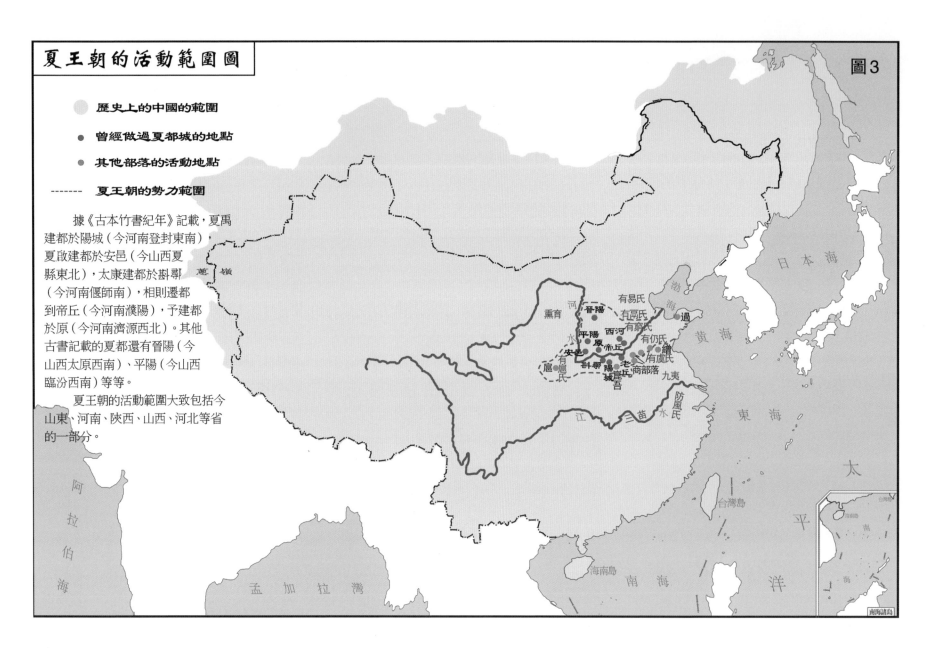

夏王朝的活動範圍圖

圖3

- ● 歷史上的中國的範圍
- ● 曾經做過夏都城的地點
- ● 其他部落的活動地點
- ----- 夏王朝的勢力範圍

據《古本竹書紀年》記載，夏禹建都於陽城（今河南登封東南），夏啟建都於安邑（今山西夏縣東北），太康建都於斟鄩（今河南偃師南），相則遷都到帝丘（今河南濮陽），予建都於原（今河南濟源西北）。其他古書記載的夏都還有晉陽（今山西太原西南）、平陽（今山西臨汾西南）等等。

夏王朝的活動範圍大致包括今山東、河南、陝西、山西、河北等省的一部分。

1960 年，考古學家在今河南偃師西南、洛陽老城東面約 18 公里的二里頭遺址，發現夏王朝的大型宮殿建築遺址。1981 年又發現了一批青銅器，包括夏代的銅鼎，開始觸摸到輝煌夏文明的中心。

上一章說過，禹死後，啟廢除禪讓制而上台。上台以後，他召集各部落民族的首領在夏台（今河南禹縣北門外）大開「派對」，慶祝自己正式繼承禹的部落大聯盟首腦之位。可是，很多首領，特別是四夷的首領不買他的賬，表示反對。更有甚者，一個叫有扈氏（控制今陝西戶縣一帶）的部落民族還起兵討伐他。不過，最後結果是啟打敗了有扈氏，並將有扈氏的首領貶為牧奴，讓他一輩子跟牛羊打交道。

外患未已，內亂又起。廢除了禪讓舊制，啟的兒子們都對繼承權虎視眈眈，大打出手。啟不得已，將小兒子武觀放逐到黃河西岸，結果武觀就發動武裝叛亂。啟又不得不派彭伯壽出兵平叛。

據史料記載，啟自以為功成名就，便整天沉湎在飲酒、打獵、歌舞等享樂之中，過着驕奢淫逸的生活。傳說啟還創作了名叫《九韶》的大型音樂舞蹈，可能是為舜（其實也是為他自己）歌功頌德的樂舞吧。不過，從現有的史料來看，啟也不失為一個略有文治武功、承上啟下的明君。

啟死後，其子太康繼位。太康才能平庸，但他比啟更加荒淫無度，有一次竟接連幾個月不理政事，帶着妻妾等家屬跑到洛水北岸去狩獵旅遊。這時，東夷部落民族有窮氏的首領后羿，趁機起兵奪取了都城安邑，並抵制太康回來當君王。太康狼狽逃竄到斟鄩（xún，今洛陽鄃師境內），偏安定都於此，過着苟延殘喘的日子。但是，后羿一點面子都不給，又攻下斟鄩，廢掉太康而立其弟仲康為君王。仲康的兒子相不甘當傀儡（kuǐ lěi），為了復國，就跑到商丘（今河南商丘）招兵買馬。因為受到夷族的不斷進攻，相又遷都帝丘（今河南濮陽）。這時，后羿的親信寒浞（zhuō），重金收買后羿的家奴謀殺了后羿，奪取了后羿的權位和妻妾財產。

權重勢大以後，寒浞又攻陷帝丘，殺掉了相。相的妻子僥倖逃脫，跑回娘家有仍氏（控制今山東濟寧一帶）部落，並生下了相的遺腹子少康。

少康長大以後很有才幹，在有仍氏部落裏當上牧官。為了逃避寒浞之子澆的追殺，他又逃到有虞氏（今河南虞城西南）部落，被其首領虞思任命為庖正（管理廚師及廚務的官）。後來，虞思看重他的才幹，將女兒嫁給他，並分給他「田一成」（方圓十里為一成）、「眾一

「天知一半」點評

這種父子兄弟骨肉相殘的宮廷悲劇，在我們中國歷史上，始「秀」於夏，終「秀」於清。見得多，聽得膩啦！古今中外，權謀利害，宮廷悲劇，盛演不衰！

旅」（五百人為一旅）。少康以此為復國的本錢，利用自己是大禹後代的名聲，聯合有虞氏等各部落民族，臥薪嘗膽，勵精圖治，終於打敗了寒浞，並在過（今山東掖縣西北）消滅了澆，

夏桀騎人輦圖

又派兒子予誘殺了寒浞次子，終於光復了夏王朝。太康無能而失去的王位，由其侄孫少康經過幾十年的奮鬥奪了回來。這段歷史，史稱「少康中興」。

從禹算起，夏王朝一共有十七位君王。少康是夏王朝的第六位君王，以後的十一個君王，除了少康之子帝予略有功業以外，其他君王似乎都沒有像少康般中興過。

桀（即癸）是夏王朝的最後一位君王。桀繼位時，夏王朝已經風雨飄搖，呈日落西山之勢。但是，桀沒有一點自知之明。他狂妄地宣稱：我擁有老百姓，就像天上有太陽一樣。太陽會滅亡嗎？當然不會。只有太陽滅亡了，我才會滅亡。因此，為了享受淫逸舒適的生活，桀更加肆無忌憚地徵斂、揮霍，令廣大老百姓處於水深火熱之中。古人說得好：「得道者多助，失道者寡助。」最後，桀的「太陽」被商湯「澆滅」，夏王朝終於滅亡。

夏王朝君王世系表

王世	王名	王世	王名	王世	王名
1	禹	7	予	13	廑（jǐn）
2	啟	8	槐	14	孔甲
3	太康	9	芒	15	皋
4	仲康	10	泄	16	發
5	相	11	不降	17	癸（桀）
6	少康	12	扃（jiōng）		

第 **4** 章

商王朝

▶▶▶　〔前 1600—前 1046 年〕

商王朝的國祚有 554 年（前 1600—前 1046 年），疆域（勢力範圍）約 73 萬平方公里，比夏王朝擴展了一倍多。（請對照參閱圖 0 和圖 4）

商王朝的開國之君叫作湯，也稱作商湯。商湯是我們古老中國的「第一軍事家」。雖然當時還沒有世界著名的「孫子兵法」，但是，商湯在滅夏桀時，已經會「用間」、「伐謀」、「伐交」、「伐兵」。

商本來是臣屬夏王朝的部落屬國。據說商湯的祖先王亥發明了「服牛」（即牛車），相土又創造了「乘馬」（即馬車），因此，商湯時商部落已十分強盛。商的農業、畜牧業、手工業、運輸業等，都比夏王朝有長足進步。

商湯滅夏，首先「用間」。為了知己知彼，商湯派勇敢的賢臣伊尹，幾次打入夏桀的內部充當間諜，掌握了夏王朝「上下相疾，民心積怨」（朝廷上下互相猜忌，民間百姓憎恨朝廷）的第一手資料。

俗話說「百足之蟲，死而未僵」。立國 400 多年的夏王朝，即使已經面臨滅亡，也還具有相當的實力。商湯正確地運用「伐謀」，故意停止向夏桀納貢，以試探其反應。夏桀果然雷霆震怒，馬上調集兵馬準備討伐商湯。商湯聞訊後立即向夏桀認罪臣服，並且加倍納貢，韜光養晦，等待時機。

夏王朝有很多屬國，綜合國力仍然大於商。因此，商湯由小而大，由近及遠，逐個剪除夏桀的羽翼，消滅了忠於夏桀的屬國葛、韋、顧和崑吾。通過「伐交」，商湯完成了對夏的戰略包圍。後來，商湯探得夏桀已經眾叛親離，便決心起兵伐夏。

大約在公元前 1600 年，商湯舉行了隆重的誓師大會。他歷數夏桀破壞生產，濫殺無辜，殘害百姓的暴行，申明自己伐夏是替天行道，拯民於水火之中。商湯還宣佈了嚴格的戰場紀律和賞罰條例。

臨戰誓師後，商湯精選 70 乘戰車，並挑選 6000 名精兵組成「敢死隊」，聯合其他反對夏桀的部落民族，浩浩蕩蕩地踏上伐夏的征途。

夏桀聞訊後更加雷霆震怒，馬上召集諸侯在有仍（今山東濟寧）會盟，準備攻伐商湯。但是，此時各諸侯都與夏桀離心離德了，夏桀幾乎成了孤家寡人。

商代后母戊鼎（或稱司母戊鼎），是迄今為止世界上已發掘出來的最大的青銅器

經過鳴條（今河南封丘東）一戰，商湯擊潰了夏桀的主力部隊。商湯「宜將剩勇追窮寇」，繼續攻克夏桀退守的殘餘勢力，終於「澆滅」了夏桀的「太陽」，建立了商王朝。

商湯不僅用兵如神，還是個仁義之君。滅夏以後，他沒有殺夏桀，而是將他放逐到南巢（今安徽巢縣南）。夏桀失國，悔恨交加，最後病死在那裏。

商湯建立商王朝後，定都於亳（bō，今河南商丘，請參閱圖4）。但是，商湯有的子孫不太爭氣。從第六世的仲丁到第十世的陽甲，再次上演經典的「宮廷悲劇」。兄弟鬩（xì）牆，國家混亂，政治昏暗，加上連年水患等自然災害，商王朝的國勢日益衰落。

幸好陽甲死了以後，其弟盤庚繼位。盤庚不失為中興賢王。為了抑制王室貴族的驕奢淫逸，及避免常年的水患災害，振興國家，公元前1300年，他決定自奄（今山東曲阜）遷都到殷（今河南安陽）。

遷殷以後，盤庚和王室貴族都住在茅草蓋的房屋裏，共度時艱。盤庚還加強王權，勵精圖治，推行先王商湯的仁政，使商王朝的政治、經濟、文化都出現了蓬勃發展的新局面。

商王朝從盤庚傳到紂，一共十二個君王，只有武丁是賢君。據說武丁小時候曾經「上山下鄉，接受貧下中農的再教育」，懂得參加農業勞動的艱難困苦。因此，他當上商的君王以後，大力改革政治，唯才是用，體恤人民。他想擢（zhuō）用奴隸傅說（yuè）當宰相，就自稱夢見聖人，名叫「說」，叫人畫出說的容貌，令百官到處去尋找，終於在奴隸當中找到了，就擢升傅說為宰相。

武丁在位59年。經過他的不懈努力，商王朝達到盛世。後來，又經過武丁子孫（包括商紂王）的屢次征討，中國的版圖變大了，商的疆域（勢力範圍）面積達到73萬平方公里。其西部，是屬國周部落王國（後來滅商）。周邊還有東北的肅慎（據考證，肅慎族是滿族，即女真族的祖先），東南的越，西南的濮，北邊的羌和鬼方（據考證，鬼方就是秦漢時的匈奴的祖先）等等。（請對照參閱圖0和圖4）

商王朝不僅版圖比夏王朝大，政治、經濟、文化也比夏王朝進步。

首先，商已發明文字，即甲骨文和金文

「天知一半」點評

盤庚強調遷都是繼承先王的遺志，是復興大業。他半威脅地勸說王室貴族要認清時局的艱難，「不要吃老本，要立新功」；他又嚴厲地告誡奴隸，如果有誰不遵從命令，就重重責罰。

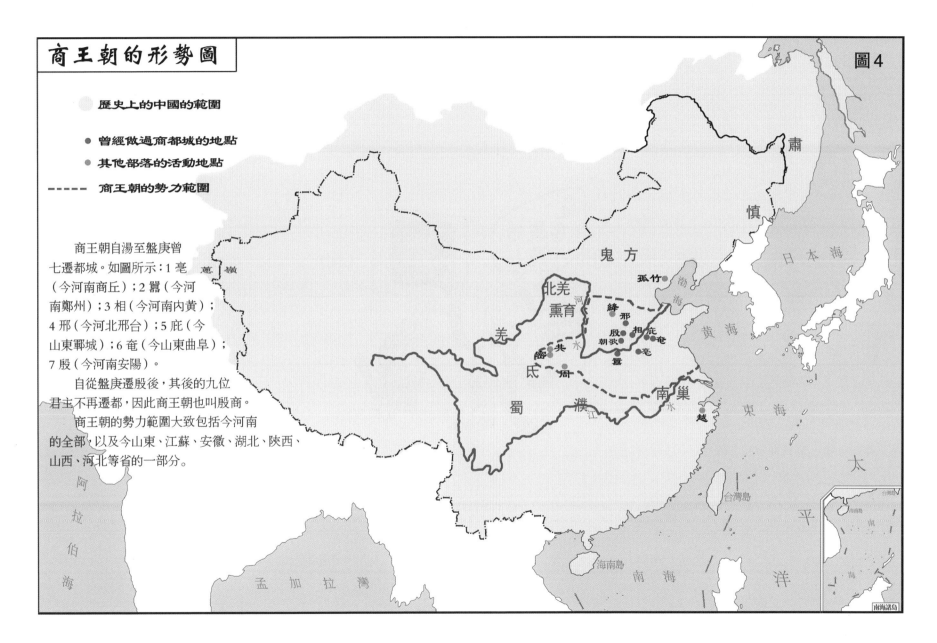

商王朝的形勢圖

圖4

- ● 歷史上的中國的範圍
- ● 曾經做過商都城的地點
- ● 其他部落的活動地點
- ----- 商王朝的勢力範圍

商王朝自湯至盤庚曾七遷都城。如圖所示：1 亳（今河南商丘）；2 囂（今河南鄭州）；3 相（今河南內黃）；4 邢（今河北邢台）；5 庇（今山東鄆城）；6 奄（今山東曲阜）；7 殷（今河南安陽）。

自從盤庚遷殷後，其後的九位君主不再遷都，因此商王朝也叫殷商。

商王朝的勢力範圍大致包括今河南的全部，以及今山東、江蘇、安徽、湖北、陝西、山西、河北等省的一部分。

肅

慎

鬼方

日本海

孤竹

北羌
熏育

絳　邢
相　庇
殷　奄
朝歌　亳
密　共
蕢

羌

黃海

氏　周

蜀　濮

南巢

越

東海

阿拉伯海

孟加拉灣

台灣島

海南島

南海

太平洋

南海諸島

（又稱「鐘鼎文」，是鑄或刻在青銅器上的銘文）。

商的另一重要發明是青銅冶煉技術。據考證，商王朝的武器和生產工具，乃至生活用品和祭祀用具，都已經不人用石頭、骨頭來製造，而是用金屬。因此，商的生產技術和生產力比夏高得多。

商王朝的國家機器也比夏王朝完備，有政府、官吏、刑法、監獄、軍隊、教育和宗教機構，等等。

商王朝的亡國之君是紂（帝辛）。商紂時，國勢已經今非昔比，但紂自恃是天子，權力無限，對內橫徵暴斂，酷刑重罰，對外窮兵黷武，征伐攻殺，致使國庫更加空虛，民怨更加

沸騰。最後，歷經五百多年的商王朝，被崛起於西陲的周王朝取而代之。

小烏龜在學習甲骨文

小詞典

甲骨文是刻在龜甲和獸骨上的中國早期的古文字，1899 年，在河南安陽小屯村的殷墟遺址裏首先被發現。1904 年，孫詒讓著《契文舉例》，開始對甲骨文做考證詮釋。1928 年以後，考古學家又陸續發現了十多萬片刻有甲骨文的龜甲片。後來經郭沫若等人考證，甲骨文單字有 4500 個左右，可辨識的約 1700 字。甲骨文和金文是漢字的直系「祖先」。如果沒有這些「祖先」，可能我們今天還要結繩記事呢。

商王朝君王世系表

王世	王名	年代	在位時間
1	湯		
2	太丁		
3	外丙		
4	中壬		
5	太甲		
6	沃丁		
7	太庚		
8	小甲		
9	雍己		
10	太戊	前 1600—前 1300	
11	中丁		
12	外壬		
13	河亶甲		
14	祖乙		
15	祖辛		
16	沃甲		
17	祖丁		

王世	王名	年代	在位時間
18	南庚		
19	陽甲		
20	盤庚（遷殷前）		
20	盤庚（遷殷後）	前 1300—前 1251	50 年
21	小辛		
22	小乙		
23	武丁	前 1250—前 1192	59 年
24	祖庚		
25	祖甲	前 1191—前 1148	44 年
26	廩辛		
27	康丁		
28	武乙	前 1147—前 1113	35 年
29	文丁	前 1112—前 1102	11 年
30	帝乙	前 1101—前 1076	26 年
31	帝辛	前 1075—前 1046	30 年

注：商王朝王室姓子氏。

第 5 章

周王朝（西周）

▶▶▶ 〔前 1046—前 771 年〕

西周王朝的國祚有 275 年（前 1046—前 771 年），疆域（勢力範圍）約 89 萬平方公里，比商王朝擴展了 16 萬平方公里。（請對照參閱圖 0 和圖 5）

周原來是臣屬於商王朝的一個部落王國。（請參閱圖 4）相傳周人是古代大農業家后稷（jì，黃帝的後裔）的子孫，因此周的農業比較先進。

《詩經・豳（bīn）風・七月》追述了周先公務農之事。周先公從經驗中知悉，鼓勵農奴們的生產積極性，是增強生產力，獲致豐收的一個重要手段。因此，周先公對農奴的態度，不像其他部落王國的農奴主那樣殘暴。農奴耕作時，周先公帶着妻妾們「饁（yè）彼南畝」（送飯到田地上給農奴們吃）。一年的農事完畢後，為了表示慰問，他還讓農奴們到族堂上「大塊地吃肉，大口地喝酒」。當然，大吃大喝之前和之後，農奴們都要高呼主人「萬壽無疆」。

周部落王國的歷代君王行仁政，人民的政治生活和經濟生活好過一些，這自然對相鄰部落王國和商王朝造成了很大影響。商王朝的許多平民百姓，甚至一些失意貴族，紛紛「偷越國境」逃入周王國。最後弄得商紂王不得不嚴令「偷越國境者殺無赦」。

歷史真是驚人地相似。周滅商也是通過「用間」、「伐謀」、「伐交」、「伐兵」。

在周日益鼎盛之時，其君王姬昌自稱「受天命」，逐步剪除商的羽翼，相繼征服了幾個商王朝的屬國。姬昌在剪商大業完成前夕逝世，其子姬發繼位，追諡姬昌為文王，自稱武王。他首先派間諜到商刺探國情軍情，間諜回來報告說：奸臣當道，政治昏亂。但是武王認為時機未到。又傳回報告說：大臣比干被殺了，箕（jī）子被抓了，微子被逼走了。武王還是認為時機未到。接着又有報告說：商紂王為了平息東夷的叛亂，調集大部隊去平叛了。正好這一年周國遭遇饑荒，農夫們都願意當兵打仗，藉以換取食糧。天時、地利、人和都有了，周武王終於認為時機已到。

大約在公元前 1046 年正月，周武王在呂尚的輔佐下，統率兵車 300 乘，士卒 45000 人，虎賁（bēn。虎賁是勇士、將領的意思）3000 人，浩浩蕩蕩地東進伐商。武王伐商得到了庸、盧、彭、濮、蜀、羌、微、髳（máo）等邦國部落的部隊加盟，聲勢浩大。

周軍兵臨城下的消息傳至商紂王的別都朝歌（今河南淇縣），朝廷上下一片驚恐。

商紂王雖然是有名的暴君，但也不失為一個強君。他立即調兵遣將，部署反擊。但是，此時商軍主力還遠在東南地區平叛。無奈之下，商紂王只好武裝大批奴隸和戰俘，連同守衛朝歌的商軍，一共十七萬人，開赴牧野（今河南淇縣以南地區）戰場。

二月初五凌晨，周軍在牧野佈陣完畢，就舉行了莊嚴的誓師大會，史稱「牧誓」。

戰鬥開始不久，商軍就陣腳大亂。商軍中被迫參戰的奴隸和戰俘紛紛反戈一擊，投向周武王。十七萬烏合之眾，被周軍衝殺得土崩瓦解，潰不成軍。商紂王見大勢已去，只好倉惶逃回朝歌。當晚，商紂王寧為玉碎，不為瓦全，登上鹿台自焚。

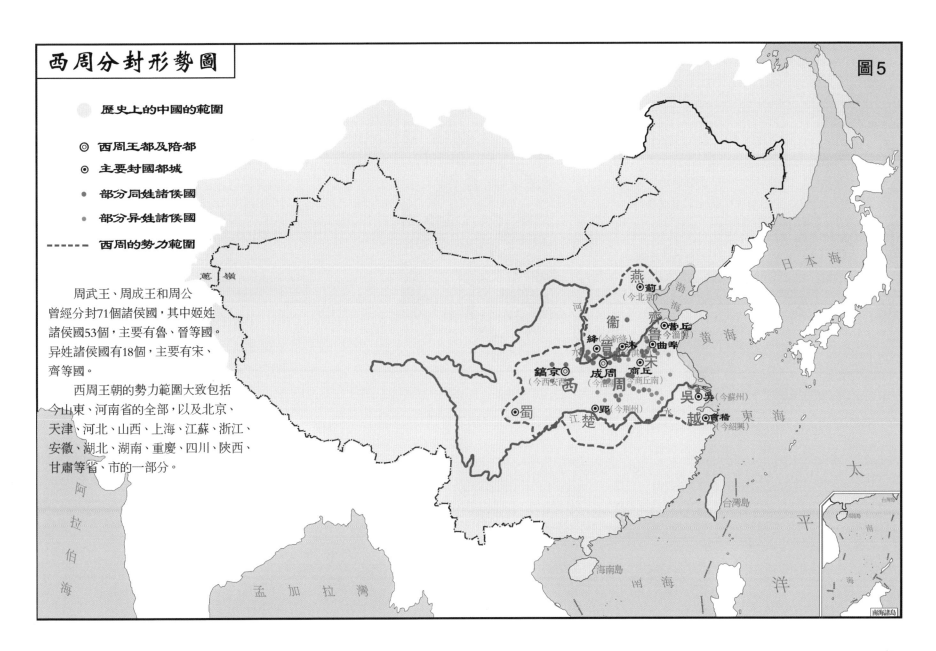

西周分封形勢圖

圖5

歷史上的中國的範圍

◎　西周王都及陪都

◎　主要封國都城

●　部分同姓諸侯國

●　部分異姓諸侯國

- - - - -　西周的勢力範圍

周武王、周成王和周公
曾經分封71個諸侯國，其中姬姓
諸侯國53個，主要有魯、晉等國。
異姓諸侯國有18個，主要有宋、
齊等國。

西周王朝的勢力範圍大致包括
今山東、河南省的全部，以及北京、
天津、河北、山西、上海、江蘇、浙江、
安徽、湖北、湖南、重慶、四川、陝西、
甘肅等省、市的一部分。

周武王立國後就開始封疆封國。周武王、周成王和周公分封子孫和叔伯兄弟、功臣、古聖賢的後代為諸侯國的國君，總共封了 71 國。（請參閱圖 5）

周的都城建於鎬（hào，今陝西西安長安區），後來周成王又建雒邑（今河南洛陽），稱為東都。於是，鎬京又稱為「宗周」，東都又稱為「成周」，成為周的兩個王畿。此時，中國母親的「老照片」又變大了，約有 95 萬平方公里。（請對照參閱圖 0 和圖 5）

周文王曾自稱「受天命」，因此，周王朝的君王都自命為「天子」。周天子是天下宗主，權勢至高無上。但是，分封諸侯也種下禍根。一些諸侯後來「坐地為王」，紛起爭霸，和周天子平起平坐，輪流坐莊。

公元前 842 年，周厲王因殘暴無道，引起國民造反，被迫逃亡到彘（zhì，今山西霍縣）。公元前 841 年，周定公、召（shào）穆公共輔太子靖執政，史稱「周召共和」。13 年後，厲王死於彘，太子靖正式執政，是為周宣王。周宣王在位 46 年去世，由周幽王繼位。

周幽王不愧是個「情聖」，為了博取寵妃褒（bāo）姒一笑，屢次舉烽火徵兵，戲弄諸侯，史稱烽火戲諸侯。

烽火戲諸侯圖

後來，周幽王想殺掉太子宜臼（jiù），立褒姒的兒子伯服做太子，並立褒姒為王后。宜臼當然不會坐以待斃，就逃到外祖父申侯那裏。公元前 771 年，申侯聯合犬戎部族的部隊，攻陷鎬京，殺周幽王於驪山。

周幽王被殺後，眾諸侯擁立太子宜臼於申（今河南南陽北），史稱周平王。次年，即公元前 770 年，為避犬戎，周平王在秦、晉等國派兵護送之下，遷都雒邑。

很多史家、學者把周幽王在位以前（即公元前 771 年以前）的周王朝稱為「西周」；把周平王遷都雒邑以後的周王朝，稱為「東周」。其實，在西周時期，周王朝是統一的，周天子還擁有實權，是如假包換的「真命天子」。東周以後，周天子已經徒有虛名，其地位和實權大不如前。實際上，周王朝在東周時已經滅亡，此時的中國已經分治，進入春秋戰國時代。

📚 小詞典

諸侯國的「國」並非現代意義上的國家。「國」字古時是城、邑的意思：邊框「囗」代表城牆，城牆裏的小「口」代表人口，「戈」代表守城者。周王朝時，包括春秋時的很多小諸侯國，都只是城邑國。

周王朝曾立下制度，只要朝廷有難，就在邊境的烽火台上燃放「狼煙」，通告各諸侯國「狼來了」！各諸侯國就會立即派兵前來「救駕」。幽王在並無戰事時燃放「狼煙」，然後又令各諸侯撤兵，史稱「烽火戲諸侯」。

周王朝（西周）君王世系表

王世	王名	年代	在位時間
1	武王發	前 1046—前 1043	4 年
2	成王誦	前 1042—前 1021	22 年
3	康王釗（zhāo）	前 1020—前 996	25 年
4	昭王瑕（xiá）	前 995—前 977	19 年
5	穆王滿	前 976—前 922	55 年
6	共（gōng）王繄（yī）	前 922—前 900	23 年
7	懿（yì）王囏（jiān）	前 899—前 892	8 年

王世	王名	年代	在位時間
8	考王辟方	前 891—前 886	6 年
9	夷王燮（xiè）	前 885—前 878	8 年
10	厲王胡	前 877—前 841	37 年
	周召共和	前 841—前 828	14 年
11	宣王靜	前 827—前 782	46 年
12	幽王宮涅（shēng）	前 781—前 771	11 年

注：周王室為姬姓。

第 **6** 章

春秋和春秋六霸

▶ ▶ ▶

〔前 770—前 403 年〕

春秋時期有 367 年（前 770—前 403 年）。這期間，各諸侯「八仙過海，各顯神通」，大力拓展疆域，其疆域（勢力範圍）加起來共有 150 萬平方公里。（請對照參閱圖 0 和圖 6）

東周王朝一共有 26 個君王。他們都是周武王的後代子孫，是名義上的周天子。但是實際上，他們的威權及勢力已經江河日下。

公元前 707 年，東周王朝的周桓王嫌鄭莊公桀驁不馴，專橫跋扈，曾率軍討伐鄭國，和鄭莊公在繻（rú）葛（今河南長葛北）打了一場大仗。結果周桓王大敗，並且還身負箭傷，

被鄭莊公佔去了虢（guō，今河南鄭州西北）等不少地方。

經過繻葛之戰，周天子更加威信掃地，東周王朝從此一蹶不振，陷入了「王小二過年，一年不如一年」的狀態，中國進入了分治的春秋和春秋六霸時期。此時，中國的版圖又變大了，約有 150 萬平方公里。（請對照參閱圖 0 和圖 6）

春秋時期，春秋六霸中首先稱霸的是齊國。

齊國的首任國君呂尚姓姜，名尚，又叫姜子牙。因先祖曾封於呂，又叫呂尚。呂尚是周

王朝的「三王之父」——周文王的師父，周武王的岳父，周成王的外祖父。因戰功卓著、德高望重，到周成王時，他被成王賜予一種特權，可以征伐有罪的諸侯。因此，齊國的地位，一開始就高於其他諸侯國。

齊國包括今山東半島的全部和山東省的大部分地區，靠山臨海，得魚鹽之利，國富而兵強。後來又吞併了鄰近的小國（荀子說齊桓公「併國三十五」，韓非子說齊桓公「併國三十」），更加如虎添翼，強盛無比。

齊國的君王傳位到齊桓公（公子小白）時，他求才若渴，舉賢任能。經鮑叔牙推薦，他任用管仲為宰相，進行了一系列卓有成效的政治改革，使齊國的國勢一時無兩，成了當時中國東部的霸主國。

在齊國崛起之時，南方的楚國也逐漸興起。公元前 704 年，楚國的熊通自號武王，國勢漸強。到他的兒子楚文王遷都郢（yǐng，今湖北江陵）以後，先後吞併了 45 個小國，疆域在諸侯國之中最大，堪稱一霸。

「天知一半」點評

我的朋友周武王對我說，這真是可悲可歎，又可氣可恨也！對於這種欺凌「天子」、「太歲頭上動土」的事，大多數諸侯國只是等閒視之！他們有的像鱷魚一樣「冷眼旁觀」，有的像貓頭鷹一樣「開只眼閉只眼」。

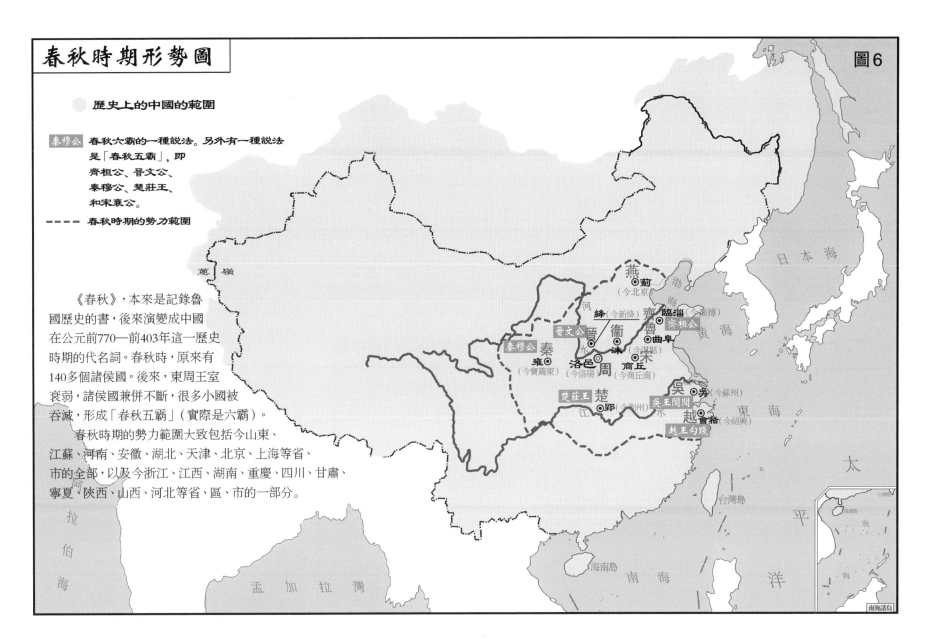

春秋時期形勢圖

圖6

● 歷史上的中國的範圍

秦穆公 春秋六霸的一種說法。另外有一種說法
　　　　是「春秋五霸」，即
　　　　齊桓公、晉文公、
　　　　秦穆公、楚莊王、
　　　　和宋襄公。

---- 春秋時期的勢力範圍

《春秋》，本來是記錄魯
國歷史的書，後來演變成中國
在公元前770—前403年這一歷史
時期的代名詞。春秋時，原來有
140多個諸侯國。後來，東周王室
衰弱，諸侯國兼併不斷，很多小國被
吞滅，形成「春秋五霸」（實際是六霸）。
　　春秋時期的勢力範圍大致包括今山東、
江蘇、河南、安徽、湖北、天津、北京、上海等省、
市的全部，以及今浙江、江西、湖南、重慶、四川、甘肅、
寧夏、陝西、山西、河北等省、區、市的一部分。

日本海

蔥嶺

燕
薊
（今北京）

絳（今新絳）
河

齊　臨淄（今淄博）
魯　齊桓公
晉文公　晉　衞　沬
秦穆公　秦　　　曲阜（今曲阜）
雍　洛邑　周　宋
（今寶雞東）（今洛陽）　商丘
　　　　　　（今商丘南）

吳　吳（今蘇州）
楚莊王　楚　吳王闔閭
　　　　郢（今荊州）
江　　　越　會稽（今紹興）
越王勾踐

渤海

黃海

東海

太平洋

台灣島

阿拉伯海

孟加拉灣

海南島

南海

南海諸島

公元前 656 年，楚國北伐，意圖問鼎中原。齊桓公親率齊、魯、宋、陳、衛、鄭、許、曹八國聯軍迎戰，與楚國的軍隊對峙於召陵（今河南偃師）。因為聯軍和楚軍旗鼓相當，楚成王就派大夫屈完前來講和。後來，齊桓公和楚國握手言和，各自撤回軍隊，消弭（mǐ）了兵戎相見、血流成河的一場大戰。

此次齊桓公出兵雖然未能以勝利告終，但也使楚國暫時放棄了北上問鼎中原的計劃，穩定了中原的局勢，確立了齊國的霸主地位。公元前 651 年，他在葵丘（今河南考城東）會盟八國諸侯，東周王室也派代表參加，承認了齊桓公的霸主地位。

公元前 643 年，齊桓公去世，齊國逐漸衰弱，霸主地位不再。之後的三百多年間，紛起稱霸的有秦國、晉國，以及後起的吳國、越國。

秦國本來是地處西方的一個小國。（請參閱圖 6）周平王東遷，秦國國君秦襄公因為護駕有功，被封為諸侯。之後，經過秦文公、秦武公、秦穆公等君王的不懈努力，秦國也日益強大起來。

秦穆公於公元前 659 年即位，公元前 621 年去世，在位 39 年。他是秦國歷代國君中，有雄才大略，且寬宏為懷的國君之一。他求才若渴，重用名臣百里奚等人，改革政治，發展經濟，奮發圖強，使秦國國勢蒸蒸日上。

公元前 649 年，晉國因饑荒求救於秦，

春秋時期的鼎。鼎原本是國家的象徵

表現晉文公流亡生活的圖畫

百里奚力主運糧給晉國救助百姓，為秦穆公創立霸業贏取了信譽。次年，秦國也遭遇災荒，向晉國求借粟糧，卻遭到晉國拒絕，兩國矛盾開始激化。公元前 645 年，秦穆公率軍與晉國戰於韓原（今山西河津、萬榮一帶），大獲全勝，並生俘晉國國君晉惠公。後經秦穆公夫人（晉惠公同父異母的姐姐）斡旋，晉惠公以割讓河西之地給秦作為交換條件，才獲得釋放回晉國。從此，秦國國土擴張到了黃河邊上。

後來，秦穆公滅掉 12 個戎族部落王國，「開地千里」，終成西部一霸。

公元前 637 年，晉惠公去世。為了控制晉國，秦穆公派兵護送流亡在秦國的晉國公子重耳（晉惠公同父異母的哥哥）回晉國去爭奪王位。在大臣狐偃、賈倫等的協助下，重耳終於奪得了王位，史稱晉文公。晉文公整頓政治，發展經濟，改革法紀，加強軍備，使晉國很快強盛富足起來。

公元前 635 年，東周王室內訌。晉文公發兵趕走了佔據東都雒邑的狄人，殺死了「王叔」子帶，迎接周襄王復位，從而獲得了「尊王」的美譽。

與此同時，楚國再進中原，以武力迫使魯、鄭、陳、蔡等中小國家歸附。

公元前 632 年，楚國軍隊包圍了宋國，宋國向晉文公告急求救。

晉文公重耳曾經流亡楚國，得到楚國的優厚款待。當時，楚成王問重耳，如果你以後回到晉國當王，晉楚發生爭戰的話，你怎麼辦呢？重耳回答道，我一定「退避三舍」（一舍為三十里，即十五公里）。

因此，晉文公率軍救宋，迎戰楚軍時，先實踐當年的諾言，退避三舍到城濮（今河南濮陽西南）。

對於晉文公的退避三舍，楚軍中不少人都覺得事有蹊蹺，主張穩重為上，靜觀其變，等待時機。然而剛愎自用的楚軍統帥子玉，卻認為晉文公是畏懼楚軍的強大，遂下令跟蹤追擊到城濮。

晉文公採取先攻兩翼，各個擊破，再取中軍的戰略戰術，命主將胥臣把老虎皮蒙在駕戰車的馬匹身上，出其不意地向楚軍最弱的右軍發起衝鋒。楚軍突然看到那麼多「老虎」駕車衝過來，嚇得屁滾尿流，落荒而逃，楚軍右翼很快就被殲滅。

楚軍右翼被殲後，晉軍前軍在戰車上豎起大旗，引車後撤，扮出撤軍的樣子。同時，晉軍後軍也用許多戰車拖曳樹枝，令地面上的塵土飛揚起來，造成後面的晉軍也在撤退的假象，引誘楚軍出擊中伏。楚軍統帥子玉折了右

「天知一半」點評

晉文公「退避三舍」是十分高明的一舉三得的戰略部署。第一得，實踐承諾，報了楚成王的恩；第二得，在政治上爭取主動，造成「曲在楚」的輿論；第三得，在軍事上誘敵深入，造就優勢，便於和齊、秦等盟國軍隊會合，集中兵力，後發制人。

晉軍用了成千上萬張老虎皮，怪不得現在老虎那麼少！

翼，求戰心切，就貿然下令左翼楚軍出擊。晉軍中軍主將先軫（zhěn），見楚軍進了圈套，就立即指揮精銳攔腰打擊楚軍。前軍主將狐毛乘機回軍夾攻，使楚軍腹背受敵，完全陷入重圍。就這樣，左翼楚軍很快又被晉軍殲滅。

子玉見左右兩軍均已被殲，大勢已去，不得已下令中軍迅速脫離戰場，才得以保全中軍。楚軍大敗，子玉引咎自殺。

城濮之戰以晉軍大獲全勝而告終，晉文公就在踐土（今河南原陽西南）會盟諸侯，並向東周王室貢獻楚軍俘虜 1000 人、兵車 100 乘。周襄王派代表前來祝賀，並正式冊命晉文公為「侯伯」（即霸主），賜給赤色弓一百、黑色箭一千，表示授予征討大權。

晉文公死後，一直到公元前 546 年，晉國一直維持霸業（晉楚三次大戰，晉國尚能兩勝）。此後，特別是「三家分晉」以後，晉國就風光不再了。

除了齊、秦、晉、楚先後稱霸，春秋後期稱霸的是吳國和越國。

吳國的歷史可以追溯到周太王。周太王生有三個兒子，長子太伯、次子仲雍、三子季歷（即王季）。季歷生子姬昌（即周文王）。周太王十分疼愛孫子姬昌，希望姬昌能繼承自己的王位。太伯和仲雍為了讓季歷和姬昌繼承周國王位，就「迴避」到梅里（今江蘇無錫東南），一些蠻族部落前來歸附。太伯、仲雍斷髮文身，相繼做了蠻族部落王國的君長，國號為吳。

越國的來歷可以追溯到夏王朝。相傳越國國君的祖先，是中興夏王朝的少康的庶子無余。

春秋中期，晉楚爭霸，晉國曾聯合吳國制約楚國。後來楚國以其人之道還治其人之身，派文種到越國，助越攻吳，藉以牽制晉國。

吳國得到晉國扶持，日益強大起來。公元前 506 年，吳王闔閭（hé lǘ）在晉國的支持下，以伍員（yūn）為主將，以孫武為軍師，率軍攻伐楚國，在柏舉（今湖北麻城東北）大敗楚軍，並且一直打到楚都郢，迫使楚昭王出逃，楚幾乎亡國。

公元前 496 年，吳王闔閭起兵伐越，被越王句（gōu）踐打敗，闔閭受傷病死。闔閭之子夫差繼承吳國的王位，發誓要為父報仇。

公元前 494 年，吳王夫差於尖椒（今江蘇吳縣西南）大敗越王句踐。句踐僅剩甲兵 5000 人，敗退回會稽（今浙江紹興）。句踐恐怕夫差派兵滅掉越國，就採納范蠡的計謀，把美女西施獻給夫差，又派大夫文種賄賂吳王的寵臣伯嚭（pǐ），花言巧語說服了夫差。於是，夫差就允許越國稱臣求和。

夫差矛（左）與句踐劍（右）

吳王夫差戰勝句踐以後，志得意滿，自以為越國已無力反攻，就一心一意地北進與齊國爭霸，於公元前484年，大敗齊軍於艾陵（今山東泰安）。

公元前482年，夫差又率大軍到黃池（今河南封丘西南）會盟諸侯，與晉國爭當盟主。但他做夢也沒有想到，越王句踐臥薪嘗膽，勵精圖治，通過十年生聚，十年教訓，國力已經今非昔比。趁吳王夫差率大軍北上會盟，國內空虛之機，句踐發動突然襲擊，攻進吳國，殺掉了吳國的太子友。夫差聞訊大吃一驚，就讓晉定公當了盟主，匆忙回國向句踐求和。句踐見滅吳時機尚未成熟，就暫時允和，但又不斷地以攻擾戰術打擊吳國。

9年後，即公元前473年，句踐又派兵大舉攻吳。吳王夫差力不能敵，派大夫公孫雄向句踐乞和，請求能像昔日赦免句踐一樣得到赦免，但句踐拒不應允。夫差窮途末路，蒙面自刎而亡。

越王句踐滅吳後，北上至徐（今山東滕縣），大會齊晉等諸侯，共尊周天子，號稱霸主。周天子派人賜胙（zuò，古代祭祀時用的肉）給句踐，也命其為侯伯。

春秋時期，除東周王國以外，共有145個諸侯國。齊、楚、秦、晉、吳、越先後爭霸，屬「第一世界」。屬「第二世界」的有魯國（曾吞併9個小國）、宋國（曾吞併6個小國）、鄭國和衛國等。屬「第三世界」的都是小國，如陳國、蔡國、曹國等等。這些大國和大國、大國和小國、小國和小國之間的關係，不是我兼併你，就是你吞噬他。「大魚吃小魚，小魚吃蝦米」。「蝦米」之間，也經常互相吞吃。

范文瀾先生講過一個「蝦米吃蝦米」的歷史故事。鄅（yǔ）國（今山東臨沂北，後被魯國吞併）國君出城（也可以說是「出國」，因為這些小國多是城邑國）到公田去督耕，鄒國（今山東鄒縣東南，後被楚國滅）人乘機攻入鄅國，把鄅君的妻子和女兒搶走了。鄅君無力和鄒國一戰，就「破罐子破摔」，乾脆跑到鄒國去，請求讓他和妻子女兒同當俘虜。鄒君留下其女，把鄅夫人送還鄅君，讓他們回國。

春秋時期，中國處於分治的無政府狀態，是典型的「和尚打傘，無法無天」的時代。當時無社會秩序、無政治準則可言。一些國君尚不能保護自己的生命財產和家人，更何況平民百姓？「春秋無義戰，百姓無平安」。

📖 **小詞典**

孫子即孫武，著有「孫子兵法」，被譽為「兵聖」。

伍員即伍子胥，楚國人。因父兄被楚平王冤殺，出逃到吳國。曾助闔閭奪得王位，大敗楚昭王，掘楚平王墓，鞭屍三百。夫差繼位後，不聽伍員勸諫，反賜其自殺。死前伍員曾遺言：請把我的眼睛留在城門上，讓我看到越國滅掉吳國的那一天。

第 7 章

戰國和戰國七雄

▶▶▶

〔前 403—前 221 年〕

　　戰國時期有 182 年（前 403—前 221 年），主要由戰國七雄（齊、秦、燕、楚、韓、趙、魏）縱橫天下。其疆域（勢力範圍）加上一些小諸侯國，約有 240 萬平方公里。（請對照參閱圖 0 和圖 7）

　　春秋末，諸侯不斷兼併，原來的 145 個諸侯國只剩下不到 30 國，其中的大國只剩下齊、秦、晉、楚四國。公元前 403 年「三家分晉」被確認，中國進入了戰國七雄時代。所謂「戰國七雄」，是東部的齊國，南部的楚國，西部的秦國，北部的燕國，中部的韓、趙、魏三國。此時中國的版圖，已約有 240 萬平方公里。（請對照參閱圖 0 和圖 7）

　　秦國在春秋時期就是大國，秦穆公曾經稱霸一時。可到後來，秦國又徘徊不前。公元前 361 年，秦孝公即位後，廣施仁政，賞罰分明，徵求賢良，奮發圖強。衛國人法家公孫鞅應徵入秦，得到秦孝公的賞識，拜為左庶長，授以實權，實行了近二十年的變法改革。

　　公孫鞅變法之初，叫人放了一根木頭在國都櫟（yuè）陽（今陝西臨潼東北）的南門，公告天下說，任何人如能把木頭扛去北門，獎賞十斤黃金。開始時，沒有人相信，以為這是「官式玩笑」。後來，公孫鞅又下令將賞金增加到五十斤黃金。俗話說，「重賞之下，必有勇夫」。終於有一個老百姓好奇，把木頭扛到北門，真的得到了五十斤黃金。這消息像爆炸的春雷，立刻傳遍了秦國，全國人民都知道變法是「言必信，行必果」的。

　　但是，公孫鞅變法改革的一些主要措施，如「獎勵軍功，限制宗室」：勇敢作戰並立有軍功的人，不論出身，均可當官；而無軍功的貴族宗室，一律廢除他們的名位和身份，得罪了那些既得利益者，遭到他們激烈的反抗。以秦國太子為首的反對變法改革者，多達千人。

　　公孫鞅認為，變法改革之所以難以進行，是因為王親貴族和既得利益者的反對。要實行變法改革，就要求太子以身作則，不能以身犯法。秦孝公全力支持公孫鞅的變法改革，懲戒反對變法改革者。因為太子是儲君，不便施刑，就把太子的師傅公子虔（qián）和公孫賈用來作替罪羊，對他們施以黥（qíng）刑（用刀在臉上刻字，再染上黑墨）。如此一來，變法再無阻礙。

　　秦國實行變法改革後，老百姓皆大歡喜。人民勤於耕織，發家致富；士兵勇敢作戰，立功當官；全國路不拾遺，城鄉大治。

重賞之下，必有勇夫

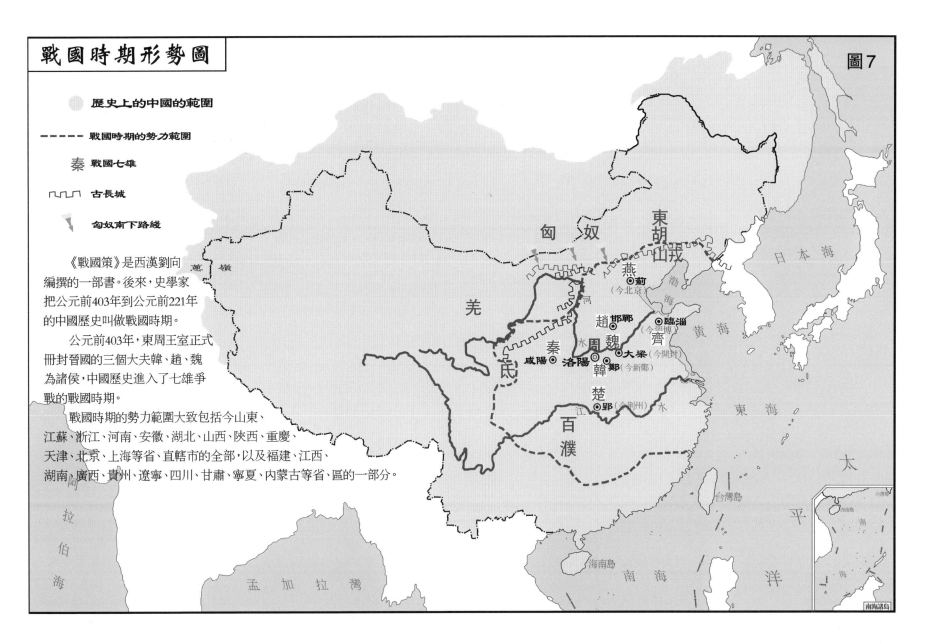

戰國時期形勢圖

圖7

歷史上的中國的範圍

------ 戰國時期的勢力範圍

秦　戰國七雄

古長城

匈奴南下路綫

《戰國策》是西漢劉向編撰的一部書。後來，史學家把公元前403年到公元前221年的中國歷史叫做戰國時期。

公元前403年，東周王室正式冊封晉國的三個大夫韓、趙、魏為諸侯，中國歷史進入了七雄爭戰的戰國時期。

戰國時期的勢力範圍大致包括今山東、江蘇、浙江、河南、安徽、湖北、山西、陝西、重慶、天津、北京、上海等省、直轄市的全部，以及福建、江西、湖南、廣西、貴州、遼寧、四川、甘肅、寧夏、內蒙古等省、區的一部分。

變法改革前，秦國屢受東邊鄰國魏國的欺負，不時被魏國搶掠土地人民。變法改革後，秦國屢次打敗魏國，並俘虜了魏國公子印（ āng）。秦國不僅收復失地，還拓展國土至洛水以東，成了不單魏國，連其他諸侯大國都畏懼的泱泱大國。

公元前 338 年，秦孝公去世，秦國太子即位，這就是秦惠文王。秦惠文王秋後算賬，誣陷商鞅（即公孫鞅。此前因他變法成功，對秦國有功，被封於商地，號商君，也叫商鞅）意圖謀反。商鞅不甘坐以待斃，起兵反抗失敗。最後，商鞅被施以令人髮指的酷刑——車裂，他的家人也同時被殺。

但是，商鞅人死，新法不變，商鞅之法仍在秦國施行。除了秦莊襄王用呂不韋為相，停止排斥商賈和遊士之外，其餘大都沿用不變。秦國威勢不墮，稱霸西陲。

秦國強大之際，秦國東面的魏國，經過魏文侯變法，國富兵強，也不斷向外擴張。

公元前 353 年，魏國大將龐涓率兵進攻趙國，很快就逼近趙國的都城邯鄲（今河北邯鄲）。趙國趕忙派使者前往鄰國衛、宋、齊求救。齊國派田忌為帥、孫臏為軍師，出兵救援趙國。

孫臏、龐涓是同學，曾一起在鬼谷子門下學習兵法。龐涓先行出師，他在魏國受重用後，將孫臏也招到魏國。之後，他又忌憚孫臏之能，在魏王前誣告他，將之處以臏刑。孫臏被使計逃離魏國到了齊國。

孫臏不愧是「兵聖」孫武之後。他和田忌並不直接去趙國救援，而和衛軍、宋軍一起，迂迴殺向魏國的都城大梁（今河南開封）。龐涓知道大梁比較空虛，急忙從趙國撤兵回去救大梁，後來在桂陵（今河南長垣）中了埋伏，被田忌、孫臏的齊軍打敗，做了俘虜。這就是中

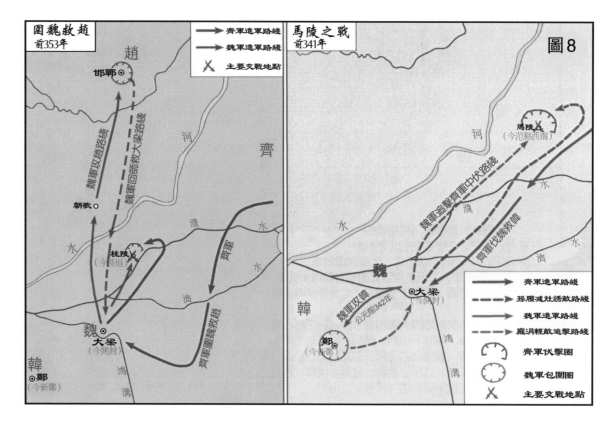

國軍事史上著名的「圍魏救趙」之役。(請參閱圖8)

公元前342年,龐涓又率魏國大軍攻打韓國。韓國向齊國求救,齊國仍派田忌、孫臏領兵前去救援韓國。第二年,齊軍「伐魏救韓」,龐涓奉命回師迎擊齊軍。

孫臏深知龐涓驕傲狂妄、剛愎自用,就佯敗後退。第一天,他命人在後退的途中留下十萬人做飯的鍋灶,第二天則減少到五萬人的鍋灶,第三天只留下三萬人的鍋灶。

龐涓察看了減少的鍋灶,以為齊軍士兵逃亡嚴重,就揮軍窮追。

此時,孫臏已在馬陵(今河南范縣西南)設下埋伏。(請參閱圖8)

車裂是世界上最慘無人道的酷刑之一,俗稱「五馬分屍」:將受刑人的頭和四肢分別拴在五輛車上,用馬駕車,然後同時「開車」,把人的肢體撕裂。

龐涓帶兵追到馬陵時,陷入齊軍的重圍,頃刻間幾萬魏軍土崩瓦解,魏國太子申被俘,龐涓身死名裂。

經此兩役,魏國逐漸衰弱,齊國則聲名大振。

齊國春秋時期就是大國,齊桓公曾稱霸一方。到了戰國初期,齊國也像晉國一樣發生了內訌,權臣田成子掌握了齊國的大政。公元前379年,田氏乾脆徹底取而代之,當上了齊國的君王,齊國此後又稱為「田齊」。

春秋時期,楚國是疆域最大的國家。但是,因為農業落後,綜合國力並不是戰國七雄中最強國。戰國初期,楚悼王任用吳起為令尹,實行變法,國勢逐漸強大起來。但悼王死後,吳起的新法被廢除,楚國又陷入徘徊之中。

公元前334年,楚威王派兵伐越,掠其大片土地。接着,楚威王又派將軍莊蹻(qiāo)率兵入滇(今雲南),以滇地(今雲南昆明)為中心,擴地千里,楚國疆域更加廣大。不過,楚國的國力始終不及秦國。

公元前313年,秦國派張儀(魏國人,戰國時的縱橫家。公元前328年曾為秦國宰相,提倡連橫。所謂「連橫」,就是聯合秦國東邊

孫臏是戰國中期著名軍事家,是孫子即孫武的後裔。其所著《孫臏兵法》,繼承並發展了《孫子兵法》,但失傳了兩千多年。直到1972年,山東臨沂銀雀山漢墓出土了大批載有《孫臏兵法》的竹簡,其兵法才重見天日,為中國軍事史增添了傑出的兵法篇章。

的任何一國或兩國,或三國,組成一條戰略橫線,攻擊其他各國)到楚國,鼓吹連橫,說服楚懷王和齊國絕交,與秦國結盟,並口頭許願說,事成則送還楚國商、於(wū)之地六百里。楚懷王信以為真,和齊國斷交。

張儀離間齊楚之計成功後,楚國派人去秦國討要土地,張儀卻說:我和楚王商定是六里之地,沒有說過六百里呀。楚懷王聞訊大怒,派兵攻打秦國,結果在丹陽(今河南丹水)被秦軍打敗,將軍屈匄(gài)也被俘虜。後來,楚懷王心有不甘,又調集所有兵力與秦軍戰於藍田(今陝西藍田),再次失敗,並被秦國佔去

了漢中大片土地。

齊國因楚國絕交在前，就袖手旁觀，不支援楚國。從此以後，楚國一蹶不振。

在東方六國逐漸衰落的過程中，西部的秦國卻越來越強大。秦併六國，已是大勢所趨。

公元前 307 年，秦國攻陷韓國的宜陽，

秦兵馬俑，就是這樣的士兵統一了中國

「斬首六萬」。

公元前 293 年，秦國大將白起大破韓、魏聯軍，「斬首二十四萬」。

公元前 279 年，白起率秦軍伐楚，與楚軍決戰於鄢（今河北宜城東南）。白起下令引水淹城，淹死楚國軍民數十萬。

公元前 278 年，白起攻陷楚國都城郢，楚被迫遷都陳（今河南淮陽）。

公元前 273 年，白起奉命領軍救援韓國，大破趙、魏聯軍於華陽，「斬首十五萬」。

公元前 260 年，白起又率大軍與紙上談兵的趙括決戰於長平（今山西高平）。白起正面佯敗，誘使趙括引軍長驅直入。然後，白起派兩

支精銳部隊從兩翼迂迴包抄，切斷趙軍後路，將趙軍團團圍住。趙軍被困 46 天，糧盡援絕，趙括只能孤注一擲，親率精銳突圍，結果被秦軍亂箭射死。趙軍失去主帥，四十多萬人馬全部投降。白起只將年幼者 240 人放走，其餘四十多萬趙軍全部被活埋坑殺。

秦國離間齊楚成功，又大破了韓、魏、趙。只有燕國交戰較少，能夠獨善其身。公元前 334 年，提倡合縱（所謂「合縱」就是從南部的楚國，到北部的燕國，以及中部的韓、趙、魏、齊等國，聯合成一條戰略縱線，共同對付強大的秦國）的蘇秦去見燕國的國君燕文公，大說合縱的好處。燕文公信其然，就送車

「天知一半」點評

趙括自幼熟讀兵書，自以為天下無敵，驕傲狂妄。「知子莫若父」，趙括的父親趙奢曾對人說，趙國千萬不能任命趙括當將領。如果任命他，一定會使趙國軍隊破敗。但是，趙國國君中了秦國的反間計，棄用老將廉頗而誤用趙括，果真導致了趙國的敗亡。

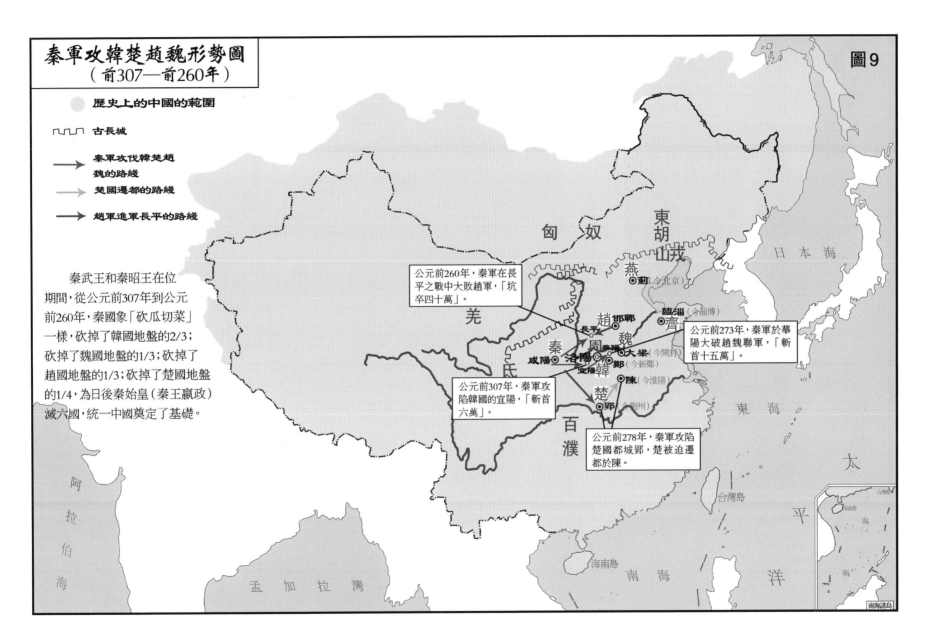

秦軍攻韓楚趙魏形勢圖
（前307—前260年）

圖9

● 歷史上的中國的範圍

〰 古長城

→ 秦軍攻伐韓楚趙魏的路綫

→ 楚國遷都的路綫

→ 趙軍進軍長平的路綫

秦武王和秦昭王在位期間，從公元前307年到公元前260年，秦國象「砍瓜切菜」一樣，砍掉了韓國地盤的2/3；砍掉了魏國地盤的1/3；砍掉了趙國地盤的1/3；砍掉了楚國地盤的1/4，為日後秦始皇（秦王嬴政）滅六國，統一中國奠定了基礎。

公元前260年，秦軍在長平之戰中大敗趙軍，「坑卒四十萬」。

公元前273年，秦軍於華陽大破趙魏聯軍，「斬首十五萬」。

公元前307年，秦軍攻陷韓國的宜陽，「斬首六萬」。

公元前278年，秦軍攻陷楚國都城郢，楚被迫遷都於陳。

匈奴

東胡

山戎

燕

薊（今北京）

臨淄（今淄博）

趙　邯鄲

齊

長平

魏

羌

秦

周　華陽

咸陽　洛陽　大梁（今開封）

宜陽　韓　鄭（今新鄭）

陳（今淮陽）

楚

郢（今荊州）

氐

百濮

日本海

東海

太平洋

南海

阿拉伯海

孟加拉灣

海南島

南海諸島

台灣島

55

秦兵馬俑中的跪射弩兵

馬金帛給他，叫他去聯合各國。蘇秦舌燦蓮花，一時韓、趙、魏、齊、楚都贊同他的觀點，準備合縱，並推舉趙肅侯為縱長，還讓蘇秦一個人當了六國的宰相。

當時，六國的土地合起來比秦國大五倍，兵力大十倍。如果六國合縱成功的話，就不會有後來的秦始皇統一中國。或者，統一中國起碼要推遲很多年，而且很可能不會是由秦始皇來完成。

但是，有「矛」就有「盾」。秦國用連橫破了合縱。合縱的六國之間利益不同，矛盾不斷，各國有各國的「小算盤」。加上合縱規約不穩固，合縱前後只有三年就解體了。

合縱雖解體，仍不時顯示其威力。公元前298年，齊、韓、魏、趙、中山等五國合縱攻入函谷關，迫使秦國退還韓、魏被秦奪去的一些土地。公元前258年，秦國派兵進攻趙國，並包圍了趙國都城邯鄲。第二年，魏國、楚國派兵救援趙國，三國合縱打敗了秦軍，解除了邯鄲之圍。

儘管遭受了一些挫敗，秦國還是強大無比。

公元前230年，秦滅韓。公元前228年，秦滅趙。公元前226年，秦軍攻陷燕都薊（jì，今北京西南），燕王喜遷到遼東負隅頑抗。公元前225年，秦滅魏。公元前223年，秦滅楚。此後，秦國滅了燕國，再用一年時間，又滅掉了齊國。

公元前221年，秦王政統一中國，戰國時代宣告結束，中國歷史上第一個大一統的、中央集權制帝國邁上了歷史舞台。

第**8**章

百家爭鳴　百花齊放

　　春秋戰國時期，中國文化思想界是一個「百家爭鳴，百花齊放」的時代——這是中國文化思想史上獨一無二、空前絕後的燦爛輝煌的時代。當時，各種學說紛紛湧現，各個流派爭芳鬥豔。

　　各種各樣的思想家、政治家們，既可以大膽地批判諸侯的貪婪腐敗，又可以嚴厲抨擊戰亂的社會禍害，更可以總結歷史教訓，解釋歷史事件，自由地提出救國救民的政治主張。

　　當時燦若羣星的思想家、政治家、教育家中，首推儒家的鼻祖孔子（前 552—前 479年）。孔子思想以「仁」為理論核心，以「禮」為行動準則。為了推行儒家思想，孔子不但周遊列國，遊說諸侯，還首先打破學在官府的傳統，開壇講學，有教無類，以致「賢人七十，門徒三千」（傑出的學生有七十個，學生共有三千人）。

　　孔子十分推崇周禮，認為周禮是比較完美的社會制度。孔子認為，只要人們能夠君愛臣，臣愛君，父愛子，子愛父，社會必然能夠臻於完善。孔子承認父親（家長）的絕對權威，當然也承認君主的絕對權威。不過，孔子並不認為君主可以為所欲為，可以欺壓百姓。他認為，君主的主要責任，是讓老百姓過上幸福的生活。但是，孔子不知道，或者他不想知道，也不願知道，用什麼方法去監督和保證君主們履行這個責任和義務呢？

　　因此，在孔子以後的兩千多年的中國歷史中，儒家思想得到發揚光大，並受到歷代統治者的歡迎，成為歷代統治者治國治民的基本思想和犀利武器。

　　孔子的儒家思想，主要是為統治者服務的，但是，他所提倡的「仁者，愛人」，講求「忠恕之道」的道德原則，和「有教無類」、「因材施教」、「學而時習之」、「溫故而知新」等等教學思想，仍然是我們中華民族優良的道德原

孔子像

「天知一半」點評

　　「君為臣綱，父為子綱」，沒有監督而擁有極權的君主怎會不歡迎呢。他們濫權施威，不必履行對人民的責任和義務。反過來，臣子百姓就必須承擔「無限忠於」和「無限愛戴」的義務和責任。否則，「君要臣死，臣不得不死」。

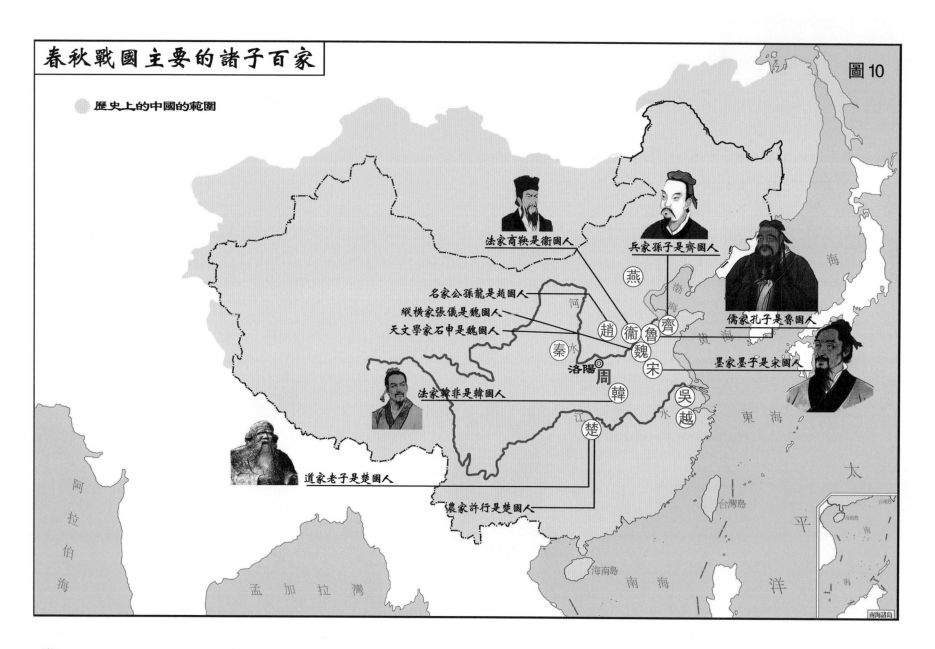

春秋戰國主要的諸子百家

圖10

歷史上的中國的範圍

法家商鞅是衛國人

兵家孫子是齊國人

名家公孫龍是趙國人

縱橫家張儀是魏國人

天文學家石申是魏國人

儒家孔子是魯國人

法家韓非是韓國人

墨家墨子是宋國人

道家老子是楚國人

農家許行是楚國人

燕

齊

趙

衛 魯

秦 水 魏

洛陽 周 宋

韓

楚 吳 越

河

黃 海

渤 海

海

東 海

太 平 洋

台灣島

南海 島

海南島

阿 拉 伯 海

孟 加 拉 灣

南 海

南海諸島

則和教學思想。

儒家的代表人物還有孟子和荀子。孟子曾是孔子嫡孫子思的學生。因此，孟子又稱「亞聖」，儒家思想又稱「孔孟之道」。孟子認為，「民為貴，社稷次之，君為輕」，君主要為人民服務。不然，對不仁不義的暴君，人民可以更換甚至誅殺。

荀子和孔子、孟子一樣強調「仁」和「禮」。但是，荀子的「禮」已經不是純粹的周禮，而是有法制之「禮」。他反對孟子的「性本善」說，提出「人之初，性本惡」。他說，在好吃的東西面前，飢餓的父與子都想吃，這就是「性本惡」。只不過出於「禮」，兒子要讓給父親吃。人的「性本惡」要通過「禮」來修正，才能達到「仁」和「義」。荀子十分讚賞春秋戰國時秦國富國強兵的法制和政策。荀子的兩個學生韓非和李斯，就是從荀子的思想觀點發展成為法家的。後來，他們襄助秦始皇完成了統一中國的大業。

春秋戰國時期的諸子百家，除了儒家之外，主要還有墨家、道家、法家、名家、兵家、天文學家、農家、縱橫家、雜家、陰陽家、小說家等等（請參閱圖10）。

墨家的創始人是墨子，他原是儒家的門徒，後來棄儒倡墨，成了儒家的反對派，和儒家「爭寵」於諸侯君王。墨、儒兩家的思想有同也有異。墨家提倡「兼愛」，使「強不執弱，眾不劫寡，富不侮貧，貴不傲賤」。但是，墨家又反對儒家的「因循守常」，提出「官無常貴，而民無終賤」，反對富貴者世世富貴，貧賤者代代貧賤。墨子為了實現自己的主張，宣揚自己的理想，和弟子過着「苦行僧」般的生活。儘管墨家在當時影響極大，卻得不到統治者的青睞，更改變不了後來儒家獨大的歷史局面。

和儒墨兩家「為仁有為」的思想針鋒相對的是道家。道家的創始人是老子。老子姓李，名耳，字聃（dān），春秋末期楚國苦縣（今河南鹿邑東）人。相傳老子的「資格」比孔子還「老」。據《禮記·曾子問》篇，孔子曾師事老子，向老子問「禮」。

老子的「道」是「無為而治」。他認為「無為」才是「有為」。他提出一種「小國寡民」的社會理想，幻想建立一個「舟車不用，干戈息止，以結繩記事」，「鄰國相望，雞犬之聲相聞，民至老死不相往來」的理想社會。他仔細考察了歷史的古今、國家的興亡、人事的成敗

禍福，提出了「禍兮福所倚，福兮禍所伏」的辯證法觀點。這種學術觀點比當時的任何一位思想家、哲學家都要先進和深刻，顯示了老子的偉大智慧。

「天知一半」點評

　　這個主張固然不錯。難怪中國歷史上爆發了那麼多的人民起義。但是，起事者有多少次成功呢？就算成功了，換了個皇帝，還不是「換湯不換藥」？在兩千多年的極權專制社會裏，要求沒有監督的君王「為人民服務」，談何容易！

道家在戰國時期的代表人物是莊子，宋國蒙（今河南商丘東北）人。莊子不但是個傑出的思想家、哲學家，也是一個優秀的文學家。

莊子認為，「道」是世界的本源，是萬物的根本。「道」生出天地萬物，甚至鬼神。他指出，世上的事物都在運動變化着，這種變化又因為矛盾的相互消長而變化。這種觀點，無疑是老子「禍福論」的展延。

明人繪老莊圖

莊子也崇尚無為，表現出極端的厭世悲觀思想，他對社會的不公平深惡痛絕，曾尖銳地指出：「盜鉤者誅，竊國者侯」（偷盜一隻帶鉤的人被殺頭，而竊取國家政權的人卻成為王侯）。其實，莊子直指「國家」是被王侯們偷竊或搶劫來的。

莊子的文章大都是寓言故事。他的寓言故事寫得汪洋恣肆，想象豐富，幽默含蓄，妙趣橫生。魯迅先生曾評論莊子說，「晚國諸子之作，莫能先也」。

法家是提倡變法的流派。早期提倡變法的法家代表人物有李悝、吳起、商鞅等人，後期的法家則以韓非、李斯為代表。

法家的集大成者韓非吸收了儒、墨、道、名等家的學說精髓，繼承發揚了前期法家的思想精華，形成了一套以「法」為主，「法」、「術」、「勢」相結合的法家學說。韓非是韓國人，曾多次上書韓王，主張變法圖強，但不獲採納，於是他發憤著書立說，寫成了《韓非子》一書。此書傳到秦國，正合秦王政意圖統一中國的政治需要，秦國治國即以法為尊。

戰國時期有一個偉大的天文學家石申（魏國人，生卒年不詳），他是世界上最早發現日月食天文現象的科學家，著有《天文》八卷。因為他的傑出貢獻，國際天文學界將月球上的一個環形山命名為「石申環形山」。

最後，春秋戰國諸子百家中還有一個值得特別介紹的是兵家，其代表人物是軍事家孫武。孫武最主要的功績是深入研究春秋以來的戰爭史，總結出軍事鬥爭的經驗，寫出了中國第一部偉大的軍事著作——《孫子兵法》。《孫子兵法》提出的「知己知彼，百戰不殆」等軍事原則，直到今天還光照日月。

總而言之，春秋戰國時期的諸子百家，通過「百家爭鳴，百花齊放」，造就了我們中國文化思想史的極度輝煌。

第 9 章

秦帝國

▶▶▶　　　　　　　　　　〔前 221—前 206 年〕

秦帝國的國祚只有 15 年（前 221—前 206 年）。其疆域初時近 300 萬平方公里，極盛時約有 350 萬平方公里。（請對照參閱圖 0 和圖 11、12）

第一節　秦始皇掃滅羣雄

前面講到，秦國統一中國的十年「大做秀」，是由公元前 230 年秦滅韓開始的，是由秦王政（即秦始皇）「領銜主演」的。其實，早在秦孝公重用商鞅變法改革以後，滅六國、統一中國的大戲就已經開演了。

公元前 307 年，秦孝公的孫子秦武王派軍隊攻陷韓國國都宜陽，「斬首六萬」，正式拉開了滅六國、統一中國的序幕。

而秦武王的弟弟秦昭王（秦始皇之曾祖父），在兄長把序幕拉開後，更是「砍瓜切菜」，盡情表演。他八次攻伐韓國，砍掉了韓國疆域的三分之二；十五次攻伐魏國，砍掉了魏國疆域的三分之一；八次攻伐趙國，砍掉了趙國疆域的三分之一；兩次攻伐楚國，砍掉了楚國疆域的四分之一。應該說，滅六國、統一中國的豐功偉業很有秦王政的先王們的一份功勞。

不過，秦昭王之子孝文王（秦王政之祖父），在位時間僅幾個月，秦孝文王之子莊襄王（即公子楚，秦王政之父），在位時間也僅三年，因此，滅六國、統一中國的大戲，「領銜主演」者非秦王政莫屬。

秦始皇嬴政

秦王政在公元前 246 年即位，即位時年僅 13 歲，國政由「仲父」相國呂不韋執掌。

呂不韋執政期間，繼續按既定方針辦。他任蒙驁等為將帥，攻伐韓國、趙國、魏國，開疆拓土，增置東郡、三川、太原三郡，並瓦解了進逼函谷關的合縱五國的聯軍，推動了秦國統一中國的歷史進程。

📖 小詞典

呂不韋是衛國濮陽人，後來經商成巨富。公元前 256 年，他到趙國邯鄲經商，發現作為人質到趙國的秦國公子楚「奇貨可居」，就不惜破財「囤積居奇」，「拋金引玉」，成為子楚的朋友。他為子楚出謀劃策，還把自己寵愛的歌妓趙姬送給他。公元前 249 年，子楚果然當上了秦國國君，便任命呂不韋為相國，使他成了中國「以商謀國」的第一人。

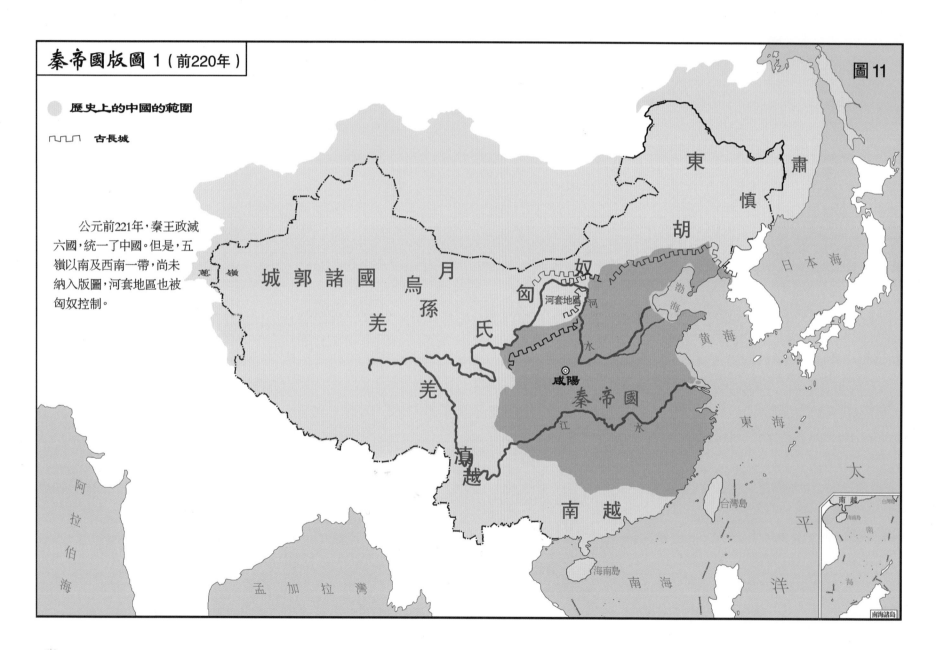

秦帝國版圖 1（前220年）

圖 11

歷史上的中國的範圍

古長城

公元前221年，秦王政滅
六國，統一了中國。但是，五
嶺以南及西南一帶，尚未
納入版圖，河套地區也被
匈奴控制。

但是，「人怕出名豬怕壯」，呂不韋也「緋聞」不斷。傳說呂不韋和秦王政的母親趙姬「有一腿」，是秦王政的生父。趙姬成為太后以後，呂不韋又引薦了假太監嫪毐（lào ǎi）給太后。嫪毐得太后寵倖以後，權勢很大，門下食客千餘，僮僕幾千，曾被封為長信侯，和太后生有兩個兒子。

這些「緋聞」傳言是否屬實，我們無從得知。屬實的是，秦王政長大親政後，先殺了嫪毐，後又罷免了呂不韋的相位，令其遷蜀。公元前 235 年，呂不韋服毒自殺。

呂不韋死後的第二年，即公元前 234 年，秦王政重用尉繚和李斯，開始策劃滅六國、統一中國的戰爭。尉繚是魏國人，戰國末期的兵家，著有兵書《尉繚子》。他於公元前 237 年入秦，得到秦王政的賞識。他獻計說，用三十萬斤黃金賄賂六國的權臣，離間他們的君臣關係和國與國的關係，效用比以兵屈國好得多。秦王政採納他的計謀，得益非淺。

韓國曾被秦昭王「砍」掉了三分之二，國勢很弱。根據遠交近攻、先易後難的原則，公元前 230 年，秦王政首先滅掉了韓國，並俘虜了韓國國君韓王安。

第二年，秦王政又派大將王翦攻伐趙國。

趙國自公元前 260 年被秦將白起打敗，四十萬兵被坑殺以後，又重新任用善於用兵的大將李牧。李牧採用堅防固守的策略，頑強抵抗秦軍達一年之久。沒想到趙王寵臣郭開收受了秦國的賄賂，向趙王誣告李牧擁兵自重，意圖謀反，唆使趙王派人收回李牧的兵權。大敵當前，「將在外，君命有所不受」，李牧拒不交出兵權。昏君趙王竟派人祕密逮捕李牧並處死。李牧一死，趙軍人心渙散，潰不成軍。

公元前 228 年，秦將王翦攻陷趙國都城邯鄲，俘虜了趙王遷。秦王政用尉繚之計，輕而易舉地滅掉了趙國。

韓、趙被滅，各國更加恐慌。

公元前 227 年，秦軍攻打燕國。

燕國太子丹為了救亡，派荊軻去刺殺秦

「天知一半」點評

呂不韋不僅是傑出的政治家，而且還是傑出的思想家、文學家。他廣收天下賢士三千人，組織其中的文人學者著書立說，編修了《呂氏春秋》。為了證明《呂氏春秋》的精闢，呂不韋曾在都城的城門上貼出公告：「有能增損一字者予千金」。成語「一字千金」即典出於此。

荊軻刺秦畫像石

王政。太子丹在易水之濱為荊軻餞行，酒過三巡，荊軻慷慨悲歌「風蕭蕭兮易水寒，壯士一去兮不復還」，義無反顧地奔赴險境。荊軻至秦，獻圖刺王，但是，秦王政命大，荊軻失敗被殺。

公元前226年，秦軍攻陷燕都薊（今北京西南），燕王喜被逼退到遼東，負隅頑抗。

公元前225年，秦王政又揮兵伐魏國。魏國曾被秦昭王攻伐15次，疆土被啃掉了二分之一。此時的魏國已奄奄一息，不堪一擊。秦國大將王賁率軍包圍了魏國國都大梁（今開封），並掘開黃河堤，放水淹了大梁。三個月後，魏王假開城投降，魏國滅亡。

秦王政以摧枯拉朽之勢滅掉了韓、趙、魏，而後全力攻楚。

楚國曾被秦昭王兩次打擊，疆土也不見了四分之一。但是，楚國畢竟是春秋時疆域最大的國家，「瘦死的駱駝比馬大」。因此，秦王政徵詢眾將，要用多少兵馬才可攻打楚國。秦將李信自恃年輕勇敢，就向秦王政誇口說，只要二十萬兵就可橫掃楚國。秦王政又問老將王翦，他回答非要六十萬兵不可。秦王政誤以為王翦過於老成持重，就派李信率二十萬軍隊去攻伐楚國。

李信輕敵，先小勝而後敗，不得不班師回朝。秦王政這才頭腦清醒起來，屈尊親赴老將王翦的家，請求他率兵伐楚。

公元前223年，王翦率秦軍六十萬，攻伐楚國，終於打敗了楚國，並俘獲楚王負芻。

公元前222年，秦王政滅了負隅遼東的燕國，六國只剩下一個齊國了。

齊國的相國后勝，長期被秦國用重金收買。因此，昏庸的齊王建被后勝擺佈，既不援助被滅的五國，也不積極備戰。

公元前221年，秦王政派兵攻打齊國，齊王建拱手投降，至此中國基本統一。但是，南部的南越、滇越部落仍未歸順，北方的河套地區還在匈奴手裏。（請對照參閱圖0和圖11）

第二節　秦始皇的四功績

秦王政滅掉了六國和其他小國，建立了中國歷史上第一個統一的、多民族的、中央集權的秦帝國。為了炫耀功德，確立權威，他根據古代「三皇五帝」的傳說，創造了「皇帝」的尊號，並自稱「始皇帝」，成為中國歷史上的第一個皇帝。秦始皇夢想皇位能在他家「萬世傳之無窮」，但是，他的美夢未能成真，只傳了半世（三十年為一世，半世即十五年）。

雖然秦帝國的國祚未能「萬世傳之無窮」，但秦始皇在中國歷史上還是立了大功的。

結束戰國時期諸侯混戰、長期分治的局面，開創空前統一的、強大的中國，是秦始皇的第一功。

從秦以後，中國歷史上強大而又統一的漢帝國、唐帝國、元帝國、明帝國、清帝國，都是在秦帝國的版圖上發展壯大的。秦帝國的版圖，是後來的統一的中國的基礎，是第一張最光輝燦爛的中國母親的「老照片」。

用圖0對照秦帝國的版圖，我們可以清晰地看到，秦帝國的版圖，已經涵蓋了當今中國34個行政轄區的27個，只有今黑龍江、吉林、台灣、海南、西藏、青海、新疆沒有涵蓋在內。我們再仔細地對照版圖，會發現今朝鮮西北的一部分，即中國丹東市對岸的朝鮮新義州一帶，以及今越南北方的東北角，即相鄰中國廣西的越南高平至諒山一帶，都包括在秦帝國的版圖內。（請對照參閱圖0和圖12）

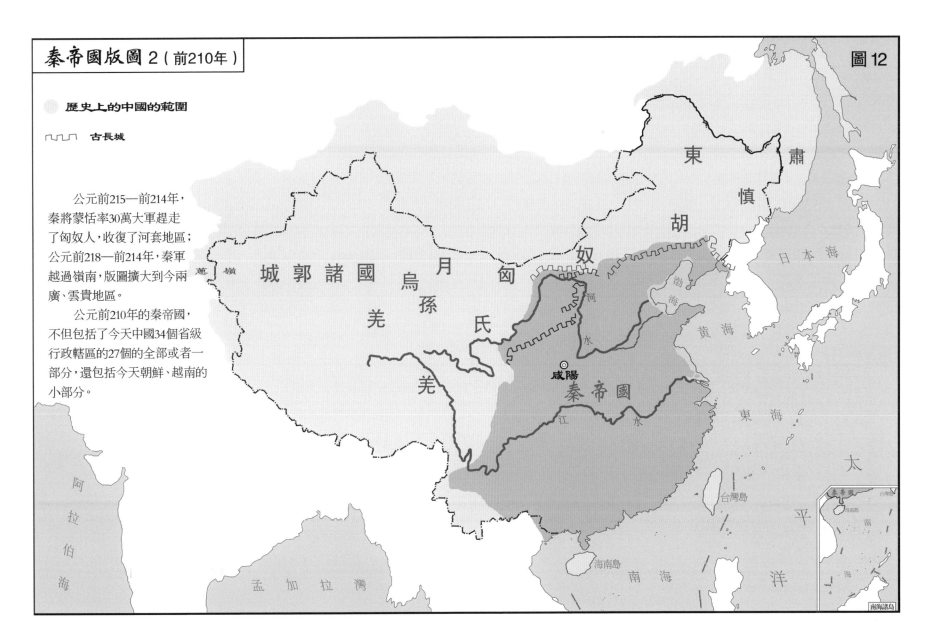

秦帝國版圖 2（前210年）

圖12

● 歷史上的中國的範圍

⌐⌐⌐ 古長城

公元前215—前214年，秦將蒙恬率30萬大軍趕走了匈奴人，收復了河套地區；公元前218—前214年，秦軍越過嶺南，版圖擴大到今兩廣、雲貴地區。

公元前210年的秦帝國，不但包括了今天中國34個省級行政轄區的27個的全部或者一部分，還包括今天朝鮮、越南的小部分。

東慎

肅

胡

奴

匈

月

烏

氏

孫

城郭諸國

蔥嶺

羌

羌

江水

河水

◎ 咸陽

秦帝國

日本海

渤海

黃海

東海

太

平

洋

阿拉伯海

孟加拉灣

海南島

南海

台灣島

南海諸島

雖然沒有準確丈量，估計當時秦帝國的疆域面積已達 350 多萬平方公里，是當時世界上版圖面積最大的國家。因此，秦始皇創建空前統一、空前強大的中國版圖，無疑是第一功。

秦始皇的第二功是統一漢字。

自商王朝時發明了文字以後，經過周王朝以及春秋戰國近 900 年的昇華發展，甲骨文和金文已經初步演變成中國人通用的漢字。但是，因為春秋戰國時期中國的分治，戰國七雄的文化特徵各不相同，因此，各地「言語異聲，文字異形」。單單是秦國，漢字就有八種——大篆（zhuàn）、小篆、刻符、蟲書、摹印、署書、殳（shū）書和隸書。於是，秦始皇命令相國李斯等人進行文字改革，統一全國文字。李斯等人用「小篆」體文字，編寫成範文在全國推廣。這些範文，有李斯寫的《倉頡（jié）篇》，趙高寫的《爰（yuán）曆篇》，胡母敬寫的《博學篇》等。這些範文，不但教字體，也教授語法，作為官方正式頒佈的、統一文字的範本。

秦始皇的第三功是修築萬里長城。

萬里長城，是中國古代勞動人民智慧和力量的結晶，是中國古代勞動人民的血汗和痛苦的見證，也是偉大的中華民族的驕傲和象徵。

提起萬里長城，就不得不提及秦始皇。如果沒有秦始皇下令從全國徵調大量民工修築長城，如果沒有秦始皇下令大將蒙恬率大批士卒修築長城，怎會有萬里長城？

很多人以為修築長城是秦始皇開創的，其實不是。早在春秋時，楚國為了防止韓國、魏

秦磚上的小篆：海內皆臣，歲登成熟，道無飢人

「天知一半」點評

列位看官，請別小看這統一文字的偉大意義。在世界歷史的長河中，曾經粉墨登場的亞歷山大帝國、羅馬帝國、阿拉伯帝國等等當時的世界大國，為什麼都是曇花一現，瞬間輝煌呢？為什麼唯獨我們中國，能夠從秦帝國起，作為世界大國一直存續到今天呢？除了別的因素外，統一文字居功至偉。連我的美國朋友，當代著名的歷史學家斯塔夫里阿諾斯（L. S. Stavrianos），都肯定了秦始皇統一文字的功勞。他在《全球通史》中說：「秦國統一文字，由於中國文字所具有的性質，證明是一種非常有效並且持久的統一的黏合劑。」這真是絕妙的、貼切的、精闢的比喻。中國是個多民族的大國，各民族的語言文字五花八門，如果沒有統一的漢字做「統一的黏合劑」，我們中國的五十六個民族，能夠緊密地融合、凝聚在一塊嗎？

左：萬里長城

右：靈渠

國的侵擾，就於公元前 657 年築過長城（當時叫「方城」）。

秦國最早修築的長城，是公元前 408 年秦簡公修築的「塹洛」。秦昭王在位時，為了防止匈奴的侵擾，又在隴西、上郡等地修築長城。

秦始皇統一中國後，百事紛繁，百業待舉。但是，遊牧民族匈奴和東胡經常南下侵擾掠奪，給中央政權和北方邊境人民帶來了不少麻煩和痛苦。公元前 215 年，秦始皇派大將蒙恬率三十萬軍隊北伐匈奴，奪回河套南北地區，重新設置了九原郡。（請參閱圖 11 和圖

12）雖然匈奴被趕走了，但威脅並未徹底解除，還要時刻防備匈奴、東胡的侵擾和進攻，於是，秦始皇決定修築一座碩大無比的「盾牌」——一道新的萬里長城。

新長城以戰國時秦、趙、燕國北部的舊長城為基礎，通過修葺、增補、新建，將它們連接起來。新長城西起臨洮（今甘肅岷縣），東至遼東（今朝鮮新義州一帶），長達萬里。為了修築長城，秦始皇向全國徵調了約五十萬民工，加上蒙恬所率領的三十萬士卒，足足用了 9 年時間。

修築萬里長城，工程艱巨到令人難以想

象。因此，修築新長城給勞動人民帶來了何等沉重的災難和痛苦，我們可想而知。但是，我們偉大的祖先，憑着無比的聰明才智、卓越的創造力量、偉大的刻苦耐勞精神，硬是使萬里長城雄偉地屹立在秦帝國的北疆。

現在，外國人到中國旅遊，「不到長城非好漢」，有的人甚至說，沒有到過長城，就等於沒有到過中國。長城成為國家的一個象徵。

秦始皇的第四功是興修水利。

公元前 246 年，韓國的桓惠王為了阻止秦

國的兼併，派水利專家鄭國去秦國，遊說秦王政興修水利，以圖「疲秦」，分散、削弱秦國的力量。秦王政信其然，就命鄭國主持修建引涇入洛的大型水利工程鄭國渠。施工過程中，韓王「疲秦」的陰謀敗露，秦王政欲殺鄭國。鄭國辯解說，將此渠建成，「疲秦」幾何？就算「疲秦」幾年，不過延長韓國的命數幾年而已，但卻為秦國建立了萬世的功業，你殺我值得嗎？於是秦王政命他繼續修渠。十年後，全長三百餘里的鄭國渠建成，使關中四萬餘頃（約合今兩百八十多萬畝）鹽鹼地變成旱澇保收的肥沃良田。從此「關中為沃野」，為秦國的強盛，以至最後滅六國、統一中國提供了充足的物質力量。

公元前 215 年，秦始皇派大軍經略嶺南，又命水利專家史祿疏通運糧水道。天才的史祿在今廣西興安的灕江中間築石堤。石堤呈犁頭狀，分灕江為南北兩渠。北渠向北流通湘江，連接長江水系，南渠向西和桂江合流，連接珠江水系。南渠所經之處都是高地，史祿用人工開鑿六十六里渠道，渠中建有「斗門」（「斗門」是船閘門的先導，是世界上最早的通航設施），使南來北往的船隻上升下降，航行在湘江和桂江上。這條開發嶺南的渠道，後來又經漢、唐、宋、明的相繼修築，成為中原地區和嶺南地區的主要通道。因此渠靈巧多用，融航道和灌溉功能於一體，所以，唐以後被人們稱為「靈渠」。

第三節　秦始皇加強統治的措施

秦始皇為了加強統治，鞏固地位，首先實施的措施是集權專制。

他自封為「始皇帝」，一切軍政大權都攬於一身。他雖然設立了「三公」——丞相（總管朝廷）、太尉（統率軍隊）、御史大夫（負責監察），但是，三公互不統屬，他們必須直接向皇帝負責。而且，秦始皇還改變了官吏世襲制，取消了「食邑」、「食封」制，讓所有官吏靠俸祿為生。這就避免了官吏尾大不掉，「三家分晉」，「田氏代姜」的歷史覆轍。此外，秦始皇還把分封制改為郡縣制，所有郡縣的官吏都由皇帝派遣，郡縣官吏也直接聽命於皇帝。當然，郡縣制在戰國時代的七國已有創建，到秦始皇時得到繼承發揚，成為後來兩千多年的歷代中國皇朝的基本統治形式。

上一節說過，秦始皇統一了中國，統一了漢字。另外，他還統一了貨幣，統一了度量衡，統一了馳道……但是，最要命的是，秦始皇還想「統一思想」。

春秋戰國是中國文化思想史上獨一無二、空前絕後的燦爛輝煌的時代。那時候，「百家爭鳴，百花齊放」，中國人的思想真的比宇宙還要

「天知一半」點評

法國著名作家雨果說得好：草原多麼開闊，但它的開闊比不上海洋；海洋多麼開闊，但它的開闊比不上宇宙；宇宙多麼開闊，但它的開闊比不上思想！人的思想無限，能統一得了嗎？！當然，我講的「思想」是涉及信仰、觀念的思想。有些共識也可以講是「思想統一」，比如一家人達成共識，一起上飯館享受美食……但是，比宇宙還要開闊的人的思想，是絕對不能統一的！

開闊。非常遺憾的是，從秦始皇開始，中國的歷代帝王都扼殺「百花齊放」。

秦始皇統一中國後的八年時間裏，秦帝國從六國宮廷和民間搜集了大量的書籍文獻。同時，他又徵聘 70 多位資深學者，授以「博士」官銜，讓他們帶領兩千多名諸生（學生）對這些書籍文獻進行清理甄別，以圖選出對秦帝國有利的書籍文獻，禁止不利於秦始皇集權專制的書籍文獻。

開始，秦始皇不僅對 70 多位博士優禮有加，甚至對諸生也「尊賜甚厚」，鼓勵他們「興太平」的「大鳴大放」。沒想到這些博士和諸生大都是儒家思想的信徒，認為尊古復禮才是治國之道，過份的改弦更張不合時宜。因此，他們不但沒有幫助秦始皇「統一思想」，反而對秦始皇的所作所為指手劃腳，說三道四。

公元前 213 年，秦始皇在首都咸陽宮舉行了一次御前辯論會。博士淳于越提出廢郡縣制，重建分封制。他認為，「事不師古而能長久者，非所聞也」。秦始皇原來就蔑視儒家思想，推崇法家思想。這種叛逆犯上的言論，他哪裏能聽得進？於是，他就批准了李斯的建議，除秦帝國官定的史書《秦記》以外，其他史書及

《詩》、《書》、百家語之類一律燒毀；除農書、醫書及求神問卜的書籍以外，各地所有一切藏書都一併燒毀。「焚書令」下達後 30 天內不燒書者，判刑服勞役。今後有誰膽敢私下議論《詩》、《書》者，判處死刑。有人膽敢以古非今者，誅殺其家族。官吏知情不報者，以同罪論處。

不到 30 天，秦帝國就燒掉了秦以前的古典文獻書籍，燒掉了中國古代的思想文明和燦爛輝煌。從此以後，「百家爭鳴，百花齊放」的思想自由、言論自由時代，一去而不復返。

秦始皇心中明白，書可以焚燒掉，人的思想卻無法焚燒掉。於是，焚書的悲劇才上演不久，他又導演了坑儒的慘劇。

秦始皇晚年獨斷專行，又貪生怕死，派人四處覓求長生不老藥。替他覓求長生仙藥的方士侯生和盧生，不滿他暴戾無度，就相約逃亡。秦始皇聞訊後龍顏大怒，以侯生、盧生「誹謗」為藉口，懷疑諸生也妖言惑眾，毒害民心，於是派御史嚴刑拘審，將所謂違反禁令的諸生 460 餘人坑殺於咸陽，並告示天下，警告天下的「持不同政見者」。

對秦始皇坑儒，其長子扶蘇勸諫道，天下初定，人心未安，諸生頌揚孔儒，不過說說而已，坑殺他們太過嚴酷，恐怕會引起動亂。秦始皇不聽勸諫，反而貶謫扶蘇，命他去北疆蒙恬的軍隊裏當監軍。

秦始皇極端野蠻殘酷地焚書坑儒，妄想統一思想，卻造成了中國文化思想的極度凋零，使中國的文化思想寶庫蒙受了空前的重創和浩劫。

其實，秦帝國之所以如此速亡（秦帝國實際立國才十五年），焚書坑儒是秦始皇種下的禍根之一。

第四節　秦帝國的滅亡

公元前 210 年，秦始皇東巡到平原津（今山東平原），因過度辛勞而重病不起。回程到沙丘（今河北廣宗西北）時，終於去世。丞相李斯和中車府令趙高合謀偽造遺詔，逼死太子扶蘇、擁立秦始皇的小兒子胡亥繼位，這就是秦二世皇帝。秦二世比之於秦始皇，才幹遠遠不及卻更昏庸殘暴。安葬了秦始皇後，秦二世竟下令把建築陵墓的全部工匠等人員，活活封殺在陵墓裏。

陳勝、吳廣起事圖

秦二世殘暴有餘，卻又才幹不足，於是，他只有重用曾是自己老師又幫助他奪得帝位的趙高。

公元前209年，秦二世下令徵調900名淮河流域的貧苦農民去防守漁陽（今北京密雲）。是年7月，當他們行至蘄（qí）縣大澤鄉（今安徽宿縣西南）時，連日大雨阻礙，使他們不能如期趕到漁陽。按照秦帝國的法律，誤期就要斬首。這900戍卒中的屯長陳勝和吳廣，先殺掉了押解他們的差官，然後號召大家：我們遇到連日大雨，肯定不能如期趕到漁陽，誤期就要被斬首。更何況，就算朝廷不殺我們，因戍邊而死去的人十有其七。橫豎都是死，壯士不死則已，死也要幹出一番轟轟烈烈的事

業來！於是，900名戍卒「斬木為兵，揭竿為旗」，推舉陳勝為將軍、吳廣為都尉，提出「伐無道，誅暴秦」的口號，發起了中國歷史上第一次農民大起事。

陳勝、吳廣率領的農民軍，首先佔領了大澤鄉，接著攻下蘄縣，很快又攻佔了五六個縣城。就像滾雪球一樣，陳勝、吳廣的農民軍逼近陳郡（今河南淮陽）時，已經發展壯大成幾萬人的部隊。

陳郡曾是楚國的國都。陳勝、吳廣攻佔陳郡後，自立為王，國號「楚」，建立了中國歷史上第一個農民革命政權。後來，陳勝一呼百應，起事軍發展壯大到幾十萬人。於是，陳勝兵分三路，揮軍直指秦帝國的首都咸陽。由周

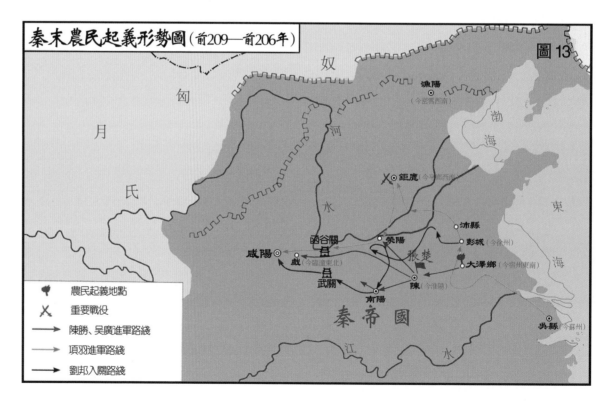

秦末農民起義形勢圖（前209—前206年） 圖13

匈奴

月氏

河水

漁陽（今密雲西南）

渤海

東海

X 鉅鹿（今河北雞鹿西南）

沛縣

彭城（今徐州）

函谷關

滎陽

咸陽◎

戲（今臨潼東北）

武關

陳（今淮陽）

大澤鄉（今宿州東南）

南陽

吳縣（今蘇州）

秦帝國

江水

農民起義地點

X 重要戰役

→ 陳勝、吳廣進軍路線

→ 項羽進軍路線

→ 劉邦入關路線

文率領的中路軍勢如破竹，攻入函谷關，一直打到戲水（今陝西臨潼東北），逼近咸陽。（請參閱圖13）但是，農民軍畢竟缺乏軍事經驗，三路軍沒有有機銜接，只有中路軍孤軍深入，以至被秦軍各個擊破，周文自殺，吳廣也被部下謀殺。是年12月，陳勝兵敗陳郡，退至下城父（今安徽渦陽東南），被其車夫莊賈殺害，起事宣告失敗。不過，陳勝、吳廣起事以後，秦帝國到處都出現了反秦武裝起事。

公元前209年9月，原楚國名將項燕之子項梁，與侄子項羽殺死會稽（今浙江紹興）太守，在吳（今江蘇蘇州）回應陳勝、吳廣起事。起事隊伍發展到8000餘人。

與此同時，原任沛縣泗水（今江蘇沛縣東）亭長的劉邦，也在沛縣起兵回應陳勝、吳廣起事，殺死了沛縣縣令，自封為沛公，集聚了起義部隊3000多人。

陳勝敗亡後，其部下召平假託陳勝「詔命」，拜項梁為楚國上柱國。次年1月，項梁和項羽率8000人渡江，和英布等人領導的反秦軍匯合，兵力發展壯大到7萬餘人。隨後，劉邦也歸附到項梁麾下。

公元前208年6月，項梁聽從謀士范增之計，擁立楚懷王的孫子熊心為「楚懷王」，重建「楚」政權，吸引了更多的反秦軍前往歸附。

公元前208年9月，項梁戰死。從此，領導反秦起事軍的責任就落在項羽和劉邦的身上。公元前207年9月，各地風起雲湧的武裝起事令秦帝國搖搖欲墜。為了挽救統治集團的危亡，趙高指使女婿咸陽令閻樂率兵入宮，逼迫秦二世自殺，另立子嬰為秦王。

公元前207年12月，項羽在鉅鹿破釜沉舟，消滅了秦軍的主力。

公元前206年10月，劉邦率軍攻入咸陽。秦王子嬰無可奈何，捧着秦帝國的玉璽向劉邦投降。秦帝國的大廈轟然倒塌。

「天知一半」點評

趙高小時聰明伶俐，和兒時的秦始皇是朋友。長大後學了法家思想，寫過《爰曆篇》，得寵於秦始皇，被任命為胡亥的老師和中車府令。秦二世即位後，他自任郎中令。後來又陷害李斯，將其腰斬咸陽。身為大權在握的丞相，趙高導演過「指鹿為馬」的政治鬧劇。

秦帝國皇帝世系表

帝號	姓名	壽命	即位年份	在位時間
始皇帝	嬴政	50歲	前221年	12年
二世皇帝	嬴胡亥	24歲	前210年	3年

★注：秦始皇嬴政的在位時間自其統一中國、建皇帝號開始計算。

第 **10** 章

漢帝國

►►► 〔西漢 前202—8年；東漢 25—220年〕

漢帝國的國祚共405年（西漢210年，東漢195年）。其疆域初時約有280多萬平方公里，極盛時約有680萬平方公里。（請對照參閱圖0和圖14、15）

第一節 劉項爭雄 劉邦立漢

秦帝國滅亡後，農民軍就主要剩下項羽和劉邦兩大陣營。

項羽在鉅鹿大敗秦軍，坑殺秦軍降卒二十萬，消滅了秦軍的主力，應該說是滅秦的關鍵。劉邦避實擊虛，首先攻下咸陽，也為滅秦立下了大功。

本來，「楚懷王」熊心曾懸賞：「先入關者王之。」因此，按理劉邦應被封做秦王。但是，項羽不服氣，率領四十萬大軍殺奔咸陽，駐紮在鴻門（今陝西臨潼東項王營），欲進攻劉邦。當時，劉邦的部隊七拼八湊只有十萬人，明顯不是項羽的對手。於是，劉邦聽從謀士張良之計，親自去鴻門向項羽請罪。出於禮儀，27歲

的項羽設宴款待52歲的劉邦。在酒宴上，項羽的謀士范增叫項羽之弟項莊以舞劍為名，擊殺劉邦。偏偏項羽的叔父項伯與張良是很好的朋友，也拔劍伴舞，掩護劉邦。

「鴻門宴」後，項羽置劉邦於不顧，率兵進入咸陽，不但殺掉了已經投降的秦王子嬰，還大肆屠城，焚燒宮殿，以至大火三月不滅。

項羽權傾天下，就通知「楚懷王」，要分封諸侯，恢復封建。「楚懷王」當然只有答應。於是，項羽就分封了18個諸侯王。劉邦被封為漢王，轄境是秦嶺以南的漢中和蜀地。

項羽把統一的秦帝國分成十幾塊，實際是歷史的倒退。他誤以為，秦之所以亡國是因為取消分封制，建立郡縣制。其實，秦亡的主要原因是殘暴無比，獨裁專制。而且，項羽分封諸侯以親疏定肥瘦，也惹怒了一些有功的人。一些受封的諸侯王不滿已得的封地，未得封侯的人就更加心懷憤恨。

「有槍就是草頭王」。不久，一個叫田榮的反秦農民軍首領首先起兵，反對項羽，自立為

「齊王」。擁有一萬多兵馬的彭越未得分封，也起兵反對項羽，呼應田榮。

項羽帶兵前去討伐田榮，劉邦就趁機出兵，佔領了關中，並向項羽的老巢彭城（今江蘇徐州）進發，劉項爭雄開始。

論實力和威望，自然是項羽強大得多。從公元前206年到前203年，劉項之間大仗七十、小仗四十，劉邦都是屢戰屢敗，並身負重傷12次。但是，劉邦有張良、蕭何、韓信等

項羽像

項羽沒有殺劉邦。最後，劉邦藉故逃走，撿回一條命，這就是歷史上有名的到處隱藏着殺機的「鴻門宴」的典故。「項莊舞劍，意在沛公」這一成語，也典出於此。

賢臣良將輔佐，雖然屢戰屢敗，卻越戰越強，致使項羽始終無法徹底打敗劉邦。

成皋之戰以後，劉項之爭的天平開始向劉邦傾斜，項羽只好和劉邦「中分天下」，訂立了「鴻溝之約」——以鴻溝（南北走向的古運河，在今河南開封至淮陽一帶）為界，河東屬楚，河西歸漢。

公元前 203 年底，劉邦羽翼豐滿，就決定毀約東進，追擊項羽。他通知部下韓信、彭越、英布等會師固陵（今河南淮陽西北），夾擊消滅項羽。誰料劉邦追擊到固陵時，韓信等人並未到達，劉邦反被項羽殺了個「回馬槍」。後來韓信等人率領幾十萬援軍趕到，項羽只好向東突圍，逃到垓下（今安徽靈壁東南）。

項羽在垓下被劉邦大敗，全軍覆沒，只好帶領僅剩的二十餘名騎兵向東南方向突圍，到了長江邊上的烏江（今安徽和縣東北的烏江鎮渡口）。本來，項羽大可渡江回到江東，重新組織力量和劉邦再決雌雄。但是，「性格決定命運」，「英雄難免氣短」。項羽起事時帶走八千江東弟子，現在只剩下二十餘人，如何有顏面回去面對江東父老？內疚和悔恨交織，項羽拔劍自刎而死。

公元前 202 年，劉邦使中國重歸統一，建立了漢帝國。但是，漢初的版圖還不及秦大（請參閱圖 12 和圖 14），直到漢武帝時才「大展鴻圖」。

第二節　狡兔死　走狗烹

漢帝國剛剛成立時，既沿襲秦帝國的中央集權制，又部分實行分封制：封了七個同姓諸侯王、七個異姓諸侯王。這七個異姓王，多是曾與劉邦出生入死，合力打敗項羽的主要將領。主要的有大將韓信，被封為楚王，定都下邳（pī，今江蘇邳縣西南）；彭越被封為梁王，定都定陶（今山東定陶）；其他還有韓王信，長沙王吳芮，淮南王英布等等。

公元前 201 年 10 月，有人告發說，楚王韓信擁兵自重，意圖謀反。劉邦手下眾臣都主

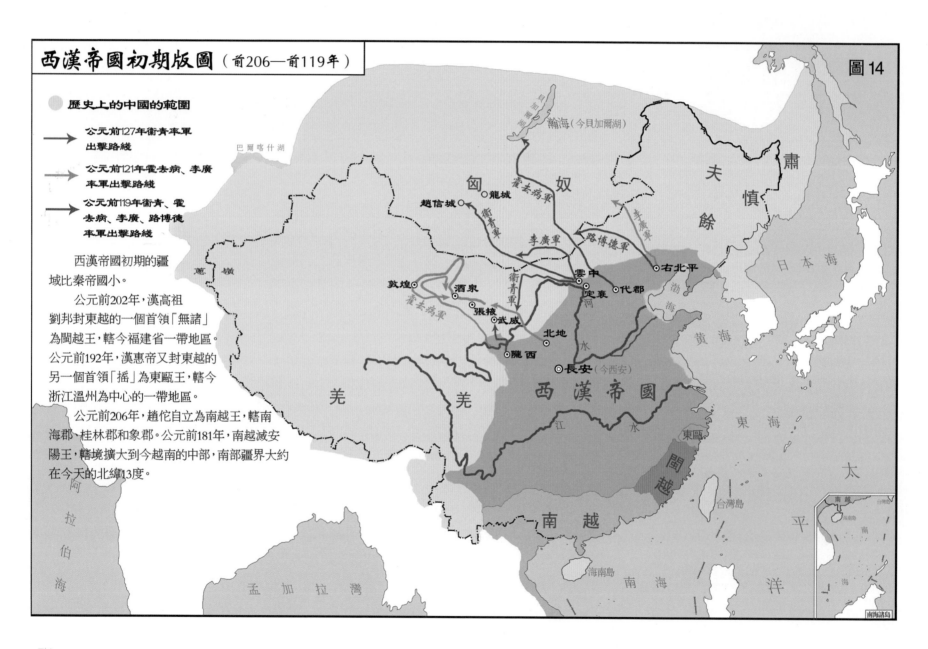

西漢帝國初期版圖（前206—前119年）

圖14

歷史上的中國的範圍

公元前127年衛青率軍
出擊路綫

公元前121年霍去病、李廣
率軍出擊路綫

公元前119年衛青、霍
去病、李廣、路博德
率軍出擊路綫

西漢帝國初期的疆
域比秦帝國小。

公元前202年，漢高祖
劉邦封東越的一個首領「無諸」
為閩越王，轄今福建省一帶地區。
公元前192年，漢惠帝又封東越的
另一個首領「搖」為東甌王，轄今
浙江溫州為中心的一帶地區。

公元前206年，趙佗自立為南越王，轄南
海郡、桂林郡和象郡。公元前181年，南越滅安
陽王，轄境擴大到今越南的中部，南部疆界大約
在今天的北緯13度。

「漢併天下」瓦當

張發兵討伐，唯獨護軍中尉陳平不同意，說：我們的兵馬不如楚王精良，將領不及楚王強悍，憑什麼夫討伐他呢？不如去陳（淮陽）開會，會見諸侯王，到時看準機會再擒拿他。劉邦從其計。

是年 12 月，韓信謁見劉邦，被劉邦命令衛士擒拿，綁了起來。韓信仰天長歎，說：「狡兔死，走狗烹；飛鳥盡，良弓藏；敵國破，謀臣亡。」劉邦聽後百感交集。念在韓信立有大功，且說他謀反又查無真憑實據，劉邦赦免了韓信。不過，為了削減其權力，仍然貶其為淮

陰侯，禁止他返回封地下邳，將他留在京城。

自此以後，韓信深知劉邦忌其才能，就託病不起，連上朝都懶得去。

公元前 197 年，陽夏侯陳豨（xī）謀反，劉邦命令韓信領兵前往平叛，韓信託病不往。劉邦只好御駕親征，平息了叛亂。

在劉邦離京平叛時，皇后呂雉和相國蕭何商定，謊稱前線大捷，要韓信入宮慶賀。韓信枉有滿腹韜略，卻被呂后誘殺於長樂宮，並被夷滅三族。

第二年，即公元前 196 年，梁王彭越也被劉邦誅殺，夷滅三族。

韓、彭既死，淮南王英布心憂如焚。劉邦將彭越之肉分送諸侯，以示警告，英布更加如

坐針氈。彭越死後 4 個月，英布被迫起兵謀反。

翌年十月，英布與劉邦在蘄縣（今安徽宿州東南）大戰不敵，敗走江南，被長沙王吳芮殺於茲鄉（今江西鄱陽境內）。至此，劉邦分封的七個異姓諸侯王，除了長沙王吳芮外，全部被剷除。

第三節 呂后專政和「文景之治」

中國歷史上第一個垂簾聽政的皇太后，應該是漢帝國的呂后。

公元前 195 年，62 歲的劉邦，即漢高祖壽終正寢，由太子劉盈繼位，史稱惠帝。惠帝即位時年僅 16 歲，朝政由呂后「代理」。

早年劉邦在位時，覺得太子劉盈性格過於善良懦弱，不像自己那麼「厚黑」。劉邦恐劉盈不能勝任皇帝之職，曾想改立寵妃戚夫人之子趙王為太子。因呂后和眾大臣力諫，未能如願。可是，他改立太子的想法遺害無窮。呂后因此而對戚夫人及趙王恨之入骨，時時刻刻欲殺之而後快。

惠帝劉盈即位後，深知母親的心意，乃生惻隱之心。他把 13 歲的異母弟弟趙王叫進宮

「天知一半」點評

殺害功臣，「鳥盡弓藏、兔死狗烹」，是歷朝歷代中國皇帝，特別是開國皇帝的通病。這樣的歷史悲劇一再重演，實在讓人歎息。

中，和自己同牀共寢，同飲共食，使呂后一時無從下手。

公元前 194 年 12 月的一天早晨，惠帝劉盈早起外出練習射箭，弟弟趙王一時未能起牀，終於給了呂后一個機會，她命人毒殺了趙王。後來，呂后又把戚夫人斷手足，挖掉眼睛，熏燒耳朵，灌藥令其成啞巴，置於廁中，稱為「人彘」（彘即豬）。

「天下最毒婦人心」，用在呂后身上真是當之無愧。

惠帝劉盈目睹此等慘狀，大哭一場，而後大病，一年多不能起牀。從此以後，惠帝劉盈縱情酒色，不理朝政，終於在公元前 188 年抑鬱病逝。

惠帝劉盈死後，呂后更加專權獨斷。她先立劉盈的養子劉恭為少帝，後又殺掉少帝，立另一養子劉義為帝，一切大權政令全都由自己獨掌。

為了鞏固權力，呂后又封自己的侄子、侄孫為王，任命呂產為相國，呂祿為上將軍，控制了京師衞戍部隊。

呂后及諸呂的倒行逆施，遭到劉氏宗室及眾大臣的強烈反對。呂后死後，齊王劉襄（劉邦的長孫）首先起兵。太尉周勃和丞相陳平也智奪兵權，平定了「呂氏之亂」，擁立劉邦的第五個兒子劉恆為帝，史稱漢文帝。

公元前 180 年，漢文帝即位，他繼續奉行劉邦與民休養生息的政策，免收田賦 12 年，加

速農業經濟發展，使社會逐漸安定，人民日漸豐足。

此外，漢文帝還下令解放奴婢，釋放官奴為平民百姓，廢除「一人有罪，株連九族」的連坐法，廢除殘酷的肉刑。更加難得的是，漢文帝一生勤儉節約，艱苦樸素。有臣下獻千里馬給他，他不但拒不接受，還詔告天下：「朕不受獻。」他在死前立下遺詔，要求喪事從簡，不得用金銀飾器做陪葬品。

公元前 157 年，漢文帝去世，其子劉啟繼位，史稱漢景帝。

景帝在位期間，曾發生「七王之亂」。

前面曾講到，劉邦剷除了六個異姓諸侯王。但是，劉邦並沒有把這些封地收歸中央，而是改封給同姓的皇親國戚。當時，諸侯王年紀尚小，封地權力有限，還不足以對漢帝國的中央政權構成威脅。經過幾十年的休養生息，諸侯國也日益富強，一些諸侯王萌生「獨立」之意。漢文帝時，太傅賈誼和太子令晁錯曾相繼上書請求「削藩」。但漢文帝寬厚仁慈，不忍骨肉相殘。及至景帝即位，晁錯舊議重提，景帝就採納其議，藉口楚王劉戊、趙王劉遂、膠西王劉卬犯有過失，各削去他們的部分封地。

「天知一半」點評

1917 年，李宗吾寫了專門諷刺、鞭撻帝王和當官者臉皮厚、心狠毒的《厚黑學》。我的朋友劉邦成了「厚黑」的鼻祖。劉項爭雄時，有一次劉邦戰敗逃遁，竟然把親生兒女劉盈和魯元推下車，以逃避楚軍之追殺。項羽俘虜了劉邦的父親和妻子，威脅要殺其父，劉邦說：「我和你同為楚懷王效勞，曾經是兄弟，我父親即你父親。如果你一定要宰殺父親並把他煮熟的話，請你分給我一杯肉羹吧。」劉邦雖然「厚黑」，卻也頗懂心理學。

漢墓中隨葬的石豬

後又準備削吳時，劉邦的侄子吳王劉濞（bì）起兵反叛。

劉濞聯合楚王、趙王等六王，以「清君側」（清除皇帝身邊的亂臣賊子）為名，向朝廷興師問罪。

當時，七王號稱有八十萬大軍，令漢景帝心存疑慮。加上他又誤信與晁錯有仇的大臣袁盎之言，以為殺了建議「削藩」的晁錯就可以平息「七王之亂」，於是本着「愧對一人而有益於天下」之心，下令殺了晁錯。

漢景帝殺了晁錯，仍然不能使吳王劉濞退兵息戰。後來，景帝就派將軍周亞夫、酈寄、欒（luán）布迎擊七王之軍，用了三個月時間，終於平息了「七王之亂」。楚王、趙王、膠西

吳王劉濞「清君側」為名，想稱帝是實。後來，「清君側」成了中國歷史上司空見慣的政治鬥爭和軍事鬥爭的手段和藉口。

王、膠東王、菑川王、濟南王被迫自殺，吳王劉濞也在丹徒（今江蘇鎮江東）被斬首。

平亂後，景帝繼承文帝「德治」及節儉之風，繼續奉行與民休養生息的政策，進一步減輕賦稅刑罰，使漢帝國出現了比較繁榮興盛的「文景之治」。

第四節　雄才大略的漢武帝

漢帝國初期國勢和國力並不強大。北邊的匈奴東滅東胡，西逐月氏（zhī），號稱有騎兵三十多萬，不斷進擾漢帝國的邊境。劉邦在位時曾御駕親征匈奴，卻慘遭大敗，險些被俘。後來，劉邦以至文帝、景帝，都被迫採取「和

親」政策，遣宗室之女下嫁匈奴，並貢獻禮品，「以婚姻換和平」。

公元前 141 年，景帝死，太子劉徹繼位，史稱漢武帝。

漢武帝即位時，漢帝國的軍事實力和經濟實力都已大為增強。於是，他在政治上繼續「削藩」，頒行「推恩令」，把藩國分割成更小的藩國，令其實力變弱，去掉了尾大不掉之弊。另外，他還分全國 100 多個郡國為 13「部」，每部設一個刺史，巡行監察部內官吏和地方豪強，加強了對地方的控制，增強了中央集權。

漢武帝像

在思想上，漢武帝採納董仲舒「罷黜百家，獨尊儒術」的主張。

漢武帝和秦始皇都是中國歷史上的明君、強君。不過，漢武帝比秦始皇聰明一點，開明一點。他沒有強行「統一思想」，也沒有焚書坑儒之類的過激行為。他雖然「獨尊儒術」，但並未真正「罷黜百家」，沒有嚴格禁止其他學說流行。

在經濟上，漢武帝向富商大賈徵重稅，增加朝廷收入；將鑄錢權收歸國有，將煮鹽、冶金、釀酒業等收歸官營；設平準官和均輸官，由國家直接經營管理全國的運輸和貿易；漢武帝還大興水利，改良農具，改進農耕方法，促進農業生產……

當然，漢武帝最主要的功業是征伐匈奴和開疆拓土。

漢武帝和匈奴作戰長達 40 多年，大戰爭就有 15 次，不但給匈奴以重創，也收復了不少失地並開拓了疆土。（請參閱圖 0 和圖 14、15）

公元前 127 年，漢武帝派大將衛青從雲中（今內蒙古托克托縣）和隴西（今甘肅東部）分兵出擊，驅逐了匈奴的樓煩王和白羊王，收復了「河南地」，使漢帝國的邊界又恢復到陰山山脈一帶（今內蒙古中部一帶）。

公元前 121 年，漢武帝又派霍去病討伐匈奴，攻入河西走廊（請參閱圖 15，黃河以西的甘肅中部，狀似一條窄長的「走廊」，古稱河西走廊，又稱甘肅走廊）和湟水流域（今青海海晏至西寧一帶），使漢帝國在河西地區先後設置了武威、酒泉、張掖、敦煌四郡。

霍去病是衛青的外甥，從小習武，18 歲時跟隨衛青征伐匈奴，率領八百騎兵擊殺匈奴單于的叔祖父，活捉單于的叔父，因戰功被封為「冠軍侯」。後來因戰功卓著，漢武帝為其建造豪宅，他豪邁地表示：「匈奴未滅，無以為家也！」可惜他英年早逝，死於公元前 117 年，年僅 24 歲。

公元前 119 年，漢武帝又派衛青和霍去病率領十萬騎兵、幾十萬步兵，分別從定襄郡（今內蒙古呼和浩特東南）和代郡（今河北蔚縣）出發，攻擊匈奴於漠北（蒙古高原大沙漠以北地區）。衛青在闐顏山（今蒙古杭愛山南端）殲敵 19000 餘人。霍去病在狼居胥山（今蒙古肯特山）大敗匈奴左賢王，俘敵 74000 餘人，一直打到瀚海（今俄羅斯貝加爾湖）才班師回朝。

匈奴單于受此次致命打擊，從此「遠遁，漠南無王庭」。此後相當長的一段時間裏，匈奴之患得以減輕。

平了北患，再征南越。公元前 112 年至110 年，漢武帝滅了兩個越國（福建的「閩越」和今廣東等省區的「南越」），接着又進軍

小詞典

董仲舒根據早期儒家的「天人合一」思想、法家的集權思想和陰陽五行學說，重新解釋儒家思想成為「大一統思想」。他借重周朝的「天子受命於天」之說，強調「君權神授」。他還創造性地發展了「三綱」、「五常」說：「三綱」即「君為臣綱，父為子綱，夫為妻綱」；「五常」即「仁、義、禮、智、信」。這套學說長期受皇帝等統治者的擁護和沿用，使中國人民的思想一直受到愚弄和壓制。

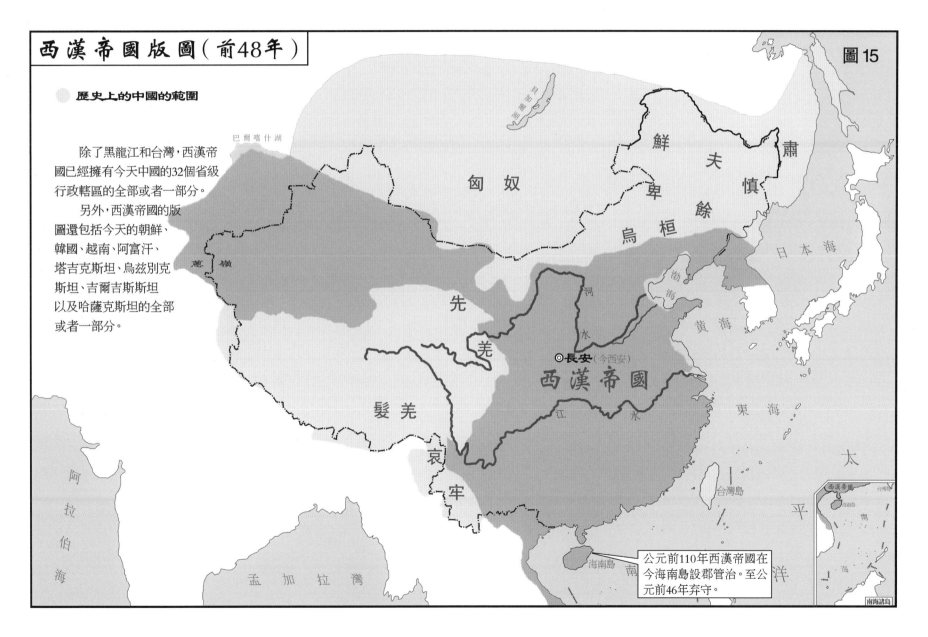

西漢帝國版圖（前48年）

圖15

● 歷史上的中國的範圍

除了黑龍江和台灣，西漢帝國已經擁有今天中國的32個省級行政轄區的全部或者一部分。

另外，西漢帝國的版圖還包括今天的朝鮮、韓國、越南、阿富汗、塔吉克斯坦、烏茲別克斯坦、吉爾吉斯斯坦以及哈薩克斯坦的全部或者一部分。

巴爾喀什湖

貝加爾湖

匈奴

鮮卑

夫餘

肅慎

烏桓

蔥嶺

先羌

河水

渤海

日本海

黃海

◎長安（今西安）

西漢帝國

江水

東海

髮羌

哀牢

台灣島

太平洋

阿拉伯海

孟加拉灣

海南島

南海

公元前110年西漢帝國在今海南島設郡管治。至公元前46年弃守。

西漢帝國

台灣島

南海諸島

交阯（zhǐ，今廣西和越南北部），佔據珠崖（今海南），於此設珠崖郡和儋（dàn）耳郡。後來，漢元帝在公元前46年時放棄海南島，由海南島當地人民自治。

公元前109年，漢武帝又東征朝鮮，設玄菟（tú）、樂浪郡，轄境南至朝鮮半島中部。

至此，漢帝國的版圖已經比秦帝國的版圖擴展了很多。後來又經過漢武帝的子孫漢昭帝、漢宣帝、漢元帝等對西域的開拓，漢帝國（西漢時期）時中國的版圖就呈現在我們面前。（請對照參閱圖0和圖15）

我們用中國版圖對照，可以清晰地看到，漢帝國的版圖，在秦帝國版圖的基礎上，向西北部擴張了很大一片疆域——它不但包括了今新疆的絕大部分，還包括了今天的中國的鄰國，即哈薩克斯坦、吉爾吉斯斯坦、塔吉克斯坦、烏茲別克斯坦以及阿富汗、巴基斯坦等國家的一部分。

此外，漢帝國東北部的疆域，包括了今朝鮮的全部和韓國的一部分。漢帝國南部的疆域，則包括了今越南的大部分。

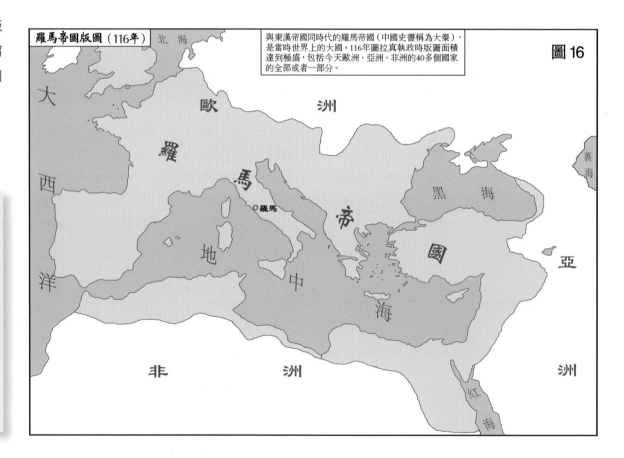

羅馬帝國版圖（116年）

與東漢帝國同時代的羅馬帝國（中國史書稱為大秦），是當時世界上的大國。116年圖拉真執政時版圖面積達到極盛，包括今天歐洲、亞洲、非洲的40多個國家的全部或者一部分。

圖16

中國的版圖變大了。漢帝國的版圖面積已經有 680 多萬平方公里（請參閱圖 15），成為當時世界上版圖面積最大的強國。筆者查閱了多種版本的《世界歷史地圖集》，當時版圖面積比較大的國家只有橫跨歐洲、亞洲、非洲的羅馬帝國。（古時稱大秦，請參閱圖 16）羅馬帝國前身是羅馬共和國，公元前 27 年奧古斯都（Augustus，前 63—前 14 年）在羅馬建立獨裁統治後，史稱羅馬帝國。其最強盛時（116 年圖拉真執政時），版圖面積約 380 萬平方公里，遠遜於漢。

漢帝國的人口，在劉邦時期只有 1800 萬人左右。「文景之治」慢慢恢復增長，到漢武帝時，增加了一倍，達到 3600 萬人左右。後來，經過百多年的休養生息，到漢帝國中期，即公元 2 年時，達到約 6000 萬人的高峰。

當然，漢武帝連年用兵，有窮兵黷武之嫌，搞得國庫空虛，人民不勝兵役、徭役之苦。因此，漢武帝晚年時曾下「罪己詔」，追悔反省自己的過失。之後，他一律廢除傷害百姓，浪費財富的政策法令。公元前 90 年後，漢武帝不再用兵，專心發展經濟，想讓人民富裕起來。

公元前 87 年 2 月，漢武帝因病去世，享年 70 歲，在位 54 年。他在位的時候，使漢帝國的國勢達到了中國歷史上前所未有的強盛。

第五節　王莽改制和赤眉綠林起事

漢武帝死後，他的子孫後代不太爭氣。特別是漢元帝以後的幾個皇帝，不但荒淫奢侈，更腐敗無能，使政權落入外戚之手。漢元帝的王皇后的幾個兄弟——王鳳、王商、王音、王根，都先後當了掌握軍政大權的大司馬。

公元前 1 年 9 月，漢平帝繼位，大司馬是太皇太后王政君的侄子王莽。當時，漢平帝只有 9 歲，一切軍政大權自然都掌握在王莽手上。

公元 5 年，漢平帝年紀漸長，對王莽專權有所不滿，王莽就將他毒死，立孺子嬰為新的小皇帝，他自稱假（代）皇帝，「代理」皇帝的一切權力。

公元 9 年，王莽乾脆「假戲真做」，廢漢稱帝，改國號為「新」，改長安為「常安」。

新朝皇帝王莽即位後，實行「託古改制」，將全國的土地都收歸國有，稱為「王田」，不准買賣。他還規定，如果一家人的男丁不滿八口，而田地超過九百畝者，要將超額的田地分給窮親戚，或鄰里鄉親。沒有田的人，一夫一妻的可分田百畝（實際並未真正實行）。不過，「上有政策，下有對策」。一些擁田九百畝以上的人，弄虛作假，敷衍應付，窮苦的老百姓並沒有得到什麼實惠。當然，也有一些偷偷買賣田地者被人告發，受到懲罰，或沒收田地，或沒收做官奴。王莽的改制既得罪了貴族、官僚、地主，也沒有實際解決窮苦百姓的困難和痛苦。兼之，王莽莫明其妙地對五六十年沒有寇邊犯境的匈奴連年用兵，繁重的兵役、徭役使百姓不堪重負，也使社會矛盾更加激化，結

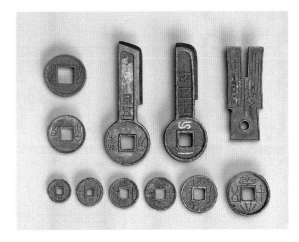

幣制改革是王莽改革的主要內容之一，圖為新朝錢幣

果民怨沸騰，農民起事遍地開花，百姓暴動烈火燎原。

公元17年，新市（今湖北京山）人王匡組織飢民，發動武裝起事。他們以綠林山（今湖北大洪山）為根據地，因此被稱為綠林軍。與此同時，全國的農民軍還有銅馬、五校、高湖軍等，其中以赤眉軍最為著名。

公元18年，琅邪（今山東諸城）人樊崇在莒縣（今山東莒縣東北）發動農民起事。一開始他們只有幾百人，不久就發展壯大成數萬人。他們以泰山為中心，轉戰山東，不但打擊王莽的官軍，還嚴懲惡霸地主，沒收他們的財物田地。為了和官軍區別，他們把眉毛塗成紅色，因此被稱為「赤眉軍」。後來，赤眉軍越戰越勇，作戰範圍擴大到今山東、江蘇、安徽、河南諸省。

公元22年，綠林軍分別攻佔南陽（今河南南陽）和南郡（今湖北江陵），又和陳牧領導的平林（今湖北棗陽西南）起事軍會合，勢力更加強大。次年，他們擁立劉邦的遠支後裔劉玄為帝，建立了「更始王朝」。

同年，王莽派王尋、王邑率領四十二萬人的部隊，號稱百萬大軍，進攻更始王朝，會戰於崑陽（今河南葉縣）。

在崑陽大戰中，太常偏將軍劉秀（即後來的漢光武帝，劉邦的第九代子孫）身先士卒，率領3000多名敢死隊插入王莽軍心臟，斬殺其主帥王尋，令更始軍軍心大振，取得了崑陽大捷。

消滅了王莽官軍主力以後，更始軍乘勝進軍王莽的巢穴長安。長安百姓趁機暴動，殺進王宮，處死了王莽。

更始王朝建立不久，從南陽遷都洛陽，後又遷至長安。但是更始帝劉玄昏庸無能，沉迷酒色，大權落入其岳父右大司馬趙萌手中。從

此，內部矛盾日趨激烈，爭權奪利無日無之。原是農民軍領袖的申屠建、陳牧、成丹等人被誘殺，王匡、張昂等綠林軍領袖被迫逃走，投奔了赤眉軍。

公元25年1月，赤眉軍已發展壯大到三十萬人。是年6月，赤眉軍進佔華陽（今陝西華陽東南）時，和綠林軍首領一樣，他們又擁立劉盆子為皇帝，建立了「建世王朝」，並於9月攻入長安。更始帝劉玄先是單騎逃走，後又投降，被封為畏威侯和長沙王。12月，劉玄被赤眉軍首領張昂派人殺死。

幾乎與此同時，被更始帝派去河北招募收編農民軍的劉秀，也以恢復漢室為號召，在鄗（hào，今河北柏鄉縣）稱帝。

「建世帝」劉盆子毫無作為，赤眉軍也是一盆散沙。公元27年初，赤眉軍被迫向劉秀投降，綠林赤眉起事均以失敗告終。

第六節　光武帝劉秀延續漢帝國

漢帝國在公元8—25年出現斷裂，出現了王莽新朝，赤眉綠林起事，建立更始、建世政權。因此，史家學者把劉邦立漢至王莽稱帝前

「天知一半」點評

「建世」王朝建立時，赤眉軍首領樊崇，按軍功威望應是「一人之下，萬人之上」的丞相。但是，他沒有「大學文憑」，甚至目不識丁，不能批閱公文，只好當了個「御史大夫」。看來，農民軍打天下容易，坐天下卻「略輸文采」。

稱為西漢（都於長安），把劉秀稱帝後稱為東漢（都於長安東邊的洛陽，請參閱圖 17）。因為劉秀光復了漢朝，史稱光武帝。漢光武帝劉秀，是漢帝國繼漢武帝劉徹以後的又一位頗具才幹的皇帝。

崑陽大捷後，他和兄長劉縯（yǐn）在更始王朝中威望日隆。後來，更始帝劉玄害怕剛毅慷慨而又才華出眾的劉縯威脅自己的地位，就藉故殺了劉縯。兄長被殺，劉秀憤懣可知。但他不愧是韜光養晦的高手，從來不提崑陽之功，也不談兄長之死。對此，劉玄深感有愧，就封劉秀為破虜大將軍，命他出巡河北，招募收編那裏的農民軍。劉秀廢除王莽的苛政暴令，釋放被冤屈的百姓，有官民送禮，他一概不受，因此深得民心。

公元 24 年，劉秀率軍攻入邯鄲，殺死曾在此稱帝的王郎（自稱是漢成帝之子）。後來，又用剿撫手段鎮壓和收編了銅馬等農民軍，佔據了今河北、河南的大部分地區。

公元 25 年 6 月，劉秀在鄗稱帝，重新樹起漢帝國的招牌。10 月，定都洛陽。又經過十年的征戰和剿撫，光武帝終於重新統一了漢帝國。

光武帝即位後，更加注重收買民心、籠絡人才。更始帝劉玄的大司馬朱鮪（wěi），曾勸劉玄殺劉縯，並極力阻止劉秀出巡河北，以防劉秀日後坐大。按理說，朱鮪乃劉秀的仇人。但是，劉秀稱帝後，更始帝亡，朱鮪投降劉秀，劉秀不記前嫌，授朱鮪為平狄將軍，封為扶溝侯，後來又升其為少府。

對百姓，劉秀也大發仁慈。他多次頒佈詔書，嚴禁殘害奴婢。公元 35 年 2 月，他提出「天地之間萬物，人的生命最寶貴」之說，規定殘害奴婢者一律貶為庶人。與此同時，劉秀經常發放救濟糧，減少貧苦農民賣身為奴的機會，並減輕田租、徭役，興修水利，促進農業生產。

對匈奴，劉秀也不肯用兵，以減少兵役來減輕百姓負擔。剛好此時匈奴也發生內訌，分為南北二部，並先後來漢稱臣投降。因此，光武帝劉秀在位時，息武修文，邊境和平安寧，社會較為安定，經濟得到發展。

劉秀晚年多病，公元 57 年 2 月死於洛陽，享年 63 歲，在位 33 年。

第七節　短命帝王和黃巾大起事

光武帝身後的子孫，不但建樹少，功業差，而且特別短命。除了他的兒子劉莊（即漢明帝）享年 48 歲，漢帝國的末代皇帝漢獻帝活到 54 歲以外，從他的孫子劉烜（dá，即漢章帝）開始，一直到漢靈帝劉宏為止，沒有一個皇帝活過 36 歲。這 9 個皇帝，平均壽命只有 22.6 歲。

這些短命的皇帝，生長於帝王之家，養尊處優，昏庸無知，哪裏知道什麼民間疾苦？另外，他們接觸的人，不是太監、宮女，就是母

「天知一半」點評

晉帝國的第二個皇帝司馬衷，聽聞天下饑荒，百姓餓死，覺得很奇怪，問：「何不食肉糜（mí）？」（他們為什麼不吃肉末煮的粥呢？）叫人哭笑不得！漢末的小皇帝們也是這一路貨色。

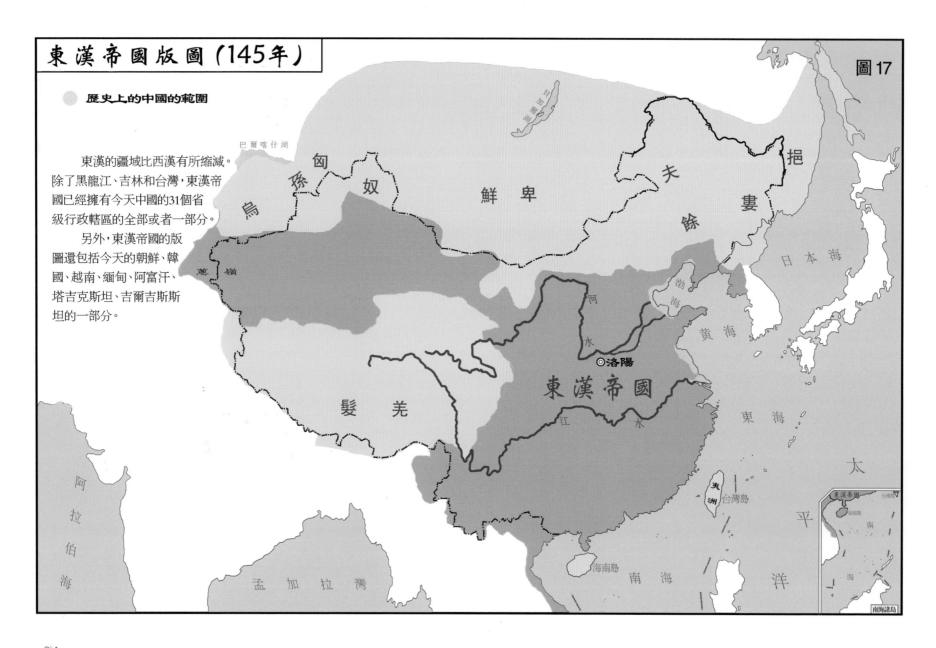

東漢帝國版圖（145年）

圖 17

● **歷史上的中國的範圍**

　　東漢的疆域比西漢有所縮減。
除了黑龍江、吉林和台灣，東漢帝
國已經擁有今天中國的31個省
級行政轄區的全部或者一部分。
　　另外，東漢帝國的版
圖還包括今天的朝鮮、韓
國、越南、緬甸、阿富汗、
塔吉克斯坦、吉爾吉斯斯
坦的一部分。

巴爾喀什湖

烏
孫

匈
奴

鮮卑

夫
餘

挹
婁

蔥
嶺

日
本
海

渤
海

河
水

◎洛陽

東漢帝國

髮羌

江
水

黃
海

東
海

太
平
洋

阿
拉
伯
海

孟 加 拉 灣

海南島

南 海

夷
洲

台灣島

東漢帝國

南海諸島

親和乳娘，女性化特濃，性格上免不了陰盛陽衰，哪裏能成就什麼豐功偉業？從此以後，東漢的政權，不是掌握在外戚手裏，就是掌握在宦官手上。這些外戚和宦官，一門心思勾心鬥角，爭權奪利，還有誰把老百姓放在心上？

東漢後期，外戚宦官爭權，貪官污吏橫行，土地兼併嚴重，民生日益艱難。加上水澇旱災，農民流離失所，妻離子散，苦不堪言。

184 年 2 月，終於爆發了以鉅鹿（今河北平鄉）人張角為首的黃巾農民大起事，且迅速遍地開花。（請參閱圖 18）

農民軍首領張角自稱「天公將軍」，他的弟弟張寶稱「地公將軍」，張梁稱「人公將軍」。古時「公」有「爸爸」的意思。因此，張角自稱天公，就是天的爸爸。既然皇帝是「天子」，張角就是皇帝的爺爺。多麼驕傲自豪，而又詼諧滑稽的自稱！

他們告訴老百姓說，蒼天要消失了，黃色的天就要誕生了。只有加入黃巾道，戴上黃帽子（漢時人稱帽子為「巾」），才能與黃天同生。

近百年來，民間疾苦不斷，老百姓叫天天不應，叫地地不靈，因此，農民軍很快就發展到幾十萬人。他們攻擊官府，捕殺官吏，奪回被地主惡霸強佔去的土地，釋放被囚的平民百姓，開官倉賑濟飢民，「黃色」革命風暴席捲了黃河兩岸和長江南北。

此時，28 歲的漢靈帝慌了手腳，急忙拼湊了幾十萬軍隊，派皇甫嵩、盧植、董卓等人率領，前去征討農民軍。各地方的豪強地主，為了維護自己的利益，也起兵圍攻農民軍，並漸漸發展成為割據一方的軍閥。其中著名的有袁紹、袁術、曹操、孫策、劉備等等。

是年 8 月，黃巾軍與皇甫嵩的漢軍在廣宗（今河北威縣東南）對壘。就在這危急關頭，張角卻不幸病死。11 月，農民軍遭到突然襲擊，張梁和三萬壯士戰死，五萬多黃巾軍投河自盡，壯烈犧牲。張寶帶領十萬黃巾軍，轉戰到下曲陽（今河北晉縣西），又被皇甫嵩打敗，全軍覆沒，張寶被殺。其他黃巾軍也被漢軍分割包圍，分別鎮壓。

黃巾起事雖然失敗了，但是，它沉重地打擊了極端腐朽的東漢政權，催化了漢帝國的衰亡，使東漢末年進入了三國時代。

第八節　東漢的疆域和人口

東漢時，中國的版圖變小了一點。（請參閱圖 17）

用圖 15 和圖 17 比較，東漢的東北部縮減了約 20 萬平方公里——在朝鮮半島上，東漢疆界縮回「三八線」以北。另外，今天的吉林、遼寧、河北、內蒙古，有一部分原來在西漢的疆域裏，東漢時也被劃到疆界以外了。

東漢西北部的疆域縮減更明顯，共縮減了近 50 萬平方公里，約相當於今天的四川省。縮減的疆域包括了今天新疆的一部分，以及今天的哈薩克斯坦、吉爾吉斯斯坦、塔吉克斯坦等國的一部分。

不過，東漢的經營者們有虧也有盈。在西南部，西漢時的哀牢國（今雲南和緬甸的一部分）被囊括進東漢的版圖裏，大概「賺」了約 30 萬平方公里的領土。盈虧相抵，此時漢帝國的疆域面積，約為 640 萬平方公里。

東漢的人口，因為常年的戰爭，初期只有 2000 萬左右。到公元 60 年時恢復到 3000 萬。公元 100 年以後，基本上保持在 5000 萬左右。

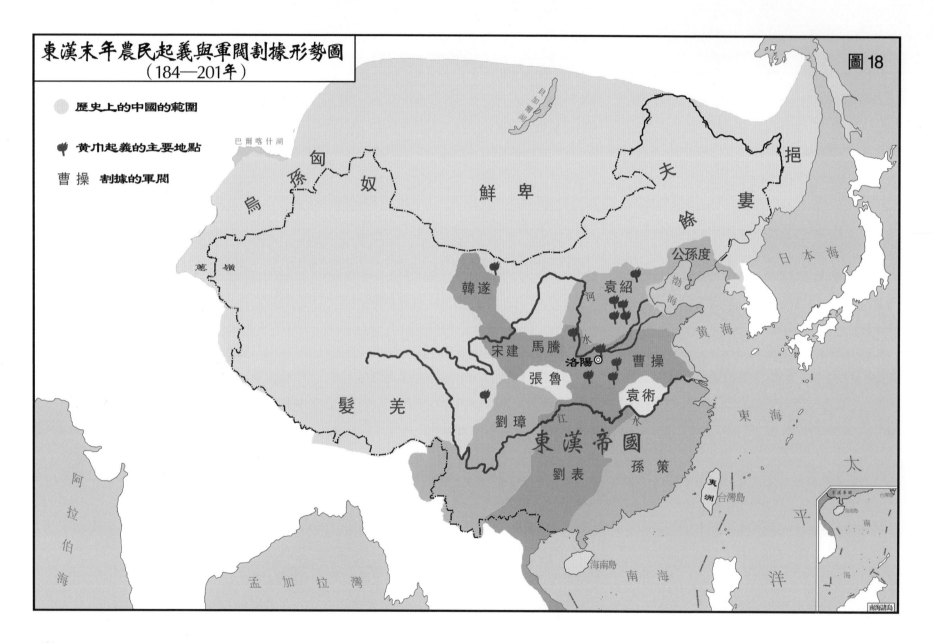

東漢末年農民起義與軍閥割據形勢圖
（184—201年）

圖18

歷史上的中國的範圍

黃巾起義的主要地點

曹操　割據的軍閥

巴爾喀什湖

烏孫

匈奴

鮮卑

夫餘

挹婁

蔥嶺

韓遂

公孫度

河水

袁紹

日本海

渤海

黃海

宋建　馬騰

張魯

洛陽◎

曹操

袁術

東海

髮羌

劉璋

江水

劉表

孫策

東漢帝國

夷洲

台灣島

太

平

阿拉伯海

孟加拉灣

海南島

南海

洋

南海諸島

第九節　漢帝國的諸子百家

漢帝國的諸子百家，指漢帝國時期湧現的各個領域的專家學者。

司馬遷，是西漢時人，是中國最偉大的歷史學家和文學家之一。他作的《史記》，全書130篇，包括十二「本紀」、十「表」、八「書」、七十「列傳」，共 52 萬多字，囊括了三千多年的中國歷史，被翻譯成多國文字。可以說，如果沒有《史記》，就沒有今天的中國歷史。因

此，司馬遷是歷史學家的鼻祖，人們稱他為「太史公」，是「歷史的爸爸」，實不為過也。

司馬遷之後，還有班彪、班固（班彪之子）、班昭（班固之妹）等歷史學家。他們撰著《漢書》，繼司馬遷創作偉大的通史代表作之後，又為中國的歷史學開創了斷代史這一新的天地，樹立了新的典範。

王充，是漢帝國時期著名的思想家、哲學家。他以畢生精力，歷時 30 年，撰著了《論衡》一書，計 85 篇，20 餘萬字，奠定了中國

唯物主義哲學的基礎。

其他思想家、哲學家，還有董仲舒、公孫弘、桓寬、揚雄等等。

賈誼是漢帝國時期著名的青年政治家、改革家、文學家。他寫有《陳政事疏》、《過秦論》、《治安策》等名篇。但他的改革政治的主張沒有被皇帝採納，反被貶為長沙王太傅，鬱鬱而終。

司馬相如，是漢帝國時期著名的文學家，以辭賦優雅而名聞遐邇。特別是他和漂亮的青年寡婦卓文君私奔，在蜀郡成都（今四川成都）「相如沽酒，文君當爐」的浪漫史，更是流傳古今，膾炙人口。

漢帝國的文學家，還有揚雄、枚乘、東方朔、劉向、蔡邕（yōng）、蔡文姬（蔡邕之女）等等。

至於文字學家，則有許慎。他著有《說文解字》一書，至今對研究古文字和古代典章制度仍有重要價值。

左：司馬遷像

右：張衡所製地動儀的模型

張衡，是偉大的科學家、發明家、文學家。他撰寫的天文學名著《靈憲》，指出「宇之表無限，宙之端無窮」，是中國認識「宇宙無窮無限」的第一人。他創造了世界上第一台測量地震方向的地動儀，開創了地震預測學。他還第一次正確解釋了月蝕原因，對中國和世界天文學的發展作出了偉大貢獻，因此，國際天文學聯合會將月球上的一座環形山命名為「張衡環形山」。

蔡倫，則是另一位發明家。他是中國古代四大發明之一——造紙術的發明人。

張仲景和華佗，是東漢時期著名的醫學家。前者著有《傷寒雜病論》，後者是震古爍今的「神醫」。

最後要介紹的是外交家張騫、蘇武、班超。

張騫在公元前 139—前 126 年，公元前 115—前 114 年，兩次出使西域諸國，行程上萬公里，最遠到過安息國（今伊朗）的番兜城（今伊朗的達姆甘，離德黑蘭約 300 公里）。

蘇武出使匈奴被扣，面對多種威脅利誘仍不屈不撓，守節如堅玉，是一個堅貞不屈的愛國主義者。後來，他被流放到瀚海（今貝加爾湖）牧羊，歷時 19 年，直到公元前 81 年漢匈和好才被釋放歸漢。

班超是東漢時的大將軍。公元 73 年率 36 名吏士出使西域，先說服鄯善王歸服於漢，後又使于闐、疏勒降服漢。公元 78 年，率于闐、疏勒、康居、拘彌等國的一萬多人，討平姑墨諸國；公元 87 到 94 年，又先後平定了莎車、龜茲（qiū cī）、月氏的貴族叛亂，攻降焉耆（yān qí），鞏固了漢在西域的統治。公元 97 年，班超派遣甘英出使大秦（羅馬帝國）。到了西海（今波斯灣）欲渡時，當地海員說，如果順風，渡海只需三個月；如果不順風，則需兩年，因此要準備三年的糧食和物品。甘英因準備不足而折返。此次出使雖未到達大秦，但增進了對中亞各國的了解，對後人打通到東羅馬帝國的「絲綢之路」起了重要作用。

漢帝國皇帝世系表

帝號	姓名	壽命	即位年份	在位時間
高祖	劉邦	62 歲	前 206 年	13 年
惠帝	劉盈	23 歲	前 194 年	8 年
高后	呂雉	62 歲	前 187 年	9 年
文帝	劉恆	46 歲	前 180 年	24 年
景帝	劉啟	28 歲	前 156 年	17 年
武帝	劉徹	70 歲	前 140 年	54 年
昭帝	劉弗陵	21 歲	前 86 年	14 年
宣帝	劉詢	43 歲	前 73 年	26 年
元帝	劉奭（shì）	44 歲	前 48 年	17 年
成帝	劉驁	45 歲	前 32 年	27 年
哀帝	劉欣	26 歲	前 6 年	7 年
平帝	劉衎（kàn）	14 歲	1 年	6 年
以上為西漢時期				
新朝皇帝	王莽	68 歲	9 年	16 年
更始帝	劉玄	不詳	23 年	3 年

帝號	姓名	壽命	即位年份	在位時間
光武帝	劉秀	63 歲	25 年	34 年
明帝	劉莊	48 歲	58 年	19 年
章帝	劉炟	32 歲	76 年	14 年
和帝	劉肇	27 歲	89 年	18 年
殤帝	劉隆	1 歲	106 年	1 年
安帝	劉祜（hù）	32 歲	107 年	20 年
順帝	劉保	30 歲	126 年	20 年
沖帝	劉炳	3 歲	145 年	2 年
質帝	劉纘（zuǎn）	9 歲	146 年	2 年
桓帝	劉志	36 歲	147 年	22 年
靈帝	劉宏	34 歲	168 年	22 年
獻帝	劉協	54 歲	190 年	30 年
此列為東漢時期				

三國鼎立

▶▶▶ 〔220—265 年〕

第11章

三國時期有 45 年（220—265 年），是秦始皇統一中國以後，中國首次分治時期。三國鼎立時，其疆域（勢力範圍）加起來，總共約有 640 萬平方公里（請對照參閱圖 0 和圖 19），和東漢差不多。

上一章說到，184 年黃巾大起事後，漢帝國（東漢）名存實亡，中國已處於軍閥割據的分治狀態。（請參閱圖 18）

184 年 4 月，漢靈帝死，皇后何氏在其兄大將軍何進的協助下，立其子劉辯為「少帝」，自己則以皇太后的身份臨朝掌政。

當時，朝廷裏的宦官尚有實權，並且手握重兵。國舅何進為了獨攬大權，就密謀誅殺宦官。沒想到陰謀敗露，何進反而被宦官張讓和段珪（guī）殺死。

何進的部下吳匡、袁術、袁紹等聞訊，興兵進宮問罪報仇，把皇宮裏的大小宦官殺了個一乾二淨。

時任并（bīng）州牧的董卓帶兵進京「勤王」，把何太后、少帝劉辯和陳留王劉協弄到手，要挾何太后升遷自己為司空，獨攬朝廷大權。後來，董卓見陳留王劉協才 9 歲，比 14 歲的劉辯更好控制，就殺掉劉辯，立劉協為漢獻帝，並以漢獻帝的名義任命自己為相國，後又升為太師。

董卓篡權後，濫施刑罰，殘酷野蠻，割舌挖眼，砍手斷腿，甚至生煮活人，因此，國人對董卓恨之入骨。

190 年，袁紹等人不滿董卓專權，聯合各地的軍閥官吏成立反董同盟，傳檄（xí）天下，準備進軍洛陽討伐董卓。

192 年 4 月，董卓被司徒王允和義子呂布合謀殺死，並暴屍長安街頭。

董卓被殺的當晚，看守人插了一根燈捻（niǎn）子在他的肚臍眼裏，當蠟燭來點。董卓搜刮脂膏太多，「人體蠟燭」居然點了一整夜。

董卓的部將李傕（juē）、郭汜（sì）等藉口要為董卓報仇，從陝縣打到長安，殺了王允，控制了小皇帝漢獻帝。

東漢末年的漢帝國，就在打打殺殺中痛苦呻吟、苟延殘喘。199—201 年，漢帝國被袁紹、曹操等大軍閥割據分治（請參閱圖 19）。

201 年時，劉備被曹操打敗，逃到荊州投靠親戚劉表。劉表礙於情面，就讓劉備駐紮在小縣城新野（今河南新野）。劉備居然在新野這個小地方一呆就是七八年。

📖 **小詞典**

曹操人稱「奸雄」。其實，他不但是傑出的政治家、軍事家，還是一位卓越的詩人。現存他的詩作只有 20 首，多為蒼涼質樸、雄邁有力的傑作。特別是「對酒當歌，人生幾何」，「老驥伏櫪，志在千里」等名句，至今仍為人們傳誦。

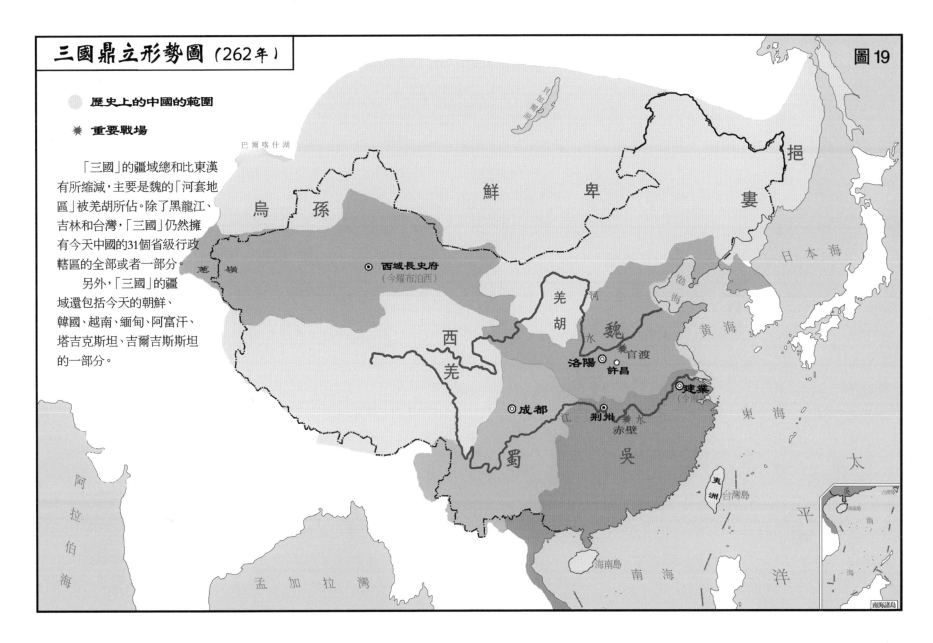

三國鼎立形勢圖（262年）

圖19

- 歷史上的中國的範圍
- ✳ 重要戰場

　　「三國」的疆域總和比東漢有所縮減，主要是魏的「河套地區」被羌胡所佔。除了黑龍江、吉林和台灣，「三國」仍然擁有今天中國的31個省級行政轄區的全部或者一部分。

　　另外，「三國」的疆域還包括今天的朝鮮、韓國、越南、緬甸、阿富汗、塔吉克斯坦、吉爾吉斯斯坦的一部分。

巴爾喀什湖

揹
婁

鮮 卑

烏 孫

蔥嶺

西域長史府
（今羅布泊西）

日本海

渤海

羌胡

魏

河水

洛陽 ◎ ○ 官渡
　　許昌

黃海

西羌

建業
（今南京）

成都 ◎

江水
荊州 ✳ 赤壁

蜀

吳

東海

阿拉伯海

夷洲
台灣島

太平洋

孟加拉灣

海南島

南海

南海諸島

劉備總結了自己的前半生，終於覺悟出一條道理：之所以不如劉邦，並非因為自己沒有良將韓信（有關羽、張飛、趙雲），良臣蕭何（有麋竺、徐庶等），主要原因是沒有謀臣張良。於是，207年，劉備不辭辛苦三顧茅廬，請到了諸葛亮。

208年7月，曹操打敗袁紹等軍閥，攻佔了青州、冀州、幽州、并州，平定了烏桓，基本上統一了北方，就「挾天子以令諸侯」，以朝廷的名義親率大軍征伐劉表。

劉表年老多病，熬到8月就去世了，荊州由他的小兒子劉琮管治。劉琮膽小，不戰而降曹操，劉備只好帶着幾千兵馬逃向江陵（今湖北江陵），想與劉表的大兒子劉琦的部隊會合。

曹操探知劉備的行動計劃，就帶領五千輕騎兵，一日一夜窮追三百里，在當陽（今湖北當陽）的長坂坡大敗劉備。

事態危急關頭，諸葛亮提出聯吳抗曹的戰略方針，並親自赴東吳説服孫權（孫策的弟弟），促成了一場以少勝多、驚天動地的赤壁大戰。

赤壁大戰以曹操大敗而告終。此後，荊州七郡被三家瓜分：曹操佔據南陽郡（治所在宛，今河南南陽）及江夏郡（治所在西陵，今湖北新州）的北部；孫權擁有南郡（治所在江陵，今湖北江陵）及江夏郡的南部；劉備則奪得長沙（治所在臨湘，今湖南長沙）、武陵（治所在臨沅，今湖南常德）、零陵（治所在泉陵，今湖南永州）、桂陽（治所在郴縣，今湖南郴州）四郡。

劉備像

「天知一半」點評

諸葛亮當時居於隆中（今湖北襄陽西），經常自比管仲、樂毅，人稱「臥龍」。劉備有了諸葛亮的襄助，從此如魚得水，如虎添翼。當然，如果沒有劉備的賞識，諸葛亮可能永遠是隆（籠）中的「臥龍」而已。要知道，劉備當時已經46歲，雖未成大業，畢竟也做過「徐州牧」、「左將軍」之類的大官，而諸葛亮當時只是一個26歲的「山野小子」。故曰，「千里馬常有，而伯樂不常有」也。

隆中

210 年底，劉備親至京口（今江蘇鎮江）拜候孫權，以人多地少為由求借荊州，孫權借之。

214 年，劉備奪取了益州劉璋的地盤。215 年，張魯投降曹操。219 年 5 月，劉備攻取了漢中，自立為漢中王。至此，「三國鼎立」之勢基本形成。

220 年 1 月，曹操病逝。其子曹丕嗣承魏王位，並於 10 月逼迫漢獻帝禪位，建立魏國，定都洛陽。曹丕自稱魏文帝，追諡曹操為魏武帝。

221 年 4 月，劉備在益州稱帝，國號漢，定都成都，史稱蜀漢或者蜀。

此時，孫權仍未稱帝，受魏封為吳王，名義上屬於魏，實際上自成一體，獨立於魏、蜀之外。229 年，孫權亦稱帝，國號吳，定都建業（今江蘇南京）。至此，「三國鼎立」之勢正式形成。

此後，分治中國的三國之間爭戰不斷，不過，疆界則相對固定。（請對照參閱圖 0 和圖 19）魏統治傳統上的中原和西域，在三國裏勢力範圍最大；吳次之；蜀最小。

到 263 年，魏的大將軍司馬昭派鄧艾、鍾會、諸葛緒統兵十八萬，分三路大舉伐蜀。是年 11 月，蜀後主劉禪（劉備子，小名「阿斗」。223 年 4 月劉備死，5 月劉禪繼位）投降，蜀亡。至此，「三國」實際上只有魏、吳兩國而已。

265 年 8 月，掌握魏實權的大將軍司馬昭去世，其子司馬炎嗣位。12 月，司馬炎逼迫魏國傀儡皇帝曹奐禪位，稱帝於洛陽，改國號為晉。280 年，晉滅吳，三國分治時代結束。

孫權像

「天知一半」點評

劉禪被魏封為「安樂公」，舉家遷往洛陽。劉禪既無政治頭腦，才智也極為平庸，是一個典型的軟骨頭。有一次司馬昭為其設宴，命人表演蜀國歌舞，其隨從為之悲傷，劉禪卻嘻笑自如。司馬昭問：「頗思蜀否？」禪答曰：「此間樂，不思蜀也。」成語「樂不思蜀」典出於此也！

第 12 章

晉帝國（西晉）

▶▶▶

〔265—316 年〕

晉帝國（西晉）的國祚只有 51 年（265—316 年）。其疆域極盛時約有 640 萬平方公里（請對照參閱圖 0 和圖 20），和三國時期差不多。

晉帝國的開國皇帝是司馬炎。不過，晉帝國得以創立，司馬炎的父親和祖父，即司馬昭和司馬懿均功不可沒。

司馬懿（179—251 年）是三國時魏的大臣，河內溫縣（今河南溫縣）人。其少年時即博學多才，善機謀權變。長大出仕後歸附曹操，曾跟從曹操討伐張魯等軍閥。曹操被封為魏王時，司馬懿被升遷為太子中庶子，深得曹丕信任。曹丕稱帝後，司馬懿任尚書，封安國鄉侯。

249 年，司馬懿誅滅曹爽集團，掌握了魏的實權。他死後其子司馬師及司馬昭繼續掌權。

司馬昭（211—265 年）是司馬懿的次子。260 年 5 月的一天，魏帝曹髦不甘為傀儡，就對一些臣子說：「司馬昭之心，路人皆知也。吾不能坐受廢辱，今日當與卿自出討之。」沒想到司馬昭早有準備，派心腹成濟殺了曹髦，又遷罪名給成濟，殺之，另立曹奐為魏國皇帝。司馬昭雖然沒有廢魏立晉，但是他於 263 年派兵滅了蜀，為晉帝國統一中國創造了條件。

265 年 12 月，司馬炎（236—290 年）逼迫傀儡皇帝曹奐「禪位」，曹奐只好照辦。

司馬炎廢魏立晉後，並沒有殺掉曹奐，而是封其為陳留王，遷於鄴（今河北臨漳）。曹奐死時，又追謚其為魏的「元皇帝」。

司馬炎征伐吳國，統一中國，是一大歷史功績（不過，明君時暗，司馬炎統一全國後，荒淫奢侈，侍姬無數，以致聲色過甚成疾）。從 269 年起，司馬炎就為滅吳做準備。272 年，他派王濬（jùn）為益州刺史，專門訓練水軍。279 年 11 月，司馬炎集二十萬兵馬，分六路向吳國發起進攻。280 年 3 月，主力軍王濬一舉攻克建業（今江蘇南京），吳國皇帝孫皓面縛輿櫬（chèn。面縛：兩手反綁而面向前；輿櫬：用車載着空棺材。面縛輿櫬表示投降並自請受刑）向晉軍投降。

司馬炎統一中國後，下詔「悉去州郡兵，大郡置武吏百人，小郡五十人」。他減免農民的兵役，還勸課農桑，使晉帝國初期的社會得以安定，經濟得以迅速復蘇。不過，司馬炎過度削減州郡兵，搞到治安都難以維持。加上他大封宗室王侯，給他們兵權，種下了「八王之亂」的禍根。在他死後不久，全國又重新陷入混亂的局面。

「天知一半」點評

當年曹奐的伯父曹丕也是這樣逼迫漢獻帝禪位的，曹奐能怪誰呢？晉以後，「禪位」成了帝王將相們最流行、最時髦的遊戲。

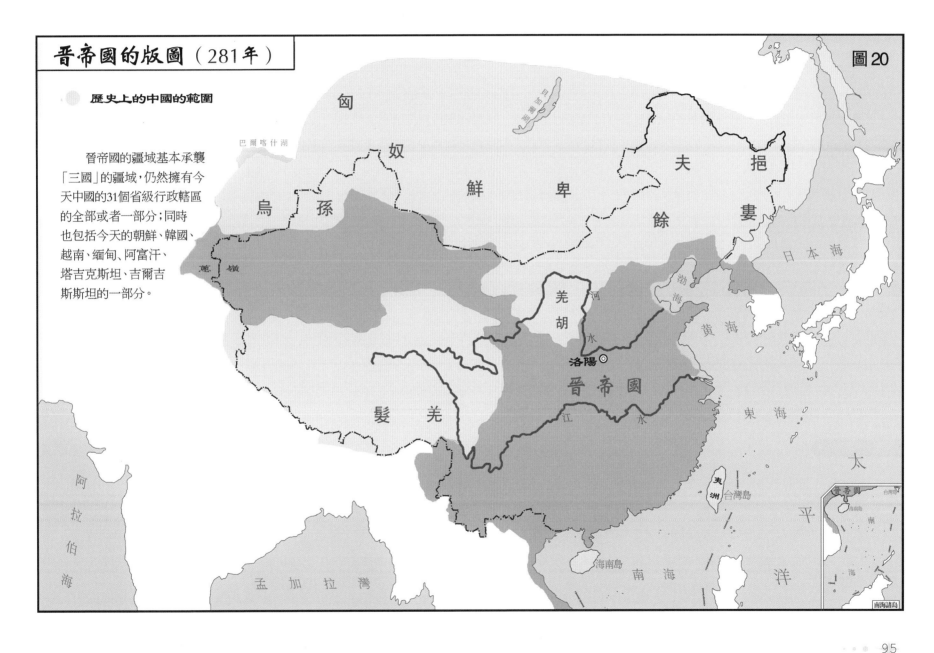

晉帝國的版圖（281年）

圖20

● **歷史上的中國的範圍**

晉帝國的疆域基本承襲「三國」的疆域，仍然擁有今天中國的31個省級行政轄區的全部或者一部分；同時也包括今天的朝鮮、韓國、越南、緬甸、阿富汗、塔吉克斯坦、吉爾吉斯斯坦的一部分。

匈奴

烏孫

鮮卑

夫餘

挹婁

巴爾喀什湖

蔥嶺

羌胡

河水

洛陽◎

晉帝國

髮羌

江水

日本海

渤海

黃海

東海

夷洲

台灣島

海南島

南海

太平洋

阿拉伯海

孟加拉灣

晉帝國

南海諸島

290 年 4 月，司馬炎病死，由他的次子，也是嫡長子司馬衷繼位。

司馬炎病重時，曾令人寫下詔書，令汝南王司馬亮（司馬炎的四弟）和中車騎將軍楊駿（司馬衷的外祖父）共同輔政。但楊皇后趁司馬炎病重昏迷時，讓人另寫詔書，命楊駿單獨輔政。

本來，司馬衷是一個愚鈍皇帝，可以任由楊駿擺佈。偏偏司馬衷的皇后賈后精明過人，極欲干預朝政。

291 年，賈后祕密召見汝南王司馬亮（沒有同意，也沒有參加）和楚王司馬瑋（司馬炎

的第五子）進京，密謀誅殺楊駿及其同黨。得手之後，賈后又唆使司馬瑋殺掉司馬亮，接着就以「擅殺」之罪殺了司馬瑋。

賈后專政初期，委政於有威望和才華的張華，朝野尚算安寧。但賈后不甘寂寞，經常「紅杏出牆」。先是和太醫程據等私通，後來又命人用竹箱子搶劫行在路上的少年入宮做「面首」，滿足自己的淫慾。300 年 3 月，賈后毒死太子（非其親生，賈后無子），更加引起宗室諸王不滿。從此朝政日非，羣情激憤。同年 4 月，趙王司馬倫（司馬懿的第九子）等人，以為太子報仇為名，起兵誅殺賈后及其黨羽，總攬了

朝政。

301 年 1 月，司馬倫乾脆廢掉司馬衷，自立為皇帝。但是，司馬倫的皇位還沒有坐熱，齊王司馬冏（jiǒng）、河間王司馬顒（yǒng）、成都王司馬穎就聯合起兵討伐他。4 月，司馬倫被殺，司馬衷又重新當回「愚皇帝」。

不過，「愚皇帝」的日子並不安寧。此後，長沙王司馬乂（yì）攻殺司馬冏；司馬顒和司馬穎又聯合起來攻殺司馬乂。304 年，東海王司馬越奉天子親征司馬穎，結果在蕩陰（今河南湯陰）大敗……從 291 年到 306 年，諸王之間為了爭權奪利，骨肉相殘，連年混戰，這就是晉史上的「八王之亂」。歷時十六年的「八王之亂」使晉帝國元氣大傷，百姓的生命財產遭受嚴重損失，社會經濟也飽嘗創傷。

306 年 11 月，「愚皇帝」司馬衷被司馬越毒死，由司馬炎的第 25 子司馬熾繼位，司馬越輔政。

司馬熾在位期間，各地人民紛紛起事，各少數民族貴族也乘機興兵。308 年，時任冠軍

小詞典

司馬炎喜愛書法，是中國歷史上著名的書法家之一。他當皇帝時，不但度量大，還好聽直言，用人有方，不失為晉帝國難得的明君。272 年 2 月，他和右將軍皇甫陶議事，因意見相左而爭論。在旁的散騎常侍鄭徽奏請懲治皇甫陶，司馬炎卻說：「忠讜之言，唯患不聞。爾越權妄奏，豈朕本意。」跟着不但不懲治皇甫陶，反而罷免了鄭徽的官。

將軍的匈奴人劉淵起兵，自稱皇帝，國號漢，建都平陽（今山西臨汾）。

劉淵雖是匈奴人，卻熟讀《五經》、《左傳》、《孫吳兵法》、《史記》等書，學識淵博，儼然一個中國士大夫。他在 304 年興兵造反時曾發表宣言，以劉邦子孫自居，稱劉邦為「我太祖高皇帝」，以恢復漢統為己任。不過，他當皇帝才兩年就去世了，由其子劉聰繼位。

311 年 6 月，劉聰攻入洛陽，俘虜司馬熾。313 年 1 月，劉聰設宴宴請群臣，命司馬熾為群臣敬酒，晉舊臣悲憤號哭，司馬熾和舊臣一起被殺。

同年 4 月，司馬熾被殺的消息傳到長安，偏安長安的司馬氏就立司馬炎的孫子司馬鄴為晉帝國的末代皇帝。

316 年 8 月，「漢」的大司馬劉曜領兵進攻長安，把長安團團圍住。11 月，晉的末代皇帝司馬鄴被迫乘羊車，肉袒銜璧（袒露上身，口含璧玉，也是一種古代表示投降請罪的方式），輿櫬投降。晉帝國（西晉）就此滅亡，中國再次進入分治時期。

晉帝國皇帝世系表

帝號	姓名	壽命	即位年份	在位時間
武帝	司馬炎	55 歲	265 年	26 年
惠帝	司馬衷	48 歲	290 年	17 年
懷帝	司馬熾	30 歲	306 年	6 年
愍帝	司馬鄴	18 歲	313 年	4 年

「天知一半」點評

漢帝國曾長期和匈奴和親，匈奴的王族也滲入了漢族的血緣，劉淵就以劉邦子孫自居。在老百姓中，漢匈通婚並不鮮見，匈奴人漢化更比比皆是。因此，不少匈奴人的後裔往往以漢之子甥自居。看來，中華民族的大融合，始於四夷，盛於漢唐，直到今天，終於形成了「56 個民族 56 朵花」。

第 13 章

東晉十六國

▶▶▶

〔296—420 年〕

東晉十六國時期有 124 年（296—420年）。由於分治，「十六國」乍立乍滅，不存於同一年代。其疆域（勢力範圍）加起來，總共在 480—660 萬平方公里之間。（請對照參閱圖 0 和圖 21—23）

第一節　東晉王朝（318—420 年）

317 年，司馬睿（276—322 年，司馬懿的曾孫）稱王。翌年 3 月，他又在建康（今江蘇南京）稱帝，重建晉王朝。

雖然晉的皇帝仍是司馬氏一脈相承，但晉王朝已今非昔比，中國北部的半壁江山已先後落入「十六國」手中。因此，史稱 318 年後的晉王朝為東晉（請參閱圖 21），把它劃進東晉十六國時期。

「八王之亂」時，司馬睿才十幾歲，就被封為琅邪王。但他深知世途艱辛，官場險惡，為人處世謙恭忍讓，寬容豁達，名聲甚好。305年 8 月，他被時任司空的司馬越封為平東將軍，統領徐州郡的兵馬。307 年 7 月，又被晉懷帝司馬熾封為安東將軍，統管揚州及江南的軍事，鎮守建康。311 年 5 月，再升為鎮東大將軍，兼管揚州、江州、湘州、廣州、交州的五州軍事。313 年，愍帝司馬鄴即位，任司馬睿為左丞相，315 年再升為丞相。316 年，愍帝見長安即將陷落，就下詔封司馬睿為晉王，統攝萬機。不過此詔司馬睿於翌年才收到。318年，愍帝的死訊傳到建康，司馬睿被世家大族的代表人物王導、王敦等推上帝位。

東晉政權能夠維持下去，全靠王、謝等世家大族的支撐，為此晉元帝司馬睿及之後的東晉皇帝都千方百計地優待世家大族，提拔選用的官吏全是世族出身，門閥制度達到了頂峰。這些皇帝和豪族、官吏橫徵苛斂，縱情享受，雖也數次北伐，但目的卻多半不是為了恢復中原，而是鞏固自己的統治，以便更安樂地偏安江南一隅。

322 年底，司馬睿因病去世，其長子司馬紹（299—325 年）繼位。

司馬紹兒時聰敏過人，堪稱神童。有一天，從長安來了一位使者，司馬睿就問只有幾

「天知一半」點評

司馬睿步步高升，穩則穩矣，卻胸無大志，僅圖偏安江南，不思北伐中興。不過，司馬睿對書法情有獨鍾，是中國歷史上著名的書法家之一。從司馬炎到司馬睿，再到司馬睿之子明帝司馬紹，司馬睿之孫康帝司馬岳，司馬睿的曾孫哀帝司馬丕等，晉王室一共出了七個書法家，真乃歷朝歷代一奇一絕也。怪不得，我們中國的「書聖」王羲之也出自東晉。

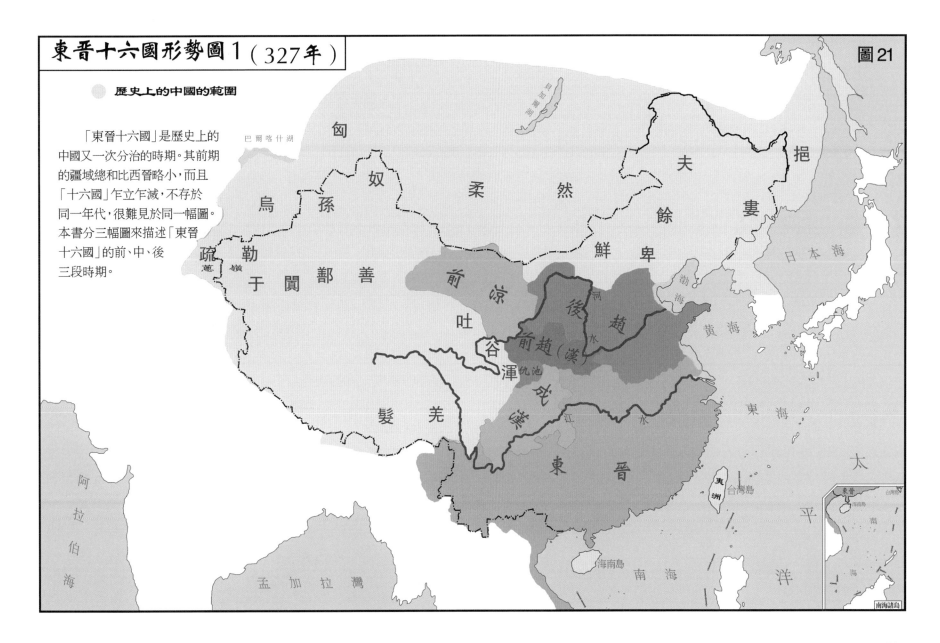

東晉十六國形勢圖1（327年）

圖21

● **歷史上的中國的範圍**

「東晉十六國」是歷史上的中國又一次分治的時期。其前期的疆域總和比西晉略小，而且「十六國」乍立乍滅，不存於同一年代，很難見於同一幅圖。本書分三幅圖來描述「東晉十六國」的前、中、後三段時期。

巴爾喀什湖

阿母爾湖

匈奴

柔然

夫餘

挹婁

烏孫

鮮卑

日本海

疏勒

蔥嶺

于闐　鄯善

前涼

渤海

黃海

吐谷渾

後趙

河水

前趙（漢）

仇池

成漢

江水

東海

髮羌

東晉

夷洲　台灣島

太平洋

阿拉伯海

孟加拉灣

海南島

南海

南海諸島

歲的司馬紹：「你說太陽和長安，哪個離我們近？」司馬紹回答說：「長安近。因為我還沒聽說過有人從太陽那裏來。」翌日，司馬睿宴請使者和羣臣，又以同樣的問題問司馬紹。司馬紹說：「太陽近。」司馬睿十分奇怪：「怎麼兩天的回答不一樣？」司馬紹說：「抬頭就可以看見太陽，卻看不見長安。」這「不見長安」之語，使東晉君臣遙念故國，欷歔不已。從此，司馬紹甚得司馬睿的寵愛，317年被立為太子。

司馬睿後期，大權曾旁落丞相王敦之手。司馬紹即位第二年，就擊敗王敦及其同黨，消除了威脅東晉的反叛勢力。可惜司馬紹英年早逝，在位不到四年，就於325年8月去世，由其長子司馬衍（312—342年）繼位。

東晉王朝歷時104年，十一個皇帝多是庸碌之輩，無一英明君主。稍有作為的要算司馬睿和司馬紹了。因此，在東晉王朝存在的同時，還有「十六國」在分治中國。

第二節 「十六國」之興衰（296—420年）

「十六國」史稱「五胡十六國」。所謂「五胡」，是當時的匈奴、鮮卑、羯（jiē）、氐（dī）和羌族。其中的匈奴族、鮮卑族、羯族幾經融合至今，屬現在的蒙古族；氐族、羌族則幾經融合至今，屬現在的藏族。前面說過，「胡」有輕蔑之意。而且，「十六國」也不全是五胡所立，因此筆者把「五胡」略去。

所謂的「十六國」（實際上有23國），在正史裏指匈奴族的三國（前趙、北涼、夏），羯族一國（後趙），鮮卑族五國（前燕、後燕、南燕、西秦、南涼），氐族三國（前秦、後涼、成漢），羌族一國（後秦），漢族三國（前涼、西涼、北燕）。

除了這十六國，在這段時期立國的還有仇池、遼西、代、冉魏、西燕、譙蜀等政權。

(1) 仇池（296—371年，氐族，今屬藏族）

296年，晉帝國秦州的氐族首領楊茂搜，自號「輔國將軍右賢王」，聚眾佔領仇池（今甘肅西和、徽縣一帶，請參閱圖21）。當時，正值晉之「八王之亂」，諸王混戰，無暇他顧。後來西晉滅亡，東晉偏安，仇池的楊氏王朝遂代代相傳，一直傳了十一代，到371年才被前秦所滅。

(2) 前涼（301—376年）

301年「八王之亂」時，晉之涼州刺史張軌乘機割據涼州，史稱前涼。張軌在位時，興辦學校，發展生產，社會較為安定。張軌死後，其子張寔、張茂，孫張駿等繼位。前涼後期曾一度控制西域，定都姑臧（zāng，今甘肅武威），376年被前秦所滅。（請參閱圖21）

(3) 遼西（303—338年，鮮卑族，今屬蒙古族）

303年，晉惠帝司馬衷封遼西鮮卑族首領段務勿塵為遼西公。從此，遼西國就一直處於自治狀態，並傳了六代子孫。其轄治的勢力範圍，大概在今遼寧的西南部和河北的東北部一帶。一直到338年，才被慕容皝（huàng）的前燕所滅。

(4) 成漢（304—347年，氐族）

301年，關中和隴東的氐族首領李特在綿竹（今四川德陽）起兵，自稱「大都督」，後又稱「益州牧」，向益州的成都進軍。經過幾番較量，李特不敵晉帝國的益州刺史羅尚，被羅殺死。303年，其子李雄不屈不撓，再接再厲，終於打敗羅尚，佔據成都，於304年自稱

「成都王」。翌年李雄稱帝，國號「大成」。338年，李雄的侄子李壽即位，又將國號改為漢，史稱成漢。346年，東晉的桓溫伐成漢，成漢於347年滅亡。（請參閱圖21）

(5) 前趙（304—329年，匈奴族，今屬蒙古族）

本書第十二章，提過匈奴人劉淵建立「漢國」滅晉之事。滅了晉帝國（西晉）後，318年，劉淵後人劉曜在長安稱帝，改國號「漢」為「趙」，史稱前趙。（請參閱圖21）329年，前趙被後趙所滅。

(6) 後趙（319—350年，羯族，今屬蒙古族）

319年，「漢國」劉淵的安東將軍石勒（羯族人），不滿劉曜稱帝，也自行在襄國（今河北邢台）稱王，與劉曜的前趙分道揚鑣，史稱後趙。立國後，其疆域比前趙大得多。（請參閱圖21）

328年，石勒大敗劉曜，俘虜並殺之。翌年，前趙就被後趙滅掉。後趙共有七個皇帝，存續32年，於350年被冉魏取代。

(7) 前燕（337—370年，鮮卑族，今屬蒙古族）

307年，佔據晉帝國昌黎郡（今遼寧義縣一帶）的鮮卑族首領慕容廆（wěi）自稱「大都督」，向西擴張，318年被東晉司馬睿封為遼東公。其子慕容皝再接再厲，擴張到遼東半島，於337年自稱燕王，建燕國，史稱前燕，定都昌黎（今遼寧義縣），後又遷都龍城（今遼寧朝陽）。

352年，慕容皝之子慕容恪滅冉魏後遷都薊（今北京），不久又遷都鄴（今河北臨漳）。前燕存續34年，其疆域最盛時有今北京、天津的全部，遼寧、河北、山東、河南、山西等省的大部分，以及吉林、內蒙古、江蘇、安徽等省的一部分。370年，前燕被前秦所滅。

(8) 代（338—376年，鮮卑族，今屬蒙古族）

315年，晉愍帝司馬鄴曾封鮮卑族的首領拓跋猗盧為代王，轄區在今內蒙古與山西北部、河北西北部相連的一帶地區。

338年11月，拓跋猗盧之子拓跋什翼犍（jiān）建代國，定都平城（今山西大同），史稱代。

376年，代被前秦苻（pú）堅所滅。386年，拓跋什翼犍的孫子拓跋珪建北魏。因此，也可以把代看作北魏的前身。

「天知一半」點評

石勒是「十六國」的少數民族諸王中難得的明君。他善謀略，對《孫子兵法》頗有心得。他重人才，特別倚重漢族人張賓，拜為大執法，讓其總攬朝政。滅前趙以後，石勒大宴群臣，對中書令徐光說：「朕可方古何等主？」徐光逢迎道：「陛下神武謀略，過於漢高，後世無可比者！」石勒大笑說：「人豈能沒有自知之明？卿言太過了。我比不上漢高祖，為他效力還可以，和韓信、彭越尚可比肩而立。如果遇到光武帝，可以和他逐鹿中原，未知鹿死誰手呢！」

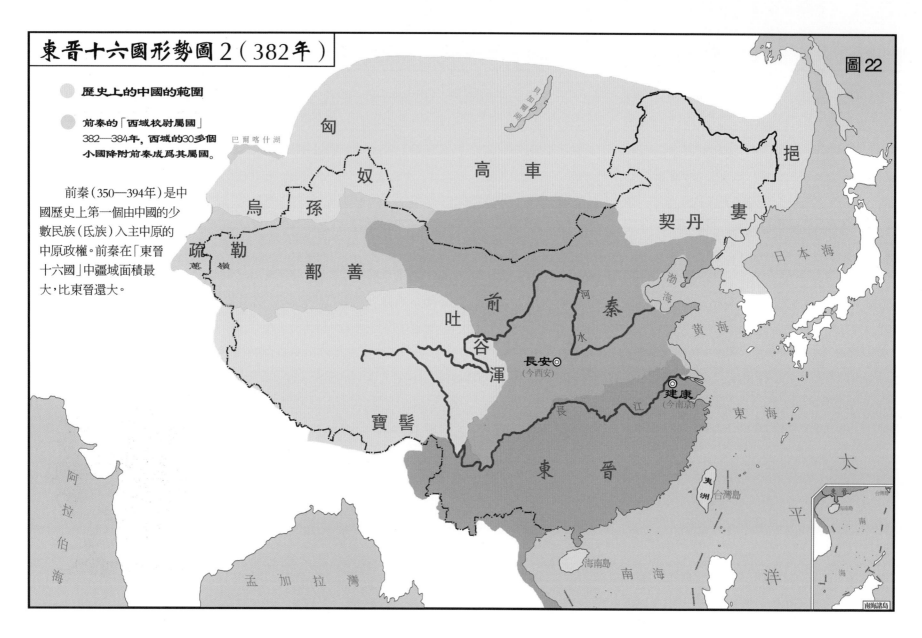

東晉十六國形勢圖 2（382年）

圖22

● 歷史上的中國的範圍

● 前秦的「西域校尉屬國」
382—384年，西域的30多個
小國降附前秦成為其屬國。

前秦（350—394年）是中
國歷史上第一個由中國的少
數民族（氐族）入主中原的
中原政權。前秦在「東晉
十六國」中疆域面積最
大，比東晉還大。

貝加爾湖

巴爾喀什湖

匈

奴

高　車

揭

烏　孫

契　丹

婁

疏

勒

蔥　嶺

鄯　善

吐

谷

渾

前

秦

河　水

日　本　海

渤　海

黃　海

長安◎
（今西安）

建康
（今南京）

東　海

阿

拉

伯

海

寶髻

長　江

東　晉

夷

洲
台灣島

太

平

洋

孟　加　拉　灣

海南島

南　海

南海諸島

(9) 冉魏（350—352 年）

後趙末年發生內訌。石勒傳位給兒子石弘，卻被石勒的侄子石虎奪其王位。349 年石虎死，傳位於子石遵，石遵又被石虎的養子石閔殺死。石閔是漢族人，本姓冉，河南內黃（今河南內黃）人。石閔奪權後恢復冉姓，在鄴稱帝，國號魏，史稱冉魏。不到三年，冉魏於 352 年被前燕滅掉。

(10) 前秦（351—394 年，氐族，今屬藏族）

350 年，原後趙冠軍將軍苻洪之子、氐人部族首領苻健，起兵殺回關中，佔據了長安。翌年苻健自稱「天王」，國號大秦，史稱前秦。

前秦是「十六國」中疆域最大者。（請對照參閱圖 0 和圖 22）氐族統一了北方，囊括了半個中國，成了中國歷史上第一個統治中原的少數民族。其極盛時，疆域不但包括了前面所述的九國，還包括了原屬東晉的北部及西部的地區。另外，柔然、鮮卑等部約 70 萬平方公里的領土也囊括進其疆域之內。東漢和晉帝國時期的「西域長史府」的全部轄境，也成了前秦的屬國。

357 年，苻健的侄子苻堅即位。382 年時，統一了北方的苻堅志得意滿，被勝利衝昏了頭腦。他一心一意想蕩平東晉，統一中國。

出兵前，前秦的多數大臣都反對伐晉。他們認為當時的東晉君臣和睦、上下團結，兼之擁有長江天險，伐晉尚非最佳時機。

但苻堅驕傲地聲稱：以我百萬之眾，把馬鞭扔進長江，也可以阻斷江水，東晉還有什麼天險可言呢？成語「投鞭斷流」即典出於此！

苻堅見羣臣反對他攻晉的計劃，就找其弟苻融商議。苻融也不同意出兵，認為伐晉有三大困難：一是東晉上下團結，無隙可乘；二是人心不順。特別是鮮卑、羌、羯等族的人，對前秦有亡國的深仇大恨。一旦大軍南下之後，這些人叛亂的話，局面難以收拾；三是國家連年征戰，軍隊疲憊，百姓厭戰，而且軍隊的民族成分複雜，忠誠度不高。因此，還是暫緩伐晉為好。為了説服苻堅，苻融還把苻堅極信重的大臣王猛不宜伐晉的臨終囑咐抬了出來。

但是，苻堅還是堅持己見：以強擊弱，泰山壓頂，猶如疾風掃秋葉，有什麼可擔擾的？！

383 年 8 月，苻堅率九十多萬大軍親征東晉。

古人云，驕兵必敗。果然，淝水之戰前秦大敗。苻堅的固執和輕敵，成就了東晉人的偉大功業，為中國軍事史又增加了一例以少勝多、以弱勝強的著名戰例。

「天知一半」點評

符堅統一北方，佔據了半個中國，很大程度上是得力於重用漢臣王猛。符堅把王猛喻之為子產、諸葛。他曾五次升遷王猛，遭到氐族貴族的強烈反對。氐族貴族中的樊世恃功當眾侮辱王猛：「君無汗馬之功，何敢專管大任？」並揚言要殺掉王猛。符堅為了保王猛就把樊世殺掉。王猛實施了一系列政治改革，還着重發展經濟，加強軍備建設，使前秦達到了強兵富國的初步目標。

投鞭斷流

淝水之戰後，前秦元氣大傷，分崩離析，後燕、後秦、西燕、西秦、後涼等國紛紛建立。

385 年，有統一中國抱負，卻驕傲自大、壯志未酬的苻堅逃離長安，在關中被姚萇（cháng）俘殺。前秦殘餘勢力堅持到 394 年，終被後秦所滅。

（11）西燕（384—394 年，鮮卑族，今屬蒙古族）

384 年，前燕宗室子弟慕容沖自稱「皇太弟」，復辟燕國，史稱西燕。是年慕容沖率部攻長安，於次年攻陷長安，卻被部將所殺，部下擁立段隨為燕王。386 年，前燕慕容皝的姪子慕容承殺段隨。幾經周折，慕容承棄長安東走，在長子（今山西長子）稱帝。

「天知一半」點評

385 年，苻堅在長安被西燕的慕容沖打敗，逃到五將山（今陝西岐山），被姚萇俘虜。姚萇逼令苻堅「禪讓」，苻堅是條寧死不屈的漢子，大罵叛逆而不從，被姚萇吊死。

西燕的疆域很小，僅有今山西南部，而且很不穩定。394 年，西燕被後燕攻滅。

（12）後燕（384—407 年，鮮卑族，今屬蒙古族）

慕容垂是前燕慕容皝之子，初封吳王。後來因受到慕容評疑忌而投降前秦，為苻堅所重用。淝水之戰後，於 384 年回到河北，在中山（今河北定州）稱王，兩年後又稱帝，史稱後燕。

後燕的疆域基本上承襲了前燕，但比前燕略小，南面的疆界只到山東、河南，沒有達到江蘇、安徽。

397 年以後，後燕遷都於鄴，後來又遷回龍城，疆域一直在縮小。407 年，後燕被北燕取而代之。（請參閱圖 23）

（13）後秦（384—417 年，羌族，今屬藏族）

羌人首領姚萇原是前秦的龍驤將軍。384 年，淝水之戰大敗後，奉苻堅命和苻睿前往華陰討伐慕容泓。沒想到在華陰大敗，苻睿戰死。姚萇恐怕獲罪而逃亡到渭北，被渭北羌人推舉為「萬年秦王」，聚眾十萬。

386 年，姚萇進入長安稱帝，國號大秦，史稱後秦。（請參閱圖 23）

394 年，姚萇子姚興俘殺前秦苻登，滅了前秦殘餘政權。

姚興死後，417 年東晉兵臨長安城下，後秦主姚泓出城投降，後秦滅亡。

（14）西秦（385—431 年，鮮卑族，今屬蒙古族）

385 年，聚居隴西高平州（今甘肅隴西）的鮮卑族首領乞伏司繁，原是前秦苻堅的將軍，鎮守勇士城（今甘肅榆中東北）。乞伏司繁傳將軍位給兒子乞伏國仁。苻堅伐晉時，本來命乞伏國仁為先鋒。適逢乞伏國仁的叔父乞伏步頹在隴西叛變，苻堅便改命乞伏國仁前去討伐乞伏步頹。淝水之戰後，乞伏國仁脫離前秦獨立，聚眾十餘萬，定都勇士城，史稱西秦。

西秦疆域狹小，起初僅有今甘肅蘭州至隴西一帶之地。後來打敗氐族的楊定，疆域擴展到今甘肅南部的武都一帶。

400 年，西秦被後秦降伏，成為後秦的屬國。409 年，西秦乘後秦衰弱而復興。414 年，西秦滅了南涼。

進入南北朝後，430 年，西秦復歸衰弱，經常被北涼和夏欺侮。431 年，西秦君主乞伏暮末被夏主赫連定攻殺，西秦亡。

東晉十六國形勢圖 3（409年）

圖23

● 歷史上的中國的範圍

　　北魏（386—534年）是中國歷史上第二個由中國的少數民族鮮卑族入主中原的中原政權。其「國祚」長達148年，一直延續到南北朝時期。

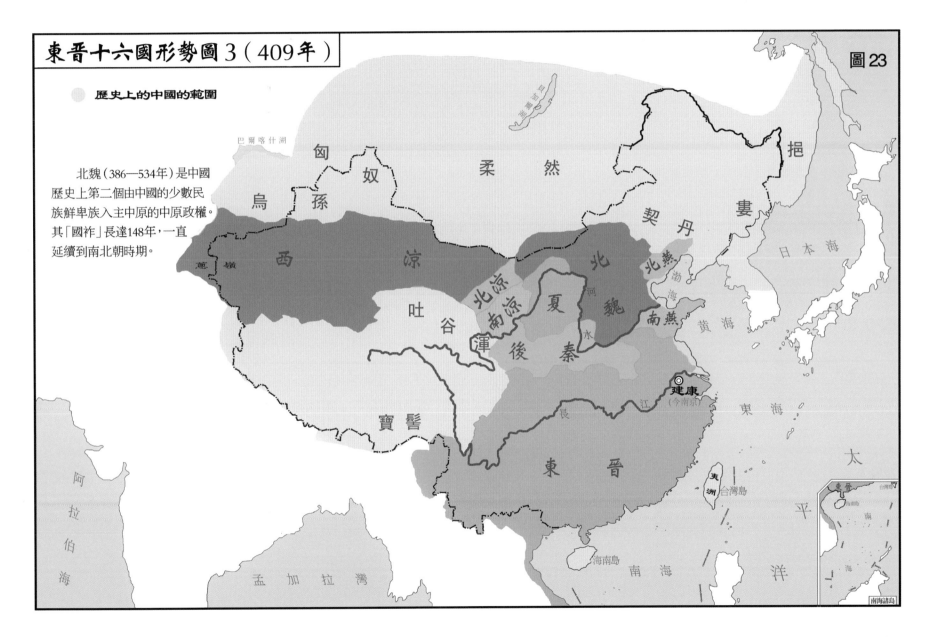

（15）北魏（386—534 年，鮮卑族，今屬蒙古族）

386 年，原代國君主拓跋什翼犍的孫子拓跋珪，聚集代國舊部，在盛樂（今內蒙古和林格爾）定都復國，自稱代王，不久改國號為魏，史稱北魏。

396 年，北魏奪取了後燕、夏的大部分領土，於 398 年遷都平城（今山西大同）。北魏接著滅北燕、北涼、西涼等國，到 449 年時，基本上統一了北方，鮮卑族就成了第二個統治中原的中國少數民族。（請參閱圖 24）

在東晉十六國裏，北魏的國祚最長。從 386 年到 534 年，一共存續 149 年，比東晉還要長。

北魏的另一位強君是孝文帝元宏（拓跋宏，467—499 年）。

元宏五歲繼位，由馮太后主政。484 年起，北魏實行了一系列的社會政治改革。如實行俸祿制（北魏舊制，百官無俸祿，唯靠掠奪及分配戰利品）、均田制、鄉黨三長制（五家立鄰長，五鄰立里長，五里立黨長）等。

孝文帝元宏為人純樸，孝字當頭。他年僅 4 歲時，父親獻文帝拓拔弘身患毒瘡，他親自為父吮吸膿瘡。他待人寬容，從不計較。手下呈食時，不小心將熱湯燙傷其手，他一笑置之。小德如此，大行更佳。493 年，孝文帝從平城遷都到洛陽，主要致力於改革鮮卑族的劣風陋俗，實行漢化政策。一直以來，北魏皇帝都有重用漢人的傳統。495 年，孝文帝下詔以漢語取代鮮卑語。詔令規定：「不得為北俗之語於朝廷，違者免所居官。」翌年正月，他又下令改鮮卑姓為漢姓，下詔曰：「北人謂土為拓，后為跋。魏之先出於黃帝，以土德王，故為拓跋氏。夫土者，黃中之色，萬物之元也，宜改姓元氏。」從此，他將自己的姓名拓跋宏改為元宏。

與此同時，他還下令尊孔子，立學校，重用漢人，禁穿鮮卑服。

這一系列的改革，史稱「孝文帝改革」。

「天知一半」點評

北魏之所以能夠統一北方，國祚較長，主要原因是北魏出了好幾個明君、強君，拓跋燾（即太武帝）就是其中的一個。他重用漢人士族官僚，以崔浩為重臣，又倚仗鮮卑騎兵的剽悍善戰，將北魏的武功推到最高峰，終於統一了北方。

小詞典

雲崗石窟位於今山西大同武周山，東西綿延 1 公里，現存洞窟 53 個。有栩栩如生、千姿百態的雕像 5.1 萬餘尊，最大的雕像高達 17 米。

龍門石窟位於今河南洛陽的龍門山和香山。其開鑿於北魏，完成於唐，歷時 400 餘年。現存石窟 1352 個，龕 785 個，雕像 9.7 萬餘尊，題記和跋 3680 種。近代因外國侵略者的偷盜和破壞，較小的佛像十之八九都失去了頭部。

孝文帝改革鞏固了北方的統一，促進了民族的融合，催化了社會的進步。

北魏王朝崇佛，由此她的一個偉大功績，就是留給我們著名的雲崗石窟、龍門石窟和敦煌千佛洞石窟等文物古跡。

534年5月，北魏的孝武帝元脩討伐權臣高歡失敗，被迫西逃長安。是年10月，高歡奉

雲崗石窟第20窟主佛

表請元脩回洛陽，元脩未予理會，高歡遂奉11歲的元善見在洛陽稱帝（後來遷都於鄴）。從此，北魏王朝分裂為西魏王朝和東魏王朝。（請參閱圖25）

（16）後涼（386—403年，氐族，今屬藏族）

前秦苻堅曾派氐族人呂光進軍西域。384年，呂光征服西域後東歸，行至中途得知苻堅淝水大敗、中土大亂的消息，就佔據涼州的姑臧（今甘肅武威）。386年時，呂光得知苻堅死訊，就在姑臧自稱涼州牧、三河王，史稱後涼。後涼初期頗盛，西秦曾一度成為其屬國。

397年起後涼漸衰，403年降於後秦，後涼亡。

（17）南涼（397—414年，鮮卑族，今屬蒙古族）

禿髮烏孤原是黃河西部的鮮卑族首領，一度歸附後涼任河西鮮卑大都統。397年，烏孤舉兵攻佔金城（今甘肅蘭州）等地，自稱大單于平西王。史稱南涼。

399年，南涼定都樂都（今青海樂都），後又遷至西平（今青海西寧）。402年，再遷回樂都。

406年，南涼從北涼手裏奪得姑臧，遂定都於此。（請參閱圖23）410年，南涼被北涼打敗，從此一蹶不振，414年滅於北涼之手。

（18）北涼（397—439年，匈奴族，今屬蒙古族）

397年，原來歸附呂光的河西匈奴族首領沮（jū）渠蒙遜起兵，擁戴後涼的建康太守（治所在今甘肅高台）段業為建康公、涼州牧，史稱北涼。401年，因段業疑忌沮渠蒙遜，並殺了其兄長沮渠男成，沮渠蒙遜遂殺掉段業，自稱「張掖公」，建都張掖。（今甘肅張掖，請參閱圖23）

410年，北涼打敗南涼，奪取姑臧，遂於412年遷都姑臧。420年，沮渠蒙遜又擊敗西涼，進佔酒泉。翌年攻佔敦煌滅西涼，疆域達到極盛，疆域面積約有180萬平方公里。（請對照參閱圖0和圖23）439年，北魏大軍圍攻姑臧，沮渠牧犍（沮渠蒙遜子，433年繼位）投降。沮渠無諱（沮渠蒙遜弟）率餘部西遷，立國於高昌。460年為柔然所滅。

（19）南燕（398—410年，鮮卑族，今屬蒙古族）

398年，後燕的大部分領土被北魏攻佔，

慕容垂之弟慕容德就從鄴退至滑台（今河南滑縣），自稱燕王，史稱南燕。翌年，南燕向東南擴展，佔據了今山東大部，遂定都廣固（今山東青州，請參閱圖23）。

409年時，東晉的劉裕北伐，410年攻佔廣固，南燕亡。

(20) 西涼（400—421年）

400年，北涼的段業仟李暠（hāo）為效穀令，不久李暠自稱「涼公」，建都敦煌（今甘肅敦煌），史稱西涼。

405年時，西涼遷都酒泉，最強盛時疆域一度約有150萬平方公里。（請參閱圖23）

417年，李暠死，傳子李歆。420年，李歆東伐北涼，兵敗被殺。421年，其弟李恂也被沮渠蒙遜攻滅，西涼亡。

(21) 譙蜀（405—413年）

404年到405年，東晉益州的兵變士兵殺了益州刺史毛璩（qú），擁立參軍譙縱為「成都王」，史稱譙蜀。（請參閱圖23）

譙蜀佔據了益州、梁州等地，但後來又成為後秦的藩屬國，譙縱被後秦的姚興封為蜀王。

413年，東晉的太尉中書監劉裕，命西陵太守朱齡石為益州刺史，率軍討伐譙蜀。譙縱不敵，自縊身亡，譙蜀亡。

(22) 夏（407—431年，匈奴族，今屬蒙古族）

407年，原為後秦將軍的匈奴族首領劉勃勃（後來改姓赫連），在大城（今內蒙古杭錦旗）起兵，自稱「大夏天王」，史稱夏。（請參閱圖23）

夏原來建都統萬（今陝西靖邊北邊的白城子），後又遷都高平（今寧夏固原）。418年，赫連勃勃攻進關中，南取東晉的長安（東晉417年滅後秦據長安）為南台（陪都）。426年，夏被北魏攻破，但仍有殘餘勢力在關中和隴東堅持對抗，直到431年才滅亡。

(23) 北燕（408—436年）

407年，後燕內訌，君王慕容熙（鮮卑族）的養子高雲（即慕容雲，本姓高，高句 [gōu]

麗人），被將軍馮跋等擁立，殺了慕容熙，自稱「天王」，史稱北燕。（請參閱圖23）

409年，高雲被部下離班、桃仁殺死，而離班、桃仁又被其他軍官所殺，共推將軍馮跋為天王。馮跋在位22年死去，其子馮翼繼位，又被其叔父馮弘所殺。馮弘在位的第六年，即436年，北燕被北魏滅亡。

(24) 高句麗（高麗）

404年，高句麗從前燕、後燕手中奪得遼東、玄菟兩郡。427年遷都平壤城（今朝鮮平壤東北）。從此，高句麗脫離中國，逐漸成為獨立的國家。

從296年仇池立「國」，到407年北燕的高雲稱王，所謂的「十六國」（實際23國）乍立乍滅，在中國的歷史長河中泛起朵朵漣漪。在這中國分治的一百多年裏，中國人自相殘殺成了家常便飯。這些統治者打打殺殺不夠過癮，繼續割據中國，歷史又進入了中國分治的南北朝時期。

第14章

南北朝

▶▶▶ 〔420—581 年〕

南北朝時期有 161 年（420—581 年）。南北朝的王朝也是乍立乍滅，不存於同一年代。其疆域（勢力範圍）加起來，總共在 500—660 萬平方公里之間。（請對照參閱圖 0 和圖 24—26）

第一節　南朝的禪位更替

所謂的「南朝」，是指基本上在東晉王朝的疆域上興衰更替的五個王朝。南朝有四個王朝（蕭梁除外）是通過「禪位」（被強迫的禪讓）更替的。南朝歷時約 170 年。581 年隋帝國建立，589 年滅了陳王朝，南朝結束。

（1）劉宋（429—479 年）

382 年時，東晉王朝的疆域比前秦還小。（請參閱圖 22）383 年淝水之戰後，東晉王朝曾一度「中興」，收復了不少失地。410 年東晉滅南燕，這是相國、宋王劉裕親率晉軍創下的功業；413 年東晉滅譙蜀，也是劉裕派青年將領朱齡石立的功勞；417 年滅後秦，又是他親率晉軍創下的功業。因此，宋王劉裕權傾東晉，一時無兩。

418 年 12 月，劉裕令中書侍郎王韶之謀殺了東晉的安帝司馬德宗，另立司馬德文為傀儡皇帝恭帝。

420 年 6 月，劉裕禪位稱帝，國號宋，史稱劉宋。（請參閱圖 24）

劉裕是漢高祖劉邦之弟楚元王劉交的第 21 世孫。劉裕長大後，劉家已成寒門，只能以販賣鞋子為生。可能因出身貧寒，劉裕掌權以至登基後，都十分注意選拔寒門庶族之才俊輔政，比較關心老百姓的困苦。可是劉裕即位後不到兩年，就於 422 年 5 月病逝，由其長子劉義符繼位，稱少帝。

少帝善騎射，懂音律，卻闇（ān）於政事，耽於淫逸。424 年 5 月，輔政大臣司空徐羨之等人密謀廢少帝，領兵衝入皇宮殺其侍衞，砍傷其手，廢其為營陽王，幽禁於吳（今江蘇蘇州）。6 月，徐羨之又派人到吳將其殺死。8 月，徐羨之、傅亮等人擁立劉裕的第三子劉義隆為文帝。

「天知一半」點評

劉裕當了「宋王」仍未過癮，極欲恭帝禪讓，但又難於啟齒，就宴請羣臣說：「我首唱大義，興復帝室，南征北伐，平定四海，功成業著，遂荷九錫。今年將衰暮，崇極如此，物忌盛滿，非可久安；今欲奉還爵位，歸老京師。」對他這番以退為進的「歸老辭」，羣臣大多莫名其妙，惟獨中書令傅亮知其心志，就勸恭帝「禪位」給劉裕，並代其擬好了詔書。恭帝迫不得已，只好禪位給劉裕。

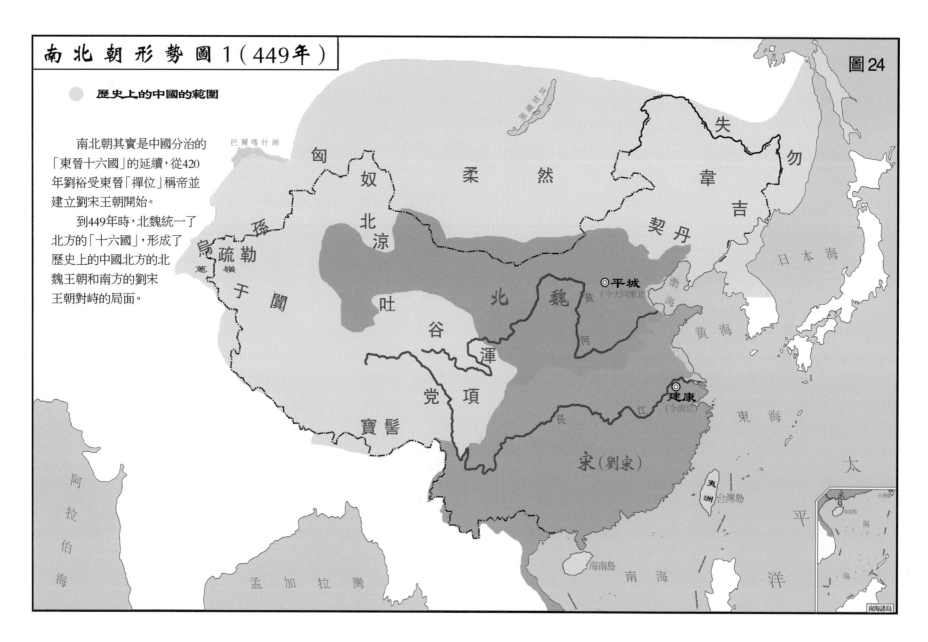

南北朝形勢圖 1（449年）

圖24

歷史上的中國的範圍

南北朝其實是中國分治的「東晉十六國」的延續，從420年劉裕受東晉「禪位」稱帝並建立劉宋王朝開始。

到449年時，北魏統一了北方的「十六國」，形成了歷史上的中國北方的北魏王朝和南方的劉宋王朝對峙的局面。

巴爾喀什湖

匈奴

柔然

失韋

勿吉

烏孫

疏勒

蔥嶺

于闐

北涼

契丹

吐谷渾

北魏

平城
（今大同東北）

黃河

日本海

渤海

黃海

党項

寶髻

江長

建康
（今南京）

東海

宋（劉宋）

夷洲
台灣島

南海

海南島

阿拉伯海

孟加拉灣

太平洋

南海諸島

430 年 3 月，文帝派右將軍到彥之伐北魏，先後收復了黃河沿岸之碻磝（qiāo áo，今山東茌[chī]平縣）等地。但好景不長，8 月被北魏大舉反攻，復地盡失。20 年後，文帝決心再次北伐，相繼攻佔碻磝、樂安（今山東廣饒）等地。450 年 10 月，北魏兵分五路大舉反攻，不但大敗劉宋軍，還一直打到長江北岸的瓜步（今江蘇六合），建康危在旦夕。不過，北魏軍此時也人困馬乏，糧草不繼，雙方遂議和。北魏饋送駱駝名馬給劉宋，劉宋則贈山珍海味以回報。

479 年 4 月，順帝劉準被迫禪位於權臣蕭道成，劉宋被南齊取代。

（2）南齊（479—502 年）

南齊的開國皇帝蕭道成（427—482 年），為人深沉穩重，喜怒不形於色。他博學多才，好下圍棋，尤擅書法，對草書和隸書頗有造詣，是中國歷史上著名的書法家。他即位後，有朝臣進諫：「戒前車之失，加之以寬厚，雖危可安；若循其覆轍，雖安必危矣。」因此，他革除劉宋王朝末期的暴政，朝野和百姓稍得安康。

482 年 3 月，蕭道成病死，由其長子蕭賾（zé，440—493 年）繼位。

蕭賾在位期間，整頓吏治，賞罰分明，兼之未與北魏發生過大戰爭，社會比較安寧，生產有所發展。但蕭賾在 493 年死後，繼位的五個皇帝不是昏君，就是庸帝。因此，南齊只延續了 23 年，就於 502 年 3 月禪位而亡。

（3）南梁（502—557 年）

南齊之末代皇帝蕭寶融禪位給相國梁王蕭衍（464—549 年），建立了梁王朝，史稱南梁。

本書第十章曾提過，漢元帝於公元前 46 年

小詞典

劉宋一共有八個皇帝。除劉裕和文帝以外，多是庸碌無能、荒淫無恥之輩。文帝被自己的親生兒子劉劭（太子）謀殺，開創了自秦帝國以來太子弒父皇的先例。第五個皇帝劉子業，更是一個亂倫無恥之徒。他強將已婚的姑母新蔡長公主劉英媚納入後宮為妃，令人不齒。「上梁不正下梁歪」，其姐山陰公主埋怨他：「妾與陛下，男女雖殊，俱託體先帝。陛下六宮萬數，而妾唯駙馬一人，事太不均。」子業遂為公主置「面首」三十人。

小詞典

蕭衍雖然姓蕭，和南齊的蕭道成卻並非同一血脈。據說，蕭衍是漢帝國的「開國相國」蕭何的第 25 世孫。蕭衍自幼好學，手不釋卷，心不離經，長於文學，精於音律，通於圍棋，擅於書法，是中國歷史上有名的書法家。他著有《通史》六百二十卷，《金策》三十卷，《孔子正言》、《孝經講疏》等書兩百餘卷。此外，蕭衍高壽 86 歲，在位 48 年，是中國歷史上少有的長壽皇帝。

時放棄海南島,讓當地人自治。538 年,蕭衍重新在海南島恢復治權,設置了珠崖郡,治所在崖州(一說是今海南臨高,一說是今瓊山,一說是今三亞,請參閱圖 25)。

蕭衍早年無子,過繼侄子蕭正德為子。後來有了親生兒子蕭統,就立蕭統為太子,引起蕭正德極端不滿。522 年,蕭正德叛逃到北魏。北魏對他並不重視,他不得已又逃歸南梁。蕭衍不計其過,恢復其臨賀王的王位。但蕭正德惡習不改,經常殺戮無辜,奪人妻妾,搶人子女,無惡不作。

548 年 11 月,蕭正德勾結叛亂的河南王侯景,自稱皇帝,任侯景為丞相。549 年 3 月,侯景廢掉蕭正德,並攻進建康皇宮將蕭衍軟禁。5 月,蕭衍憂憤成疾,死在皇宮的淨居殿。

蕭衍死後,太子蕭綱繼位(原太子蕭統於 531 年病死)。蕭綱繼位才兩年,就於 551 年 7 月被侯景逼迫「禪位」於豫章王蕭棟(原太子蕭統之孫),10 月又被侯景「醉殺」。11 月,蕭棟被廢,侯景自立為皇帝。但是侯景在南梁不得人心。552 年 4 月,侯景被部將殺死,這就是南梁後期的「侯景之亂」。

「侯景之亂」使南梁國力大衰,州郡大半被西魏、北齊(534 年北魏分為東魏、西魏;550年東魏又被北齊取代;557 年西魏被北周取代)所攻佔。552 年以後,南梁的疆域大為縮減。(請參閱圖 26、27)

555 年,攻克江陵(今湖北漢口)的西魏立蕭詧(chá,蕭衍之孫)為傀儡皇帝,史稱蕭梁。(請參閱圖 27)而北齊則立南梁的貞陽侯蕭淵明(蕭衍的侄子)為梁王,都想吞併江南的南梁王朝。

不過,平定「侯景之亂」的功臣、南梁的征虜將軍陳霸先另立蕭方智(蕭衍之孫)為南梁皇帝,獨攬了南梁的軍政大權。

557 年 10 月,被蕭方智封為陳王的陳霸先「霸足先登」,逼迫蕭方智禪位,南梁王朝滅亡。

(4) 蕭梁(555—587 年)

552 年侯景被殺後,南梁蕭衍的第七子蕭繹(508—555 年)於江陵稱帝,史稱梁元帝。翌年 5 月,其弟蕭紀也在成都稱帝。幾乎與此同時,他們的侄子蕭詧也在襄陽稱王。為了爭王奪利,兄弟子侄又骨肉相殘起來。先是蕭紀兵敗被殺。後來,蕭詧在西魏的支持下攻克江

南朝的皇帝多擅文墨,上為蕭繹繪《職貢圖》局部

陵，殺了蕭繹。555 年蕭詧於江陵稱帝，史稱蕭梁。（請參閱圖 26）不過，蕭梁一直稱臣於西魏和北周，實際是西魏和北周的附屬國。隋代北周後，蕭梁於 587 年被隋滅掉。

(5) 陳（557—589 年）

陳王朝的開國皇帝陳霸先（503—559 年），宣城郡長城（今浙江長興）人。陳霸先出身寒微，涉足官場後升至建康油庫吏，又被

「天知一半」點評

陳頊算是陳王朝稍有作為之君。573 年 3 月，他命鎮前將軍吳明徹統兵十萬伐北齊，所戰皆捷，收復了淮南淮北的不少失地，曾和北周（557 年北周代西魏）、北齊三足鼎立。

「虎父出犬子」，陳頊之子陳叔寶（即陳後主）就是一個典型。他不懂政治，闇於軍事，卻專於淫樂，精於奢侈，是中國歷史上亡國之君的一個典型。

吳興太守蕭映賞識。蕭映升廣州刺史，陳霸先隨之任高要（今廣東高要）郡守。因鎮壓農民起事有功，後又升為交州司馬、始興太守。548 年「侯景之亂」時再升為交州刺史。552 年 2 月，陳霸先率士卒三萬、舟船二千討伐侯景，3 月攻入建康，為平定「侯景之亂」立了大功。後來陳霸先又兩次反擊北齊軍入侵有功，遂升為鎮衛大將軍、相國，總攬南梁之軍政大權。

557 年 10 月，陳霸先被封為陳王，進而逼禪稱帝，創建了陳王朝。但其在位不到二年，就於 559 年 6 月病死。

陳霸先病死時，其長子陳昌尚在長安（於 554 年被西魏俘虜），無法繼位。羣臣遂擁立宣毅將軍陳茜（霸先之侄）為帝。

陳茜在位七年又於 566 年 4 月早逝，由其嫡長子陳伯宗繼位。

陳伯宗生性懦弱，無人君之器，在位二年就被驃騎大將軍、安成王陳頊（陳茜之弟）廢為臨海王。569 年正月，陳頊自立為帝，史稱陳宣帝。

其實，566 年 3 月陳茜病危時，就召見陳頊說：「吾欲遵太伯之事。」意欲讓天下給陳頊。陳頊拜伏痛哭，流涕固辭，才立陳伯宗為帝。

581 年隋代北周，建立了隋帝國。582 年陳頊死於建康，由嫡長子陳叔寶繼位。

588 年 10 月，隋文帝楊堅發兵大舉伐陳，589 年 1 月攻陷建康，陳亡。

第二節　北朝之興衰更替

所謂「北朝」，是指分治中國北方的北魏、東魏、西魏、北齊、北周等五個王朝。北魏在上一章已述，這裏不再贅言。

(1) 東魏（534—550 年）

534 年北魏的孝武帝元脩被丞相高歡逼逃長安，投靠關西大都督宇文泰。10 月，高歡在洛陽另立元善見為帝，史稱東魏。高歡認為洛陽太靠近西魏和南梁，不夠安全，遂遷都到鄴（今河北臨漳，請參閱圖 25）。

為了和西魏爭正統，東魏和西魏曾打過幾次大仗。

537 年 1 月，高歡派竇泰率軍，分兵三路進攻西魏，被西魏的宇文泰在潼關大敗，竇泰自殺。同年 9 月，高歡又以二十三萬大軍攻西魏，於沙苑（今陝西荔縣）被西魏軍打敗，損

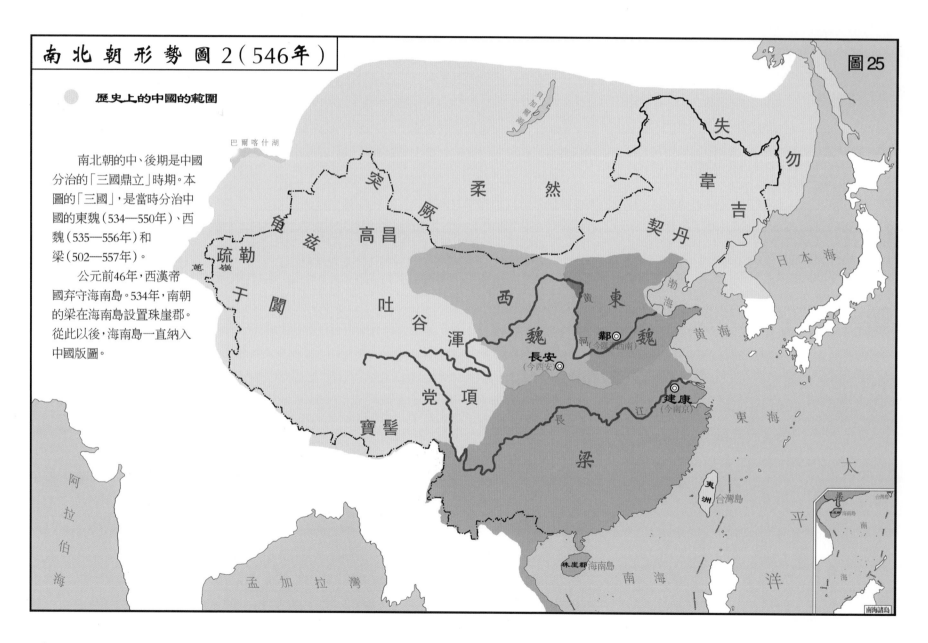

南北朝形勢圖2(546年)

圖25

● **歷史上的中國的範圍**

南北朝的中、後期是中國
分治的「三國鼎立」時期。本
圖的「三國」,是當時分治中
國的東魏(534—550年)、西
魏(535—556年)和
梁(502—557年)。

公元前46年,西漢帝
國弃守海南島。534年,南朝
的梁在海南島設置珠崖郡。
從此以後,海南島一直納入
中國版圖。

巴爾喀什湖

突厥

柔然

失

韋

吉

勿

龜茲

高昌

契丹

疏勒

蔥嶺

于闐

吐谷渾

西魏

東魏

黄河(今國都西南)

鄴◎

長安(今西安)◎

黨項

建康(今南京)◎

寶髻

長江

梁

日本海

渤海

黄海

東海

夷洲 台灣島

珠崖郡 海南島

南海

太平洋

阿拉伯海

孟加拉灣

南海諸島

莫高窟壁畫局部，反映的是東、西魏之間的戰爭

失了八萬人。

538 年 8 月，西魏東伐，在邙山（在今河南洛陽東北）被東魏打敗。

543 年 3 月，東西魏再戰於邙山，西魏又遭慘敗，宇文泰逃回長安。

546 年 9 月，高歡再率軍攻西魏，在玉壁（在今山西稷山南部）和西魏血戰 50 個晝夜，雙方戰死者逾十萬，不得已罷戰。次年 1 月高歡病死，其長子高澄嗣承其相位。

傀儡皇帝元善見不甘被高澄擺佈，就密謀殺高澄。沒想到圖謀不周而泄密，反被高澄軟禁在含章堂。549 年 8 月高澄死，550 年 5 月元善見被迫禪位於高澄的弟弟高洋，改國號為齊，史稱北齊。

（2）西魏（535—556 年）

534 年 7 月，北魏孝武帝元脩逃至長安，於 12 月被大丞相宇文泰毒死。535 年正月，元寶炬（元脩的堂兄）即位，史稱西魏。

當然，元寶炬僅是個傀儡，大權仍由宇文泰把持。

從 537 年到 546 年，西魏曾和東魏大戰數個回合，基本上勝負難分。

551 年元寶炬死，由其長子元欽繼位，大權仍在太師宇文泰手中。

553 年 3 月，太師宇文泰聽說南梁內訌，說：「取蜀制梁，在茲一舉。」就命大將軍尉遲迥伐梁。是年 8 月攻陷成都，翌年又攻陷江陵，佔據了原屬南梁的大片土地。

556 年 10 月，宇文泰死，其子宇文覺嗣太師位。是年 12 月，西魏的末代皇帝恭帝元廓（元寶炬第四子）被迫禪位於宇文覺，改國號周，西魏亡。

（3）北齊（550—577 年）

南北朝時期非常流行一種遊戲，就是「禪位」，北齊也是禪位的結果。

小詞典

高洋其貌不揚，卻智勇過人。其父高歡曾試諸子智力，命他們整理亂絲。高洋抽刀斬之，說「亂者須斬」。「快刀斬亂麻」之成語，可能典出於此。

高洋只活了 30 歲，所以沒有「帝王晚年綜合症」，卻患了「愚昧暴戾綜合症」。大臣崔遐（xiān）死，洋往吊祭，問遐之妻：「頗憶遐否？」遐妻答：「結髮義深，實懷追憶。」高洋居然親手殺掉遐妻，讓其赴黃泉探夫。對東魏的皇族元氏家族，高洋更大開殺戒，前後殺掉七百多人，均棄屍漳河，令漳河之魚腹往往有人的指甲。鄴人很久不敢吃魚。

北齊的開國皇帝高洋（529—559年），是東魏大丞相高歡次子。高洋即位後，勵精圖治，重用漢族知識分子楊愔（yīn），嚴懲貪污腐敗，使北齊初期實力強盛，威震四方。

551年到553年，高洋連年御駕親征，出擊柔然、突厥、契丹，屢獲勝利。554年4月，高洋親率騎兵二千，大敗柔然數萬人，俘虜三萬餘，伏屍二十里。

不過，在556年對南梁一戰中，高洋被南梁的陳霸先在建康擊敗。

高洋後期居功自傲，嗜酒縱淫，狂暴不羈。他喝醉酒時，喜歡用鋸子、銼刀肢解人體殺人。為了應付其殘暴癖慾，丞相楊愔不得不經常選送死囚到宮殿裏供其殺人取樂。

高洋嗜酒施暴成疾，終於在554年10月病死，由其長子高殷繼位。高殷性格懦弱，在位不到一年即被婁太后廢為濟南王，立婁太后之子高演（高洋之同胞兄弟，高歡之第六子）為帝。

高演也是個「短命三郎」，於561年11月病死，由其胞弟高湛（高歡第九子）繼位。

高湛在位時驕奢淫逸，役繁賦重，百姓苦不堪言。

侍中和士開邀寵於高湛，常謂高湛曰：「自古帝王，盡為灰土，堯舜、桀紂，竟復何異！陛下宜及少壯，極意為樂，縱橫行之。一日取快，可敵千年。」從此高湛更縱情酒色，不理朝政，並於565年4月傳位給九歲的太子高緯，自號「太上皇」。

高緯窮奢極慾，揮霍無度，府庫空虛，只好賣官鬻（yù）爵來維持。上下官員競相效仿，貪污腐敗橫行，社會黑暗，民不聊生。

北齊上下腐敗不堪，不亡才怪。576年10月，北周乘機大舉進攻，很快就攻下北齊的晉州、平陽。11月，北齊軍反攻，即將攻下平陽之際，高緯為了讓寵姬淑妃觀戰，竟然下令停止進攻。等淑妃裝點完畢，北周軍已加固防禦，平陽久攻不下。天下竟有如此昏君！

577年1月，北周軍兵臨鄴城之下，高緯只好逃至濟州（今山東茌平）和青州（今山東益都），終被北周軍俘獲，北齊亡。

（4）北周（557—581年）

557年1月，宇文覺的堂兄宇文護（時任大將軍、司空）逼西魏的恭帝禪位於宇文覺，宇文覺即天王位，國號周，史稱北周。可是，

宇文覺在位不到一年，就因不滿宇文護專權，於557年9月被宇文護逼迫遜位，並被廢為略陽公，不久就被殺，謚為孝閔皇帝。

宇文護又擁立宇文泰的長子宇文毓（yù）為天王，559年8月依秦漢制又稱為皇帝。宇文毓待人寬厚，聰明好學，深得人心。宇文護因此忌恨他。560年4月，宇文護密令膳部中

「天知一半」點評

宇文邕（543—578年）不負兄託，實為北周的一代明君。他於572年計殺宇文護，成為名符其實的北周皇帝。北朝時，各「國」佛道盛行，不事生產的和尚道士約佔各「國」人口的百分之十五。574年，宇文邕下令禁止佛道二教，命青壯年和尚、道士還俗從事生產，對發展生產力起了積極作用。他又多次衝破阻力，下令釋放奴婢為平民，並頒佈《刑書要制》，懲治貪污腐敗，使北周的社會比較安寧，生產得以發展，國力大為增強。

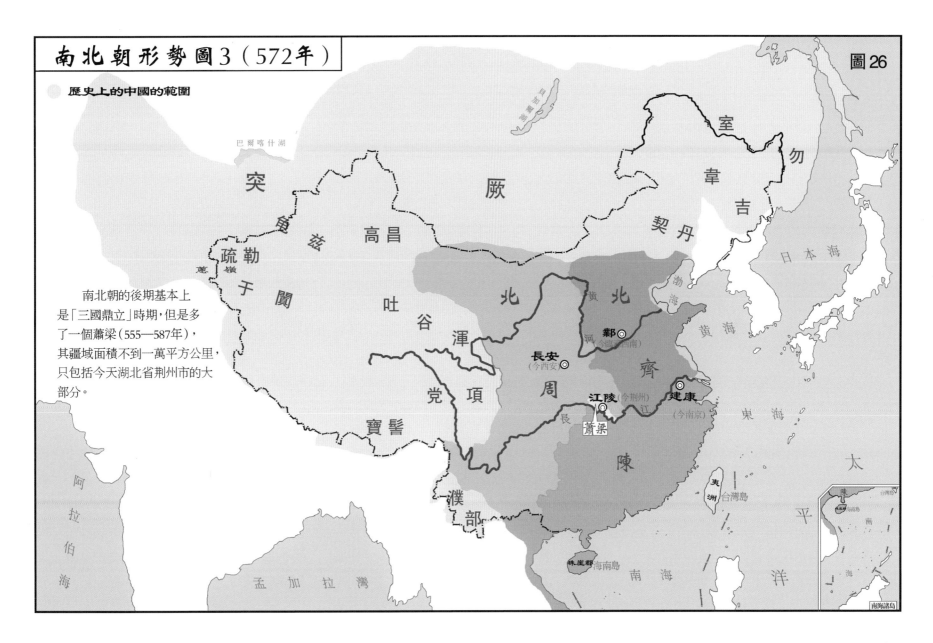

南北朝形勢圖3（572年）

圖26

● 歷史上的中國的範圍

南北朝的後期基本上是「三國鼎立」時期，但是多了一個蕭梁（555—587年），其疆域面積不到一萬平方公里，只包括今天湖北省荆州市的大部分。

巴爾喀什湖

突厥

疏勒

于闐

蔥嶺

高昌

吐谷渾

党項

寶髻

濮部

室韋

勿吉

契丹

北周

長安（今西安）◎

鄴（今臨漳西南）◎

黃河

北齊

江陵（今荆州）◎

蕭梁

建康（今南京）◎

長江

陳

珠崖郡

海南島

日本海

渤海

黃海

夷洲 台灣島

東海

南海

太平洋

阿拉伯海

孟加拉灣

南海諸島

大夫李安置毒於餅中送與宇文毓。宇文毓食後自覺中毒，乃口授遺詔曰：「朕兒年少，未堪當國。魯公（宇文邕），朕之介弟，寬仁大度，海內共聞，能弘我周家，必此子也。」

576 到 577 年，武帝宇文邕率軍攻滅北齊，統一了北方。（請參閱圖 26）

578 年 2 月，宇文邕又率軍在彭城打敗南陳軍隊，略取了陳之江北、淮南地，使北周疆域更為擴大，為後來隋帝國統一中國奠定了基礎。

578 年 6 月宇文邕死後，繼位的兩個皇帝皆庸碌之輩。

582 年 2 月，北周末代皇帝宇文闡（宇文邕之孫）被迫禪位於隨國公楊堅，北周亡。

第三節 「十六國」和南北朝時期的部族政權

晉帝國亡後，鄯善、于闐、疏勒、烏孫等西域部族政權重新復國，到前秦時又附屬於前秦。（請參閱圖 22、23）

北部之柔然，原是鮮卑族的別支，4 世紀初改稱柔然，其活動範圍多在今蒙古境內。（請參閱圖 22—27）402 年其首領社崙自稱可汗，建立部族政權。其和前秦、北魏等多次戰爭，又多次議和。6 世紀初柔然內訌，552 年被突厥酋長土門打敗，554 年又被北齊打敗，餘部於 555 年輾轉西遷，融於西域各民族中。

東北部的挹婁（商到西漢時稱肅慎，449 年後改稱勿吉）部族政權，以遊牧為主，其勢力範圍在今黑龍江下游一帶。挹婁在隋唐五代時改稱靺鞨（mò hē），遼宋金蒙時稱女真族，後又改稱滿族。另外的夫餘、失韋（室韋）等等部族政權，以遊牧為生，多居無定所，疆域變化無常，正史記載較少。

從 327 年開始，一直到隋帝國建立，吐谷渾部族縱橫馳騁在今甘肅等省（區）一帶。吐谷渾原是遼西鮮卑族首領慕容涉的庶子，前燕遼東公慕容廆的庶兄。吐谷渾的馬和慕容廆的馬打鬥，慕容廆的馬受傷，就責怪吐谷渾。吐谷渾一怒之下，就率所屬部族離開遼西，萬里

遷徙到抱罕（今甘肅臨夏）一帶，和羌族人雜居。其後人就以吐谷渾為部族名稱。

南北朝時，吐谷渾曾先後附屬於劉宋、南齊和北魏。北魏衰弱後，吐谷渾強盛起來。其首領夸呂在 540 年自稱可汗，建立起部族政權，定都伏俟（qī）城（故城在今甘肅海南的切吉。請參閱圖 26）。596 年，其可汗世伏曾娶隋帝國的光化公主，後於 609 年被隋帝國吞併。隋末吐谷渾又復興。唐帝國時，其可汗諾曷鉢也成了唐的駙馬，被唐封為青海王。663 年，吐谷渾被吐蕃攻滅，餘部漸與各民族融合。

南北朝末，遊牧民族突厥崛起。其北破柔然，西征西域，東伐室韋，擁兵百萬，勢力範圍南北五千里，東西萬餘里。（請參閱圖 27）

北周將亡時，周宣帝將姪女千金公主宇文芳許配給突厥可汗。不過，突厥可汗尚未迎娶，北周已被隋取代。隋文帝楊堅為了實現「北交南攻」的國策，就賜千金公主姓楊，派兵千人，護送她到突厥嫁與沙鉢略可汗。

583 年，千金公主為了報仇復周，說服

可汗出兵與隋大戰，卻被隋敗。後來，突厥分裂為東西二部。615年，隋煬帝視察邊防時被東突厥的始畢可汗圍在雁門。幸得可賀敦（可汗妻的稱號）義成公主（599年嫁與突厥的隋宗室女）說好話，才得以解圍，史稱「雁門事變」。唐帝國建國前，東突厥一直是北踞蒙古草原的強勢軍事集團。隋末的軍閥薛舉、劉武周、李軌、王世充，甚至唐高祖李淵，都先後向東突厥始畢可汗稱臣，以求得軍事援助。

唐帝國統一後，629年，唐太宗派李靖與張公謹領軍北進，歷時二年消滅了東突厥，其殘部淪為唐帝國的屬邦。659年，唐軍於雙河（今新疆博樂）斬西突厥汗真珠葉護，西突厥滅亡。（請參閱圖28、29）

第四節 三國至南北朝時期的諸子百家

從三國到南北朝末的360多年裏，中國大多處於分治狀態。此時期，政治昏暗，社會動亂，戰爭頻繁，殺伐不斷，民不聊生，人心苦悶，「玄學」和「清談」之風也就盛行起來。

「玄學」崇尚老莊，提倡「天地萬物皆以無為本」。另外，尚「玄學」者多憤世嫉俗，縱情詩酒，希望在虛無飄渺中求得解脫。代表人物早期有何晏、王弼和以嵇康、阮籍為首的「竹林七賢」等；晚期則有嚴植之、顧越等。

除了「玄學清談」者，其時也出了不少文豪大家。如以《三都賦》使「洛陽紙貴」成為典故的左思；以《桃花源記》聞名而使「桃花源」千古傳頌的陶潛；以《文心雕龍》奠定其文學評論大師地位的劉勰；以地理學巨著《水經注》中「朝發白帝，暮到江陵」而傾倒「詩仙」李白的酈道元等等。

書法，是中國國粹之一，是中國特有的用毛筆寫漢字的藝術。秦漢時，書法以篆隸為主。三國時的鍾繇創立楷書，開創了由隸入楷的新時代。兩晉南北朝時，書法家燦若羣星。東晉的王羲之集百家之長，隸、楷、行、草獨步千古，被後世譽為「書聖」。

中國畫，也是中國國粹之一。現存最早的中國畫，出自東晉的顧愷之。其碩果僅存的手跡《行獵圖》和《女史箴圖》，均藏於英國倫敦的大英博物館，距今已有1600多年的歷史。

兩晉南北朝是中國史學的豐收期。劉宋的范曄（yè）撰寫的《後漢書》；西晉的陳壽撰寫，劉宋的裴松之作注的《三國志》；沈約撰寫的《宋書》；南齊開國皇帝蕭道成之孫蕭子顯，在南梁時撰寫的《南齊書》；北齊的魏收撰寫的《魏書》，都被後世列入「廿五史」。

「天知一半」點評

「玄學清談」之風不僅在文人墨客中盛行，甚至在皇帝中也大有人在。「生命誠可貴，江山價更高」，可在南梁皇帝蕭繹看來，「若為老莊故，兩者皆可拋」。西魏兵臨城下了，他還召集羣臣講《老子》，後被西魏俘殺。

《竹林七賢圖》中的阮籍和嵇康

「廿五史」裏的《晉書》，是在兩晉南北朝的「十八家晉書」的基礎上，由唐代史家集體編修，唐太宗御撰寫序而成。「廿五史」裏的《梁書》、《陳書》，雖然是唐之魏徵和姚思廉所修，卻是在姚思廉之父姚察所撰「梁史」、「陳史」的基礎上修成的。「廿五史」裏的《北齊書》，是李百藥根據其父李德林（北齊、北周、隋時人）的「北齊史」修成的。還有《周書》，雖然出自唐代史家令狐德棻（fēn）之手，其實也是他集北朝的史書之大成而修成的。

中國古代偉大的數學家、天文學家、機械工程學家祖沖之（429—500 年），生長在劉宋和南齊王朝。他推算出了圓周率的數值，在 3.1415926 和 3.1415927 之間。祖沖之還推算出兩個分數值的圓周率：「約率」為 22/7，「密率」為 355/113。為了紀念這位偉大的中國古代數學家，後世稱圓周率為「祖率」。在歐洲，直到 16 世紀才由德國人奧托和荷蘭人安托尼茲求出了 355/113 這個比值，比祖沖之晚了一千多年。祖沖之在天文學和機械工程學上也有卓越貢獻，為此，國際天文學界將月球背面的一座環形山命名為「祖沖之環形山」，將小行星 1888 命名為「祖沖之小行星」。

南北朝時佛道盛行，伴之而起的雕塑、建築、工藝等藝術，在雲崗石窟、龍門石窟裏達到了極高的水平，上一章已有介紹，這裏不再贅言。

第 15 章

隋帝國

▶▶▶ 〔581—618 年〕

隋帝國的國祚只有 37 年（581—618 年），但是它結束了 264 年中國分治的混亂局面。其疆域極盛時約有 480 萬平方公里。（請對照參閱圖 0 和圖 27）

楊堅（541—604 年）是隋帝國的開國皇帝。他原是北周的隨國公，581 年禪位上台後，改國號為「隨」。又因「隨」字有偏旁「辶」（即走），不吉祥，因此去掉「走」而為「隋」。

一般來說，開國皇帝多是明君、強君，隋文帝楊堅也不例外。他在位 24 年，史稱「開皇之治」。他於 587 年 9 月滅了蕭梁，588 年 10 月發兵五十多萬攻陳。589 年滅陳，統一了全國。（請參閱圖 26 和 27）

建國後，楊堅精兵簡政，改革法制。當時，「民少官多，十羊九牧」，有些所謂的州，不足千戶；一些郡不足百室；一些縣只有三五戶百姓。583 年 11 月，楊堅撤消郡制，以州統縣，改州郡縣三級制為州縣兩級制。

嚴刑峻法，是歷朝歷代統治者的法寶之一。楊堅是個名符其實的明君。他首先廢除了梟首和車裂等酷刑。他又命尚書蘇威等制定刑罰時輕刑薄罰，並規定死囚要經過三次奏准方能行刑，儘量減少冤假錯案。

辦科舉制度來選拔人才，是楊堅首創的。

隋以前，不但皇位可以繼承，官爵位也可以嗣承。東漢末年曹操曾提倡「唯才是舉」，「不計門第」。曹丕時又創「九品中正制」，將士子論才定為「九品」，政府按品選用。但到了曹芳時，權臣司馬懿選取官吏又恢復家世為重。從此，「上品無寒門，下品無世族」，大官均由世族豪門壟斷。

楊堅於 587 年廢除了世族豪門壟斷的「九品中正制」，設置了通過考試來選拔官吏的科舉

隋文帝楊堅

「天知一半」點評

從歷史的眼光來看，科舉制度無疑是科學的、先進的。科舉制度從隋設立，到清末（1905 年）廢除，一千多年間為中國培養、選拔了大量人才，真是功莫大焉！

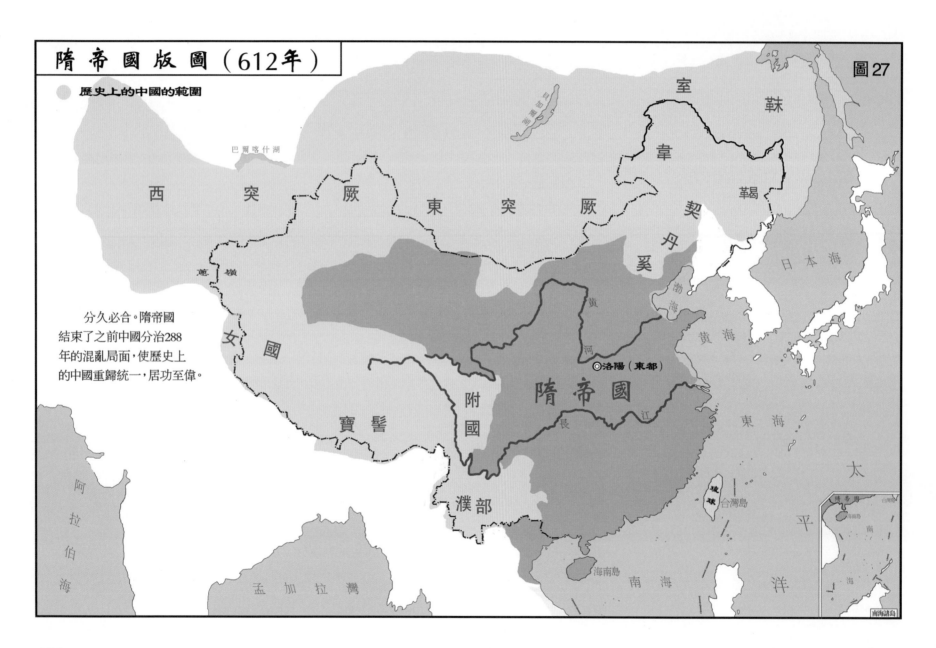

隋帝國版圖（612年）

圖27

歷史上的中國的範圍

分久必合。隋帝國結束了之前中國分治288年的混亂局面，使歷史上的中國重歸統一，居功至偉。

室韋

韃靼

契丹

奚

西突厥

東突厥

女國

蔥嶺

巴爾喀什湖

貝加爾湖

黃河

隋帝國

◎洛陽（東都）

長江

寶髻

附國

濮部

阿拉伯海

孟加拉灣

海南島

南海

琉球

台灣島

東海

黃海

渤海

日本海

太平洋

南海諸島

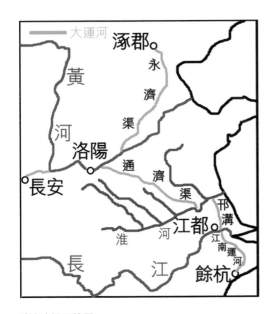

隋唐大運河簡圖

相愛，曾對羣臣説：「前世天子，溺於嬖倖，嫡庶分爭，遂有廢立，或至亡國；朕旁無姬侍，五子同母，可謂真兄弟也，豈有此憂邪！」

對待百姓，楊堅尚能察民情，體疾苦。他下令均田地，設義倉，輕徭薄賦，使隋初的經濟得到很大發展，人民生活也稍得安樂。

不過，楊堅晚年時喜怒無常，殺戮無度；功臣宿將，誅殺幾盡。他還喜聽讒言，屢受蒙蔽。他重用的大臣楊素，妓妾僕童上千，家私資財累萬，他懵然不知；他的次子楊廣（即隋煬帝），善於偽裝，長於晦略，卻被他認為「仁孝著聞，堪成朕志」，遂廢太子楊勇而立楊廣為太子。

604年7月，隋文帝病死（另有一説是被其子楊廣勾結楊素毒死），楊廣（569—618年）繼位成為隋煬帝。

隋煬帝楊廣在正史中是有名的昏君兼暴君。他即位後，好大喜功，肆無忌憚地窮奢極慾，濫用國力民力，將隋文帝在位時積累的巨大財富和穩定繁榮耗費一空，將一個好端端統一的國家推入紛亂和貧困之中。

不過，隋煬帝還是有一點功勞的。為了保證東都洛陽的糧食供應，為了保證軍事戰略的需要，同時為了他巡幸江南、遊山玩水的便捷

制度。這一制度為唐帝國沿襲並發揚光大，成為此後中國選官的主流制度，影響深遠。

楊堅常以「自古帝王未有好奢侈而能長久者」來警醒自己。因此，他以身作則，厲行節儉。吃飯非宴請時，通常只有一樣肉菜；衣服和乘輿御物，破損了修補後再用。他的三子楊俊當并州總管時，好奢侈，盛治宮室，被其罷免。太子楊勇奢侈好色，也被其廢掉。

楊堅早期幾乎無嬪妃。他和獨孤皇后相親

「天知一半」點評

楊堅是「氣管炎」（妻管嚴）的先驅。獨孤皇后的姐夫是北周皇帝周明帝，因此，當她14歲下嫁楊堅時，要求他終生不納妾，發誓「不和第二個女人生孩子」。當上皇后以後，她以鐵腕政策把後宮治理得有條不紊。有一次，楊堅不經她批准就臨幸宮女尉遲氏，她私下裏把尉遲氏殺死，楊堅也無可奈何。獨孤氏也是一個崇尚節儉、嚴於律己的皇后。她的表弟因強姦婦女被捕，楊堅本來想免其死罪，但她卻不徇私情，堅持處以死刑。因此，上下皆敬重她，把她和楊堅並稱為「二聖」。

和排場，605 年他下令開鑿了大運河。大運河又稱隋唐大運河，它和萬里長城並稱中國歷史上的兩大建築奇跡。它是迄今為止全世界最古老而又漫長的運河。中國的大江大河大都是東西走向的，因此，南北走向的大運河對南北經濟和文化交流起了重大作用。

毫無疑問，大運河是幾百萬勞動人民用智慧和血汗甚至生命開通的，主要功勞應該是他們的。但是，一提起大運河，人們免不了要聯想到隋煬帝。唐代詩人皮日休就曾作詩，形象生動而又恰如其分地評價了隋煬帝：

> 盡道隋亡為此河，
> 至今千里賴通波。
> 若無水殿龍舟事，
> 共禹論功不較多。

如果說大運河是隋煬帝的「政績工程」，他還有兩項「政績工程」是遺臭萬年的。

第一項是大興土木，建造宮苑。他在兩京及江都所建之宮苑，不但極盡豪華奇巧，還搜羅天下的奇花異木、珍禽怪獸來充實。從 605 年到 616 年，每月役使民伕 200 萬人次，錢帛數千萬，弄得民不聊生，國庫空虛，農民起事和疆吏割據此起彼伏，隋煬帝不得不於 616 年 12 月逃到江都（今江蘇揚州）避難。

第二項「政績工程」純係弄虛作假。610年元宵節，為了比肩漢武帝「通西域」之功，及顯耀隋帝國的偉大富裕，隋煬帝遍請西域等域外的酋長客商雲集洛陽，「於端門街盛陳百戲，執絲竹者萬八千人，聲聞數十里，自昏至旦，燈火光照天地，終月而罷，所費巨萬」。他還下令裝飾市容，人穿華服，店設幃帳，珍貨盈架，賣菜者要鋪上「龍鬚蓆」，路樹也披綢掛緞，顯得五彩繽紛、搖曳多姿。有酋長客商經過，酒店老闆必須熱情邀其進餐，「醉飽而散，不取分文」。有些客商酒醉飯飽後問道，中國也有貧窮而衣不蔽體者，為什麼不把這些漂亮的綢緞賜給他們，而要披掛在路樹上呢？「政績工程」也！

617 年 11 月，太原留守李淵舉兵並攻入長安，立隋煬帝之嫡長孫代王楊侑（yòu）為皇帝，遙尊逃到江都的隋煬帝為「太上皇」。

然而這個太上皇執迷不悟，在江都荒淫更甚，把朝政和百姓拋諸九天之外。618 年 3 月，駐江都的右屯衛將軍宇文化及發動兵變，擒隋煬帝於西閣，縊殺之。

618 年 4 月，隋煬帝的死訊傳到長安。5 月，傀儡皇帝楊侑被迫禪位給李淵，隋帝國滅亡。

隋帝國皇帝世系表

帝號	姓名	壽命	即位年份	在位時間
文帝	楊堅	64 歲	581 年	24 年
煬帝	楊廣	50 歲	604 年	15 年
恭帝	楊侑	15 歲	617 年	1 年

第 16 章

唐帝國

▶▶▶

〔618—907 年〕

唐帝國的國祚有 289 年（618—907 年），是中國歷史上最光輝燦爛的一頁。其疆域初期有 800 多萬平方公里，極盛時約有 1200 多萬平方公里。（請對照參閱圖 0 和圖 28、29）

第一節　開國皇帝李淵

李淵（566—635 年）是隋煬帝楊廣的姨表兄，其母獨孤氏是隋文帝獨孤皇后的堂姐。李淵的祖先來頭很大，按《新唐書·宗室世系表》說，李淵的始祖是顓頊，道家始祖老子李耳也是其祖先之一。西魏時，其祖父李虎官居左僕射（yè），後因佐北周宇文氏代魏有功，死後被追封為唐國公。其父李昞（bǐng）為北周的柱國大將軍，並襲封唐國公，和楊堅（即隋文帝）同為北周重臣。李淵七歲時襲封唐國公，長大後甚得姨父隋文帝的喜愛，先仟禁衛官，後又歷任淮、隴、岐三州的太守。

616 年，李淵被拜為太原留守。太原是隋帝國北部的軍事要地。為了防禦突厥，太原不但城堅池深，而且兵多將廣，糧草充足。太原還建有隋煬帝的北方行宮晉陽宮，因此，太原留守是封疆大吏，非同小可。

李淵次子李世民素來胸懷天下，他授意晉陽宮監裴寂說服了李淵，於 617 年 7 月在太原舉兵，11 月攻陷長安，立據守長安的代王楊侑為傀儡皇帝，尊逍遙江都的隋煬帝為「太上皇」。李淵以皇帝的名義任命自己為大都督，並由唐國公晉封為唐王，獨攬軍政大權。

618 年 3 月，隋煬帝於江都被殺，4 月其死訊傳至長安，5 月楊侑被迫禪位，李淵改國號為大唐，創建了唐帝國。

李淵即位後，改郡為州，廢除隋煬帝的嚴刑苛政，勸課農桑，推行均田制、租庸調法，繼續科舉制度，使唐帝國的政經文化漸入正軌。

但是，唐帝國雖然建立了，卻遠遠沒有實現「大一統」。當時，宇文化及縊殺了隋煬帝之後，立隋煬帝的侄子秦王楊浩為傀儡皇帝。後來又廢了楊浩並鴆（zhèn）殺之，自立為天子，國號「許」。

在原來隋帝國的東都洛陽，原為江都郡丞的王世充及元文都等聞知隋煬帝被殺，也擁立隋煬帝之孫越王楊侗為帝，繼承隋統。李淵稱帝後，619 年，王世充廢了楊侗，自己皇袍加身，改國號為「鄭」。

除了這兩個「皇帝」，在 617 年至 623 年稱王稱帝的人多如過江之鯽。小的不說，大的有瓦崗軍首領「魏王」李密，割據地在鞏（今河南鞏縣）一帶。隋末農民起事領袖竇建德於 619 年立「夏國」，定都樂壽（今河北獻縣）。金城富豪薛舉於 617 年自稱「西秦霸王」，建「西秦國」，定都金城（今甘肅蘭州）。隋末農民起事領袖李軌於 618 年冬自稱「河西大涼王」，定都涼州（今甘肅武威），佔據張掖等五郡之地。南朝蕭梁梁宣帝的曾孫蕭銑（xiǎn），於 618 年自稱「梁王」，定都江陵（今湖北荊州）。619 年，依附突厥的劉武周被封為「定楊可汗」，率軍攻佔太原、晉州、澮（huì）州等唐帝國的龍興之地。619 年，隋末農民起事領袖李子通率軍攻陷江都，自稱皇帝，取三國的

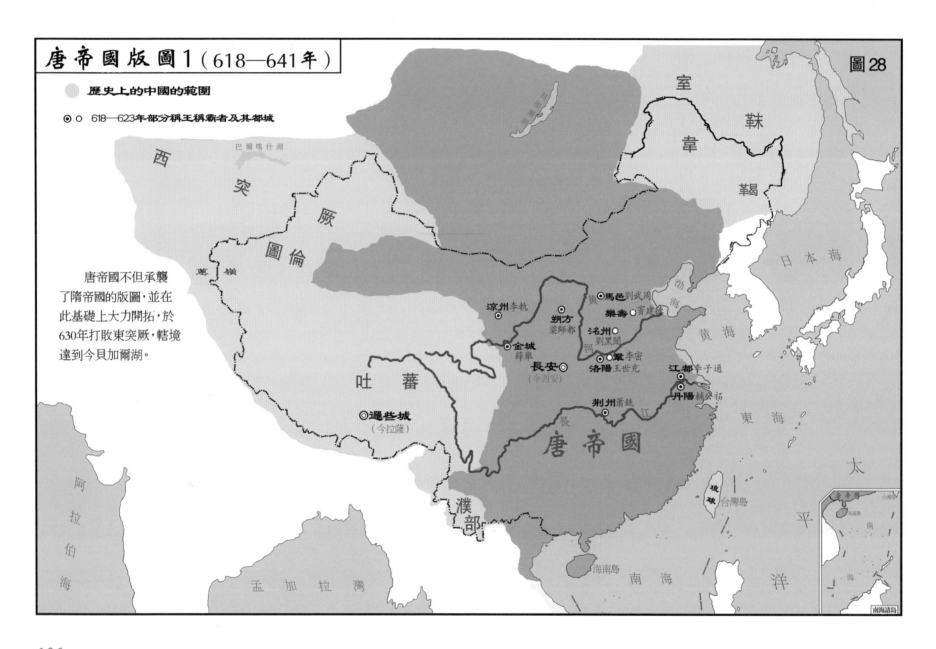

唐帝國版圖1（618—641年）

圖28

歷史上的中國的範圍

◎ ○ 618—623年部分稱王稱霸者及其都城

唐帝國不但承襲了隋帝國的版圖，並在此基礎上大力開拓，於630年打敗東突厥，轄境達到今貝加爾湖。

室韋

鞨韋

西突厥

巴爾喀什湖

圖倫

蔥嶺

吐蕃

阿拉伯海

孟加拉灣

濮部

◎邏些城
（今拉薩）

涼州李軌

朔方
梁師都

金城
薛舉

長安◎
（今西安）

黃

◎馬邑劉武周

樂壽◎竇建德

洺州○
劉黑闥

翟◎李密
洛陽王世充

河

荊州蕭銑

江

長

江都◎李子通

丹陽◎輔公祏

唐帝國

日本海

黃海

東海

渤海

琉球
台灣島

海南島

南海

太平洋

唐帝國

南海諸島

「吳」為國號，定都江都。622年，竇建德的部將劉黑闥（tà）自號「漢東王」，建立「漢國」，定都洺州（今河北永年）。623年，隋末農民起事領袖輔公祐（shī）建立「宋國」，定都丹陽（今江蘇南京）……（請參閱圖28）

其實，李淵創立的唐帝國，只是當時羣雄爭霸的「諸侯國」之一而已。

為了和羣雄逐鹿中原，李淵及次子李世民、太子李建成、四子李元吉（三子李玄霸早夭）及諸文臣武將，同心協力，上下一心，經過七年的統一戰爭，終於於624年完成了統一唐帝國的豐功偉業。

可惜的是，李淵沒能妥當處理皇位繼承問題，再加上其他原因，終於釀成了626年的「玄武門之變」。

第二節　玄武門之變

626年的「玄武門之變」，誕生了自秦始皇、漢武帝以後，又一位不世出的偉大皇帝，即唐太宗李世民。

長安是漢、隋、唐帝國的都城，皇宮在城北，以太極宮為主，上朝者到太極宮必經玄武

唐代長安宮城圖

門。守衛玄武門的是太子李建成節制的宮廷禁軍。但他萬萬沒有料到，弟弟秦王李世民已經買通了守衛玄武門的禁軍頭目常何。

太子李建成和秦王李世民是同胞兄弟，均為竇皇后所生。竇皇后的三子李玄霸早夭，四子是齊王李元吉。本來，李建成和李世民同氣連枝，手足情深。在奪取隋之江山和逐鹿中原時，兩人也有過精誠團結，通力合作。問題就出在江山一統後的權力分配上。按照正統的嫡長子繼承制，太子李建成是法定的皇位繼承人。但是，在打江山和統一江山的過程中，李世民功勳最大。李世民不但打出了絕世功勳，還「打」出了一支無堅不摧的軍隊，「打」出了

一批出類拔萃的文武人才，形成了一股強大的秦王勢力，引起太子李建成的猜疑和妒忌。於是，兄弟之間漸漸形同水火。

因為李世民的傑出才能和蓋世功勳，李淵曾想改立他為太子，封李建成為「蜀王」。但太子名份已定，嫡長世襲之制難違，歷史上廢長立幼造成惡果的前車之鑒比比皆是。遠的不說，隋帝國廢楊勇立楊廣之事還歷歷在目，李淵哪敢貿然行事？後來李世民的氣勢實在太大，加上「太子黨」的勸諫及諼謗，功高震主效應也在李淵身上產生。

李建成曾希望李世民尊重傳統，承認現實，放棄自成一體的勢力，聽命和服從於他。但李世民是個才高自信之人。他認為嫡長子繼承制並非唯一的繼承制，「平時立長，危時立功」的例子在中國歷史上屢見不鮮。加上他的屬下為了更大的功名利祿，也不遺餘力地勸諫他，「立功不立長」更合情合理，使他更加自信憑才能和功勳，太子之位非己莫屬。於是，兄弟鬩牆、骨肉相殘就不可避免了。

626年初夏，太子李建成在太子洗（xiǎn）馬魏徵等人的勸諫下，決定先下手為強。他們首先貶黜李世民最得力的助手房玄齡、杜如

晦，然後以征伐突厥為名，說服李淵派李元吉掛帥，徵調李世民的得力武將尉遲敬德、秦叔寶等人，企圖架空李世民並伺機殺之。

風聲走漏，事態緊急。李世民先於 6 月 3 日上書李淵控告太子李建成和李元吉，又於翌日清晨率領尉遲敬德、侯君集等武將，埋伏在玄武門。

李建成做夢也沒有想到李世民如此膽大妄為，更沒有想到玄武門的守將常何已被李世民收買，因此毫無防備，和李元吉一起像往日一樣上朝赴太極宮。進玄武門後，李建成察覺情況有異，想退回東宮，卻被李世民一箭射死，尉遲敬德也射殺了李元吉。東宮將士欲反擊，卻見尉遲敬德亮出李建成和李元吉的首級示眾，立馬樹倒猢猻散。

李淵驚聞此訊曰：「不圖今日復見此事！」但面對既成事實，無可奈何，三日後立李世民為太子。兩個月後，李淵自知多次得罪過太子，又意識到大勢已去，便下詔立李世民為皇帝，自己退居二線當「太上皇」，「玄武門之變」這齣經典皇宮悲劇，也落下了帷幕。

第三節　幾百年才出一個的皇帝唐太宗

唐太宗李世民（599—649 年）四歲時，父親李淵正在隋帝國的岐州（今陝西鳳翔）太守任上。一位對看相頗有研究的書生見到這稚童，脫口言道：「龍鳳之姿，天日之表，其年及冠（二十歲），必能濟世安民。」李淵採納其意，為這個次子取名「世民」。

李世民自幼聰明好學，理解力強，親和力好，性格勇敢果斷，沉着堅強，氣度非凡，不拘小節，時人莫不預測其前程遠大。果然，到了十幾歲時，他就能熟讀兵法，領兵打仗。據《舊唐書》記載，615 年 8 月，隋煬帝突遭「雁門之變」，當時還未滿 17 歲的李世民應募前往救援，獻多設疑兵之計給主帥雲定興，使突厥的始畢可汗誤以為大批隋軍殺到，遂解圍退兵。

617 年時，隋帝國天下大亂，胸懷大志的李世民為了逐鹿天下，暗地裏出錢養士，籠絡江湖好漢，團結了一大批能為他赴湯蹈火的文武人才。

太原晉陽宮宮監裴寂是李淵的知心朋友，兩人經常在一起把盞宴飲，下棋博弈。李世民探知裴寂嗜賭，就出錢令心腹和裴寂賭博，只許輸不許贏，讓裴寂贏得手軟。贏錢贏得心花怒放的裴寂是個老江湖，他心知肚明李世民心中的想法。後來，他也成了李世民的好朋友，答應為他說動李淵起兵打天下。

「天知一半」點評

　　這可能是史家對李世民的溢美記載。其實，解雁門之圍的原因，除了各路救兵的功勞之外，還得力於突厥可賀敦（可汗妻子的稱號）義成公主（隋帝國和親突厥的宗室女），她為隋煬帝說了很多好話，始畢可汗才撤軍而去。

617 年太原起兵後，李淵派李世民出兵西河（今山西汾陽）。只用九天，李世民就拿下了西河。李淵喜不自勝地說：「以此行兵，雖橫行天下可也。」遂封李世民為敦煌公，拜其為右領軍大都督，統領右三軍。

617 年 11 月，李世民和父兄一起攻陷長安，因屢建功勳被拜為尚書令、右武侯大將軍，翌年又晉封為秦王。

618 年 5 月，李淵於長安稱帝，建立了唐帝國，進入了統一戰爭的階段。此時的李世民，展示了超人的戰略智慧和傑出的戰術才幹。李淵作為皇帝，當然不宜親征，而太子李建成也要留京輔佐父皇處理朝政。統一全國、平定羣雄的重任，就責無旁貸地落到未滿 20 歲的李世民肩上。

是年 6 月，李世民被封為西討元帥，花了幾個月的時間，討平了「西秦霸王」薛舉及其子薛仁杲（gǎo）。

619 年 3 月，「定楊可汗」劉武周在突厥的支持下，攻陷了唐帝國的龍興之地。是年 11 月，李世民領軍渡過黃河，與劉武周的大將宋金剛相持於柏壁（今山西新絳）。李世民深知敵人過於深入，糧草必然不繼，就「堅壁挫銳」。宋金剛糧窮計盡，於 620 年 4 月北撤。李世民聞訊追之，一晝夜行軍二百里。追到介休（今山西介休）雀鼠谷時，一日八戰，大破宋軍，俘獲數萬人，徹底打敗了劉武周。

620 年 7 月，李世民又進軍洛陽，平定「鄭國皇帝」王世充。王世充自忖無力抵抗氣勢日盛的李世民，就請求「夏王」竇建德救援。本來，竇建德無意救援，但其謀士劉斌說：「唐、鄭、夏為鼎足之勢。鄭一旦被破，夏則有唇亡齒寒之虞。不如救鄭，與鄭裏外夾攻，以擊唐軍。若僅擊退唐軍，可保三分之勢。若破唐軍，則乘勢滅鄭。繼而挾夏、鄭二國之眾，長驅而進，直搗關中，可得天下。」竇建德聽從了這位「諸葛亮」的計策，親率十餘萬兵馬，號稱三十萬大軍前往救援。

李世民正確地分析了軍事態勢，採取「圍點打援，先竇後王」的戰略。

左：李世民像

右：工藝精湛的唐蓮瓣花鳥紋高足銀杯

622 年 3 月，李世民令李元吉、屈突通等領軍繼續圍攻洛陽，自己則率精騎兵 3500 人，進據戰略要地虎牢（屬今河南滎 [xíng] 陽），迎擊竇建德。幾次接戰，李世民均小勝竇軍，使竇軍膠着於虎牢一帶。不久，李世民探知竇軍企圖乘唐軍到河北岸牧馬之機，襲擊虎牢。李世民將計就計，故意留千餘匹馬在河渚放牧，引誘竇軍出擊，然後親率騎兵衝擊竇軍的統帥部。竇軍畢竟沒有經過大戰，被李軍衝得七零八落，驚慌失措，紛紛奪路逃命。李世民又命秦叔寶等部堵截分割竇軍，不但俘獲竇軍五萬餘人，還俘其主帥竇建德。

虎牢大捷後，王世充見大勢已去，只得開城投降。至此，「鄭」、「夏」被滅，「三分之勢」未成。從此，李世民雄據中原，唐帝國統一指日可待。

李世民的武功出類拔萃，文治更是前無古人。他不但善打天下，更善治天下。在他君臨天下的 23 年中，開創了漢帝國以後從未有過的、天下大治的局面，史稱「貞觀之治」（唐太宗的年號為貞觀）。

李世民親眼目睹隋帝國的速亡，深知「水可以載舟，亦可以覆舟」的歷史教訓。他深刻

地總結道，「君主依靠國家，國家則依靠人民。損害人民來奉養君主，猶如割肉來填飽肚子，肚子飽了而身體死了，君主富了而國家亡了。」因此，他十分重視濟世安民，實施順民心合民意的政經措施。

輕徭役，薄賦稅，是歷來明君建國安民的有效措施。唐太宗繼續推行並完善其父李淵行之有效的均田制、租庸調法和府兵制度，對發展生產、穩定社會、富國強兵起了積極作用。據《資治通鑒》和《通典》記載，630 年時，天下豐收，一斗米才需三四錢銀子；到 641 年時，糧價更降至每斗二錢銀子。另外，李世民還積極提倡廉潔儉樸之風，下詔罷免貢獻。他以身作則，放棄了君主慣常享受的人世間最高級的物質享受和精神享受。

刑罰律令，歷來是帝王對待百姓寬嚴的尺度。吏部尚書長孫無忌等將絞刑五十條改為斷右腳，李世民還認為慘無人道，改為勞役或流放。對於死刑，李世民慎之又慎，必令三覆五奏。

李世民以誠待人，無「狡兔死，走狗烹」之弊。他義釋降將尉遲敬德一事，贏得了千古美名。

在中國歷史上，如果評選最豁達大度、從諫如流的皇帝，第一名非唐太宗莫屬。

魏徵本來是太子李建成的心腹，曾屢次進諫李建成先下手為強，除掉李世民。「玄武門之變」後，李世民責問魏徵：「你為什麼離間我們兄弟？」魏徵答曰：「如果太子早聽臣言，必無今日之大禍！」李世民聞言不以為忤，反而欣賞魏徵的硬氣和直率，日後引為心腹重臣，更喻其為正己的「鏡子」。

魏徵的犯顏直諫是世間少有的。他事無大小，諫如針刺，行如磐石，不給李世民一點面子。有一次，唐太宗帶了一大羣近臣衛士去狩獵，正待出宮門時碰上魏徵。問明情況後，魏徵諫道：「眼下正值仲春，萬物萌生，禽獸哺幼，不宜狩獵，還請陛下返宮為好。」唐太宗興趣正濃，況且羣臣簇擁，便說道：「我堂堂天子，擁有天下，好不容易抽出點時間出去消遣，就算打些哺幼的禽獸又怎麼樣？」可是魏徵不肯妥協，堅決攔住唐太宗的馬頭。唐太宗左閃右避也繞不過他，不禁怒不可遏，但又無可奈何，最後只好回宮。

回宮後，唐太宗自言自語道：「我一定要殺掉這田舍翁（鄉下佬），以泄我心頭之恨！」在

一旁的長孫皇后嚇了一跳。她問明緣由後，走進內室換上禮服，莊重地出來叩拜唐太宗並說道：「恭祝陛下！」唐太宗一頭霧水，問道：「何事如此慎重？」長孫皇后一本正經地回答：「妾聞主明才有臣直。今天魏徵直，由此可見陛下明，因此恭祝陛下！」唐太宗聽了這種高明的勸諫後，怒氣全消。

魏徵死後，唐太宗不勝惋惜地對侍臣說：「以銅為鏡子，可以正衣冠；以歷史為鏡子，可以知興替；以人為鏡子，可以明得失。朕很珍視這三面鏡子，今魏徵已去，我失掉了一面寶貴的鏡子啊！」

唐太宗文治武功的過人之處，還表現在他對民族關係的處置上。他採納魏徵「偃武修文，中國既安，四夷自服」的意見，一心一意地使國家大治，國力增強。但是，在迫不得已的情況下，他也會啟動戰爭機器。在東突厥屢犯中原百姓，大肆虜掠人口，搶奪財物，又不聽勸阻的情況下，他於 629 年派兵平定了東突厥，並生擒了頡（xié）利可汗，使唐帝國的轄境達到瀚海（今俄羅斯貝加爾湖）以北。（請參閱圖 0 和圖 28）

當然，唐太宗還是「以和為貴，以戰輔和」。641 年，他將宗室女文成公主嫁給吐蕃的松贊干布，成為民族和睦的千古佳話。

唐太宗自稱老子李耳是其祖宗，因此尊奉道教為最高宗教，但他並不排斥佛教等其他宗教。唐代著名高僧玄奘從天竺（今印度）取經回來，於 645 年到達長安。他不但受到長安百姓萬人空巷的歡迎，還得到唐太宗的親切接見。後來，唐太宗指示宰相房玄齡，要他在人員物質上關照玄奘。玄奘譯成《瑜伽師地論》後，唐太宗又執筆親撰《大唐三藏聖教序》。

提起唐帝國，就不能不提唐詩。唐詩登峰造極，是我們中華文化的一朵特別鮮豔的奇葩，世所公認。唐詩的成就，與唐太宗的大力提倡也有很大關係。他本人就是一個詩人兼書家、史家。但是，他的詩書文章傳世不多，因為他曾下令屬下不得把他的詩文結集：「朕之辭令，有益於民者，史皆書之，足為不朽。若為無益，集之何用！」從唐太宗僅存的兩幅書法碑帖（局部）來看，「晉祠銘」雄渾蒼茫，「溫泉銘」健碩飄逸，真可謂書如其人也。

唐太宗晚年也犯了明君時暗的毛病。不過，他死前曾悔悟道：「吾居位以來不善多矣，錦繡珠玉不絕於前，宮室台榭屢有興作，犬馬鷹隼無遠不致，行遊四方，供頓煩勞，此皆吾

「天知一半」點評

其實，就算沒有長孫皇后的勸諫，唐太宗也未必會殺魏徵。因為他深知「兼聽則明，偏聽則暗」。他曾高度評價魏徵：「貞觀以來，盡心於我，進獻忠言，安國利民，犯顏直諫，糾我過失者，唯魏徵而已。」

小詞典

630 年，全國斷死刑者才 29 人。632 年終，李世民親自查閱死刑案件，下令全國已判死刑者 390 人回家，待來年秋天集中到長安就刑。翌年 9 月，無人督促，390 名死刑犯如期來到長安，竟無一人逃匿。李世民大喜過望，下令全部赦免。

唐太宗的書法「晉祠銘」和「溫泉銘」局部

唐三彩馬是絢爛的大唐文明留下的物證之一

之深過。」647 年 3 月，唐太宗得了痢疾，久治不愈。翌年，右衛率長史王玄策破天竺，向唐太宗引薦了一位印度「神醫」。唐太宗聰明一世，糊塗一時，服用了「神醫」的「長生不老丹」。649 年 5 月，唐太宗因病不治而逝，享年50 歲。

第四節　裙襦遮掩後的唐高宗

唐太宗在 626 年即位後，就立八歲的嫡長子李承乾為太子。可是太子長大後行為不檢，喜聲色，費奢靡，還有同性戀傾向。加上他有點跛足，走路一拐一拐的頗不美觀，令唐太宗漸感不快。

唐太宗的嫡次子魏王李泰，儀表堂堂，好學多才，酷肖其父，甚得父母歡心。因此，太子和魏王兩人漸生嫌隙，甚至欲將對方置於死地而後快。

逼於形勢，太子妄想搶班奪權，聯合唐太宗的庶弟漢王李元昌謀反，事發後太子被廢為庶人，李元昌畏罪自盡。李泰也因奪嫡行為太過外露，惹惱了唐太宗而被囚禁。

長孫皇后生有三個兒子。第三個嫡子叫李治（628—683 年），為人厚道，與世無爭。太子和魏王鷸蚌相爭，李治漁翁得利。在長孫無忌、房玄齡等重臣的支持下，李治於 643 年被立為太子，649 年接班，是為唐高宗。

提起唐高宗，人們最先想到的往往是他的厲害老婆武則天，但其實唐高宗也還是有所作為的。

651 年，被唐帝國封為瑤池（今哈薩克斯坦的巴爾喀什湖）都督的西突厥人阿史那賀魯

「天知一半」點評

史家認為，唐帝國的 21 位皇帝中，只有唐太宗、武則天、唐玄宗最偉大，唐高祖李淵、唐高宗李治都被列為「中庸之君」，其實並不公道。李淵是開國之君，功不可沒。唐高宗在民族事務、外交手段上也是頗有作為的。特別在唐帝國版圖的拓展上，唐高宗功高至偉。

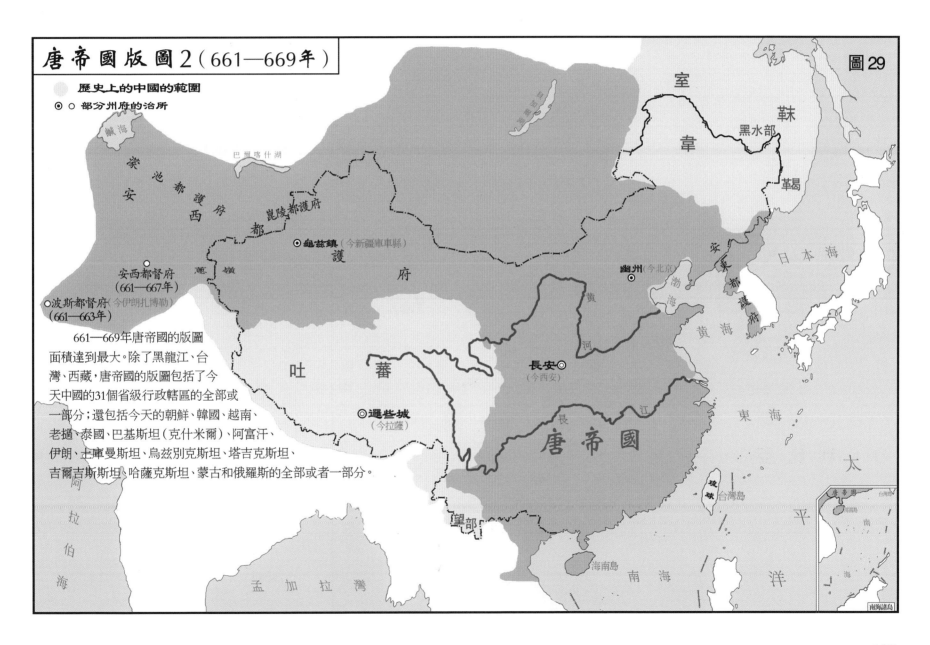

唐帝國版圖2（661—669年） 圖29

歷史上的中國的範圍
⊙ ○ 部分州府的治所

鹹海

巴爾喀什湖

蒙
安
西
都
護
府

池

昆陵都護府

龜茲鎮（今新疆庫車縣）

護

府

室
韋

黑水部

靺
鞨

日
本
海

安西都督府
（661—667年）

蔥嶺

安
東
都
護
府

波斯都督府（今伊朗扎博勒）
（661—663年）

幽州（今北京）

渤海

黃海

661—669年唐帝國的版圖
面積達到最大。除了黑龍江、台
灣、西藏，唐帝國的版圖包括了今
天中國的31個省級行政轄區的全部或
一部分；還包括今天的朝鮮、韓國、越南、
老撾、泰國、巴基斯坦（克什米爾）、阿富汗、
伊朗、土庫曼斯坦、烏茲別克斯坦、塔吉克斯坦、
吉爾吉斯斯坦、哈薩克斯坦、蒙古和俄羅斯的全部或者一部分。

吐　蕃

黃
河

長安◎
（今西安）

◎邏些城
（今拉薩）

唐帝國

長
江

東
海

阿
拉
伯
海

孟加拉灣

望部

琉球
台灣島

海南島

南　海

南海諸島

太

平

洋

造反，打敗了忠於唐帝國的西突厥乙毗（pī）射匱（guì）可汗，自封為沙鉢羅可汗。唐高宗數次發兵征戰，於 657 年生擒了沙鉢羅，平定了西突厥之亂，穩定了唐帝國的西部地區。從 657 年起，唐高宗在西部設崑陵、濛池都護府，並從 661 年起，設波斯都督府、月氏都督府等，使安西都護府得到擴大。668 年唐高宗派兵征服高麗，攻克平壤，並在平壤設置了安東都護府。661 年至 669 年時，中國的版圖比秦時擴展了三倍多（請對照參閱圖 12、29）：西達今伊朗的東部，北至今俄羅斯的勒拿河和葉尼塞河的南部流域。當時，唐帝國的西邊有大食國，即阿拉伯帝國。661 年前，大食國的版圖面積約有 550 萬平方公里。750 年其最強盛時，版圖擴展到鹹海之東，約有 900 多萬平方公里。751 年，大食軍隊曾在怛（dá）羅斯（今哈薩克斯坦江布爾）打敗唐帝國軍隊。但是，阿拉伯帝國從 756 年開始分裂，至 9 世紀末就從世界版圖上消失了。（請參閱圖 30）

當然，唐高宗開疆拓土的功勞也有武則天的份。唐高宗患有「風眩」症，從 660 年起每次上朝，皇后武則天都垂簾聽政。百官所奏之事，多由武則天決斷。各級官員上表奏事，都將他們並稱為「二聖」。

674 年時，武則天稱唐高宗為「天皇」，自稱為「天后」。至此，唐高宗為病所困，一切大權全都委付「天后」，並一度想將帝位讓給「天后」，因百官勸阻才作罷。683 年 12 月，唐高宗因病去世，享年 56 歲。

第五節　中國獨一無二的女皇武則天

武則天生於 624 年（比唐高宗大四歲）。其父曾為隋的軍官，後從李淵起兵，太宗時官

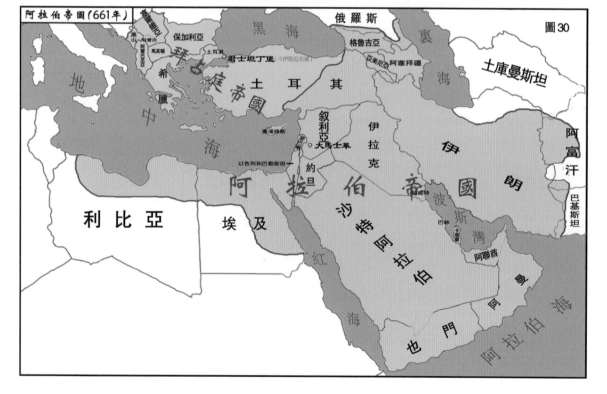

圖 30

阿拉伯帝國（661年）

武則天像

至工部尚書，封應國公。父亡後，作為庶出女的武則天跟着寡母楊氏，受盡嫡系兄弟姐妹的欺凌。這使她從小就萌生了要做人上人，不再受他人欺凌的強烈意願。十四歲時，唐太宗聽說她聰明美麗，就召入後宮做了「才人」。進宮以後，因長相嫵媚，被唐太宗賜號「武媚」。不過，儘管嫵媚，入宮十年，她始終沒有懷過孕，名份也始終是「才人」，未得升遷。幸運的是，有一次太子李治進宮侍候唐太宗，被她的媚眼征服，對她一見鍾情，兩人墜入了愛河。

按照內宮規矩，皇帝駕崩後，凡是沒有子女的後宮妃嬪，都要被送入寺廟，出家為尼。唐太宗死後，武媚娘也被送進感業寺為尼。對武媚娘魂牽夢縈的唐高宗上台不久，就迫不及待地接她進宮。正好當時王皇后和蕭淑妃爭寵，有點失寵的王皇后希望武媚娘幫她一把，給了武媚娘更多的邀寵於唐高宗的機會。頗有心計的武媚娘採取「各個擊破」的策略，最終令王皇后和蕭淑妃都被貶為庶人，自己成了皇后和天后。

武則天生了四個兒子：李弘、李賢、李顯、李旦。唐高宗曾立妃子劉氏所生的李忠為太子，後被武則天用李弘取代。但是太子李弘對武則天逆反，並同情蕭淑妃的女兒，招致武則天的極端不滿。657年5月，李弘猝死於合璧宮，時人皆認為是被武則天毒殺的。是年6月，改立李賢為太子。李賢也不滿武則天的所作所為，作《黃台瓜辭》諷諫母親：

種瓜黃台下，瓜熟子離離。一摘使瓜好，再摘使瓜稀，三摘猶為可，四摘抱蔓歸。

最終李賢也於679年被流放，後被迫自殺。唐高宗駕崩時，武則天的第三子李顯（656—710年）繼位（廟號唐中宗）。李顯軟弱無能，大權仍由皇太后武則天掌握。李顯即位後，想拜韋皇后之父韋玄貞為侍中，中書令裴炎反對，李顯大怒曰：「我把天下賜給韋玄貞都可以，何況一個侍中的職位？！」684年2月，武則天廢李顯為廬陵王，外放房州（今湖北房縣）。李顯問母親：「我有何罪？」武則天說：「你想把天下賜給韋玄貞，還說無罪？」之後，武則天立小兒子李旦（622—716年）為帝（廟號睿宗）。

說廢就廢，要立就立，全憑一個女人說了算，這在當時中國可謂大逆不道。於是，反對武則天的起事此起彼伏。先是大將徐勣（jì）之子徐敬業起兵揚州，後又有唐太宗庶子越王李貞在博州（今山東聊城）起兵，唐太宗之孫琅邪王李沖在豫州（今河南汝南）起兵。不過，這些起事很快就被武則天派兵剿平。

690年，武則天乾脆一腳踢開李旦（立為皇嗣，賜姓武氏），自號「大周聖神皇帝」，改國號唐為周。

武則天當政初期，設「銅匭（guǐ）」，獎勵告密，重用酷吏，朝廷百官陷於人人自危、朝不保夕的恐怖氛圍中。朝廷大亂，百官遭難。但是，混亂沒有禍及全國，整個社會基本上還是安寧的。

武則天以她獨特的政治手腕，對百官來了個「大洗牌」。在清除異己的同時，她慧眼識英才，擢用狄仁傑、姚崇、宋璟等正直而有才華的大臣，為「貞觀之治」及「開元之治」的盛世起了承上啟下的作用。652 年時，唐帝國約有 2000 萬人口，到武則天逝世的 705 年時，人口增至 3700 萬。人口劇增有很多原因，但生產發展、經濟良好、社會安寧是主要原因之一。

中國古代社會素來男尊女卑，歷代史家對武則天多持貶抑態度。他們大肆攻擊武則天的妖媚誤國，尤其對她「養面首」之事，不但萬炮齊轟，口誅筆伐，還極盡所能加以渲染。似乎男皇帝後宮上萬乃天經地義，女皇帝面首數十就十惡不赦。武則天頗有自知之明，她命人在她死後立了一塊無字碑，千秋功罪任由後人評說。

第六節　武則天的效仿者

唐中宗李顯被母親武則天貶為盧陵王，流放房州後，整天愁眉苦臉，提心吊膽。每次朝廷派使者來，他都以為是母親的「賜死令」到，惶惶不可終日，不時想一死了之。他的妻子韋氏頗有膽識，安慰他說：「禍福相倚，非人所料，豈可一死，不如等待時日。」從此兩夫妻患難與共，相濡以沫。

705 年初，趁年老多病的武則天衰弱之機，宰相張柬之等唐室老臣，組織羽林軍發動政變，逼迫武則天退位，讓唐中宗李顯復辟登上皇位。

歷史很會作弄人。李顯復辟為皇帝，其妻子韋氏也復位為皇后。有了位就有了權，有了權就有了慾。唐中宗庸碌無能，韋皇后就學習武則天，插手朝政，權勢日增。她準備做「武則天二世」就罷了，還出了個「武則天三世」——安樂公主。倚仗父母的寵愛，安樂公主賣官鬻爵，樹黨立私。她經常自製詔敕，然後遮住內容，要父皇簽署。唐中宗不以為忤，經常笑呵呵地「奉旨照辦」。後來，她更得寸進尺，要求唐中宗立她為「皇太女」。她說：「武則天能做天子，我貴為公主，為什麼不可以當皇太女？！」

一個想當女皇帝，一個想當皇太女，這母女倆權慾熏心，迫不及待。710 年 6 月，母女

酷吏來俊臣邀酷吏周興到府上喝酒聊天，突然接到武則天的密旨。來俊臣看完密旨後，問周興道：「最近審問犯人，大多不肯招供，你看怎麼辦？」周興答道：「這還不容易！拿一個大甕（wèng）放在火炭上烤，把犯人放進大甕裏，還怕他不招？」來俊臣立馬叫人如法炮製，然後對周興說：「皇上有旨，說有人告發你謀反。如果你不老實招供，就請君入甕吧！」周興魂飛魄散，只好「如實招供」。從此，「請君入甕」成了典故。

倆合謀毒死唐中宗，然後假造遺詔，立唐中宗的幼子李重茂（韋皇后無子）為少帝，由韋皇后臨朝稱制。

按照計劃，下一步她們會設法弄死李重茂，跟着誅殺曾做過皇帝的李旦，然後韋皇后登基當「武則天二世」。沒想到螳螂捕蟬，黃雀在後，韋皇后的女皇夢還沒醒，李旦的兒子李隆基就率領聽命於他的羽林軍發動軍事政變，處死了韋皇后和安樂公主。

李隆基政變成功後，想抬其父李旦出來取代少帝李重茂，又怕天下非議。他不敢出面說也不敢出面做的事，由其姑媽太平公主（李旦的胞妹）做了。

有一天上朝，太平公主當着百官的面，逕自走上皇位，把少帝李重茂半拖半扶地拉起來，說：「天下人心已歸相王（李旦），此座不

是你孩兒坐的！」

唐睿宗李旦重登皇位，太平公主立了大功。唐睿宗即位後，太平公主經常為他出謀劃策，他幾乎都言聽計從。久而久之，太平公主勢力日盛。除了她的三個兒子被封王外，當時的七個宰相，有五個都出自她的門下。左羽林大將軍常元楷、右羽林軍李慈等將領經常向太平公主獻殷勤，地方官吏也爭先恐後地靠攏她。太平公主也頗具野心，大有以其母為榜樣的架勢。

太平公主知道李隆基才華出眾，人望日隆，就千方百計地貶黜他。她以李隆基不是嫡長子為由，極力反對立其為太子。唐睿宗出於自己的政治利益，也贊同太平公主的意見，欲立性格溫和的嫡長子李成器為太子。然而李成器不想捲入險惡的鬥爭漩渦中。他以「平時立嫡，危時立功」的古訓為由，聲淚俱下地向父皇陳情，請求立弟弟李隆基為太子。在元老宰相姚崇、宋璟的支持下，最後唐睿宗立了李隆基為太子。

從此，「太子黨」和「公主黨」又勾心鬥角起來。712 年 7 月，心力交瘁的唐睿宗，不想再當煩心的皇帝，就不顧太平公主及其黨羽的

強烈反對，宣佈退位為「太上皇」，由李隆基繼位為皇帝，是為唐玄宗。

713 年，心有不甘的太平公主收買宮女雲兒，在御膳中下毒，想毒死唐玄宗。此事失敗，她又孤注一擲，與其黨羽密謀發動政變。不想唐玄宗先下手為強，將「公主黨」殺了個一乾二淨，太平公主也被賜一條白綾自盡。

第七節 唐玄宗和開元盛世

唐玄宗李隆基（685—762 年）少年時就一表人才，聰明好學。他不但通詩賦，喜書法，而且知音律，善騎射，吹得一手好笛子，練得一身好功夫。甚至在天文學方面，他也有所長。武則天在位時，對這個孫兒十分寵愛。

唐玄宗即位初期，勵精圖治，革新政治，表現出卓越的政治才能和革新精神。他想重用姚崇和宋璟為宰相，姚崇卻向他提出了十大條件：一廢苛法而行德政，二是數十年不求邊功，三不准宦官干政，四罷免一切非正途而仕之官，五對寵臣嚴格法紀，六杜絕賄賂，七停造寺廟宮殿，八君主待臣以禮，九納諫如流，十不許外戚干政。唐玄宗不但全部應允，並且

「天知一半」點評

本是一家，天倫無數。妻弒親夫，女害生父。皆因權慾，道德千古。嗚呼哀哉，哀哉嗚呼！

身體力行。

716 年時，有人向他告發縣令濫竽充數，他就召見京畿地區的縣令，考問他們治民的方式方法。結果只有一人及格，20 多人被改授其他官職，45 人被遣送回鄉。負有責任的吏部侍郎盧從願和李朝隱，不得不引咎辭職。

當然，明君時暗也在唐玄宗身上有所反映，比如在 716 年，他派宦官到江南搜求捕捉珍禽異鳥，供他玩賞。汴州刺史倪若水知情後上書力諫，陳述弊害。唐玄宗倒也有乃祖唐太宗納諫如流的風範，他立即下令將所有禽鳥放生，停止在江南的捕鳥行動。隨後他又親筆手敕謝若水，並賜錦帛數十段。

唐玄宗納諫如流，知錯能改，時刻保持清醒的頭腦。他常以唐太宗為榜樣，以明君的標準來要求自己。有一次，皇后的妹夫長孫昕（xīn）無故毆打御史大夫李傑。唐玄宗大義滅親，下令處死長孫昕，以儆效尤。他還親自寫信慰撫李傑說：「昕乃朕之親戚，卻沒有嚴加訓導，致使他冒犯了你。雖然處以極刑，還不足以謝罪，望能見諒。」

唐玄宗勤政愛民，致力於興修水利，發展農業生產，促進社會經濟，使當時以農為本的唐帝國擁有耕地六億八千萬畝，人均擁有耕地約十四畝（據國土資源部在 2000 年統計，現今中國人均擁有耕地才 1.51 畝）。

唐玄宗治下的唐帝國繁榮昌盛，富足安康。當時，全國物價低廉，人民生活豐裕，違法犯罪大減。730 年時，全國犯死罪者僅 24 人。到 740 年時，全國人口又增加到 4814 萬。在唐玄宗治下的數十年裏，唐帝國的盛世達到了頂峰，史稱「開元之治」。

「詩聖」杜甫曾寫過一首詩《憶昔》，對「開元之治」作了生動的描寫：

憶昔開元全盛日，小邑猶藏萬家室。
稻米流脂粟米白，公私倉廩俱豐實。
九州道路無豺虎，遠行不勞吉日出。
齊紈魯縞車班班，男耕女織不相失。

但是，這首詩還遠遠沒有說盡開元之盛。開元之盛還表現在文化、藝術、天文、科技、工藝製造等各個領域上面（第九節詳述）。

遺憾的是，唐帝國由盛而衰，也是由唐玄宗肇端的。

從 736 年張九齡被罷相起，唐開始由盛轉衰（當然，只是開始轉衰而已，實際國勢仍盛）。740 年，55 歲的唐玄宗聽人說，皇子壽王李瑁的妃子楊玉環妖豔絕倫，美麗無雙，而且懂音律，能歌善舞。唐玄宗居然冒天下之大不韙，將兒媳楊玉環弄進後宮，做了自己的情人。745 年，他又將左衛中郎將韋昭訓的女

唐人畫作中典型的唐朝仕女

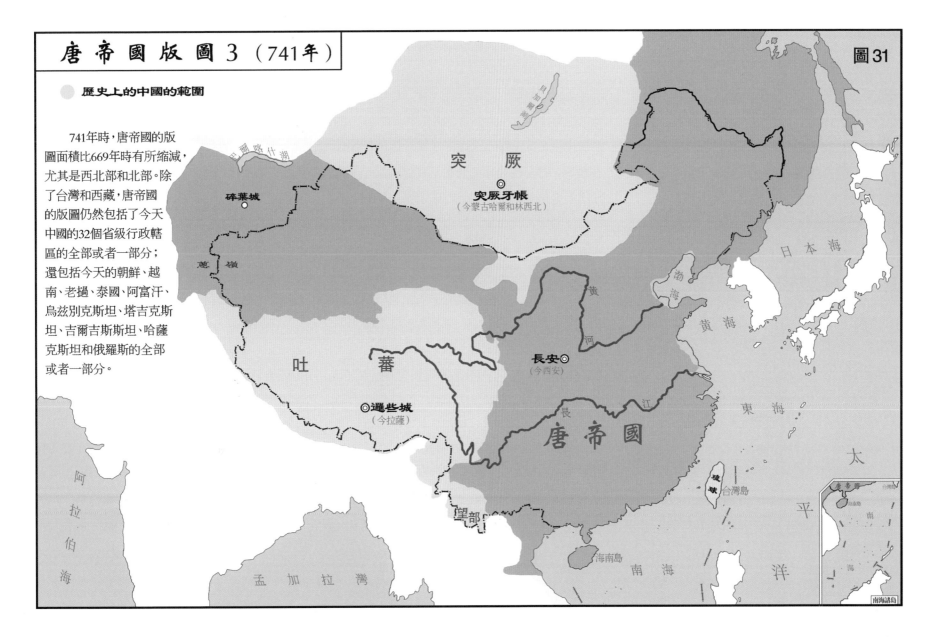

唐帝國版圖3（741年）

圖31

● 歷史上的中國的範圍

741年時，唐帝國的版圖面積比669年時有所縮減，尤其是西北部和北部。除了台灣和西藏，唐帝國的版圖仍然包括了今天中國的32個省級行政轄區的全部或者一部分；還包括今天的朝鮮、越南、老撾、泰國、阿富汗、烏茲別克斯坦、塔吉克斯坦、吉爾吉斯斯坦、哈薩克斯坦和俄羅斯的全部或者一部分。

巴爾喀什湖

突　厥

突厥牙帳
（今蒙古哈爾和林西北）

碎葉城

日本海

蔥嶺

黃河

渤海

黃海

長安◎
（今西安）

吐　蕃

◎邏些城
（今拉薩）

唐帝國

日本

長江

東海

阿拉伯海

孟加拉灣

望部

海南島

南海

太平洋

琉球 台灣島

南海諸島

兒冊封為李瑁的王妃，正式冊封楊玉環為楊貴妃。從此，他整日深居宮中，沉迷聲色，委政於李林甫。

此時的唐帝國，已經開始今非昔比。唐帝國 741 年時的版圖，比唐高宗時縮減了很多，大約只有 1000 萬平方公里。（請對照參閱圖 29 和圖 31）

755 年，各種矛盾日益尖銳激化，終於爆發了「安史之亂」。「安史之亂」長達 8 年，全國因戰亂而死者 700 多萬。且此亂遺患無盡，使唐帝國從此一蹶不振，真正邁上了盛極而衰的路途。

762 年 4 月，「成也玄宗，敗也玄宗」的李隆基因病去世，享年 78 歲。

第八節　困窘不堪的晚唐局勢

唐玄宗之後的 14 個皇帝，多是平庸之輩。就算有個把皇帝稍有作為，也是虎頭蛇尾，前功後敗。

「安史之亂」的平息，各地藩鎮出力頗多。這使唐王室更加倚仗地方節度使，而中央的軟弱，也給了藩鎮坐大之機。唐玄宗時設立了 10 個節度使，到 806 年增到 49 個。節度使的權力很大，轄區內的官吏任免、賦稅收支、軍事行動等都由他說了算。且節度使世代相傳，朝廷不能過問。於是節度使相互攻伐，甚至舉兵謀反之禍不斷出現，藩鎮割據之勢遂成。

783 年，淮寧節度使李希烈自稱天下都元帥，起兵謀反，唐德宗李适（kuò）被迫逃亡到奉天（今陝西乾縣）。未幾，隴西節度使朱泚（cǐ）也起兵謀反，佔據長安，並圍攻奉天一個月。後來援兵殺至，唐德宗才得以解圍。

806 年到 815 年，先後有西川節度使劉辟、鎮海節度使李錡（qí）、成德節度使王承宗、淄青節度使李師道等謀反。唐憲宗李純花了九牛二虎之力，才平息叛亂，但藩鎮割據的根源未能剷除，割據一直在延續。（請參閱圖 33）

藩鎮割據未已，邊疆戰火又燃，農民起事更熾。

763 年，吐蕃政權乘唐衰弱之機，盡取隴右道、河隴間諸州及關內府州。是年冬，吐蕃攻佔了唐都長安，半個月後才撤離。此後十餘年，吐蕃又掠去河西之涼、甘等州。790 年，吐蕃攻陷安西都護府諸州，到 820 年，唐的西部疆域全在吐蕃控制範圍內。（請對照參閱圖 31、32）除了吐蕃，邊疆政權還有南詔、渤海、靺鞨、回鶻等等。（請參閱圖 32）

859 年，裘甫在浙東起事，868 年又有龐勛起事。874 年王仙芝、黃巢起事更加動搖了唐帝國的根基。（請參閱圖 33）878 年王仙芝戰死後，黃巢領導的農民軍迂迴戰鬥於大半個唐帝國。880 年黃巢攻佔長安，於 12 月 13 日稱帝，宣佈國號為大齊。882 年，唐軍收買了黃巢的部將朱溫，又「借」得沙陀兵「黑衣軍」，逼迫黃巢撤出了長安。884 年，黃巢兵敗逃到狼虎谷（在今山東萊蕪東南），因大勢已去而自殺（另有一說被部下叛變者殺害）。

883 年，降唐的黃巢部將朱溫被封為宣武節度使，902 年又被晉封梁王。907 年 4 月，朱溫逼迫 15 歲的末代皇帝李柷（zhù）禪位，唐帝國滅亡。

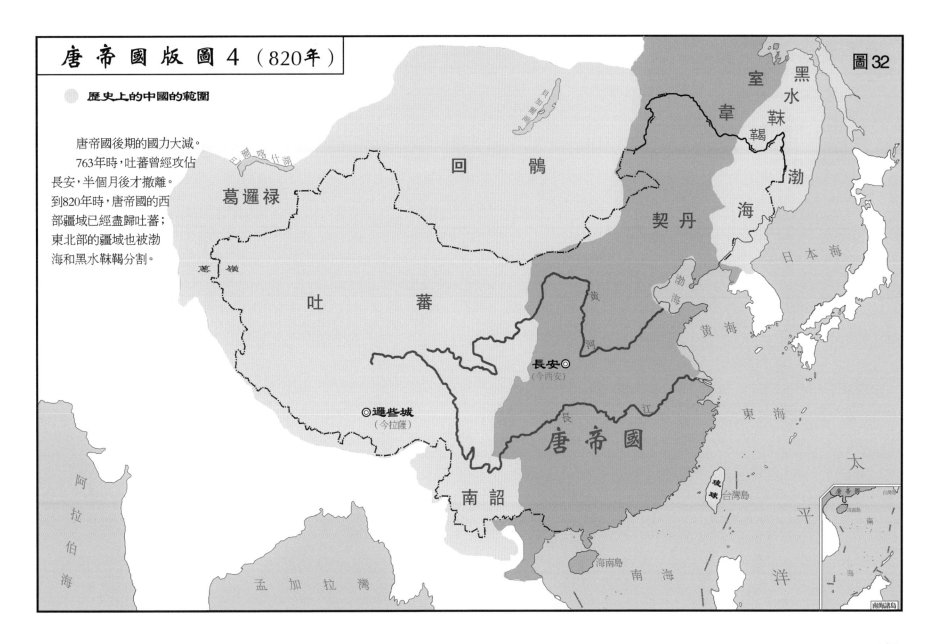

唐帝國版圖4（820年）

圖32

歷史上的中國的範圍

　　唐帝國後期的國力大減。
　　763年時，吐蕃曾經攻佔
長安，半個月後才撤離。
到820年時，唐帝國的西
部疆域已經盡歸吐蕃；
東北部的疆域也被渤
海和黑水靺鞨分割。

巴爾喀什湖

回　鶻

葛邏禄

室　韋

黑水靺鞨

渤海

契丹

日本海

蔥嶺

吐　蕃

渤海

黃海

黃河

長安◎
（今西安）

◎邏些城
（今拉薩）

長江

東海

唐帝國

阿拉伯海

南詔

琉球台灣島

太平洋

海南島

南海

孟加拉灣

唐帝國

南海諸島

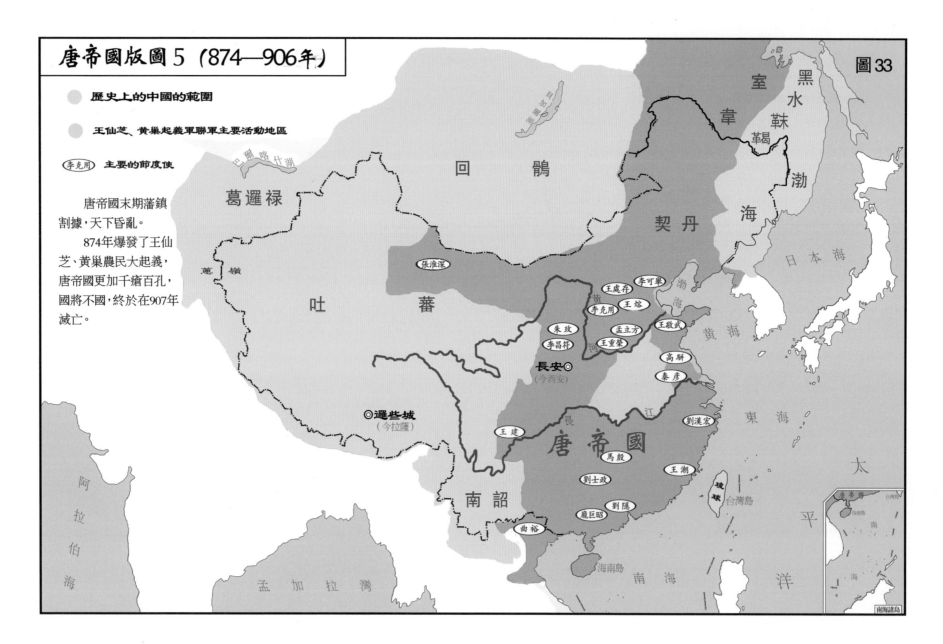

唐帝國版圖5 (874—906年)

圖33

歷史上的中國的範圍

王仙芝、黃巢起義軍聯軍主要活動地區

李克用 主要的節度使

　　唐帝國末期藩鎮割據，天下昏亂。

　　874年爆發了王仙芝、黃巢農民大起義，唐帝國更加千瘡百孔，國將不國，終於在907年滅亡。

黑水
靺鞨
室韋
渤海
回鶻
契丹
葛邏祿
吐蕃
日本海
張淮深
黃河
王處存
李可舉
李克用
王鎔
朱玫
孟立方
王敬武
李昌符
王重榮
高駢
長安◎
(今西安)
秦彥
渤海
黃海
◎邏些城
(今拉薩)
劉漢宏
王建
唐帝國
長江
東海
馬殷
王潮
琉球
台灣島
劉士政
阿拉伯海
龐巨昭
劉隱
南詔
曲裕
太平洋
海南島
南海
孟加拉灣
南海諸島

第九節　唐帝國的諸子百家

唐詩，是中國稱著於世的文化奇葩。唐時，大詩人燦若星雲：唐初有「初唐四傑」盧照鄰、駱賓王、王勃、楊炯；「盛唐」時有「詩仙」李白、「詩聖」杜甫、賀知章、王之煥、王昌齡、王維等；中唐時有白居易、劉禹錫、元稹等；晚唐時有杜牧、溫庭筠、李商隱等。這些詩人無一不是才華橫溢，其作品千百年傳誦不息。

除了唐詩，中唐時還興起「古文運動」（其實是新文學運動）。早在初唐，就有先驅者陳子昂等人倡導。其中最有成就者當數韓愈和柳宗元。他們提倡「文以載道」，寫下了許多彪炳千秋的好文章。

有人說，詩書畫是一家。現代人練習書法，大都是先學楷書，臨摹「顏體」或者「柳體」。「顏體」者，顏真卿之字體也；「柳體者」，柳公權之字體也。前者端莊沉穩，雍容大度，後者剛勁挺拔，清高雅麗，世稱「顏筋柳骨」，大受書者之推崇。除了顏、柳，大書法家還有「草聖」張旭等等。

柳公權書法作品

樂山大佛

「天知一半」點評

柳公權寫字還強調人品。唐穆宗李恆問他寫字的要訣，他答曰：「用筆在心，心正則筆正。」

　　唐太宗最欣賞的大畫家閻立本，不但善畫人物，還善繪著色山水，開山水畫北宗一派。而山水畫南派之宗，就是大詩人王維。除了閻、王，唐之大畫家還有吳道子。吳道子善人物也工山水，尤以佛像最著名，被尊為「百代畫聖」。

　　和吳道子齊名的有「塑聖」楊惠之。建於公元 503 年的江蘇甪（lù）直保聖寺，寺內有楊惠之雕塑的九尊泥塑羅漢。這些羅漢歷經千年滄桑，至今依然保存完好。早年郭沫若看過這九尊泥塑羅漢後，讚譽楊惠之完全可與意大利巨匠米開朗琪羅並駕齊驅，等量齊觀。

　　說起雕塑，就不能不提四川的「樂山大佛」。大佛開鑿於 713 年，歷時 90 年才完成。高達 71 米，相當於二十幾層樓高。頭長 14.7 米，寬 10 米，頭頂上的每一個螺髻都可以擺一張大圓桌。耳朵長 7 米，耳朵眼裏可以鑽進兩個人……這尊像山一樣雄偉的大佛，是唐代傑出的工匠們給後人留下的一個巨大的驚嘆號。

　　另外，敦煌莫高窟也是唐帝國時創造的藝術寶庫。洞窟裏有 3000 多個彩色塑像和 45000 平方米的壁畫，是著名的世界文化遺產。

　　除了莫高窟藝術，唐三彩也是稀世珍品，它對後世的陶瓷發展影響很大。諸如外國的波斯三彩、伊斯蘭三彩、新羅三彩、奈良三彩等，還有中國的遼三彩、宋三彩、明三彩、清三彩等，都深受其影響。

　　唐帝國的諸子百家，最著名的還有科學家僧一行。他用《覆矩圖》破世界紀錄，第一個推算出子午線的長度。百歲醫家孫思邈，著有《千金要方》，至今仍為中醫必讀的書目。

　　最後要提到的是唐帝國的史家。唐初的令狐德棻、上官儀等都是大史家。後來的劉知幾、杜佑，更以《史通》和《通典》而名垂千古。

　　綜上所述，在政治、經濟、軍事、文化、藝術等各個領域，唐帝國都是中國歷史上最強大、最輝煌、最豐碩的一頁。

唐帝國皇帝世系表

帝號	姓名	壽命	即位年份	在位時間	帝號	姓名	壽命	即位年份	在位時間
高祖	李淵	70 歲	618 年	9 年	順宗	李誦	46 歲	805 年	1 年
太宗	李世民	50 歲	626 年	23 年	憲宗	李純	43 歲	806 年	16 年
高宗	李治	56 歲	649 年	34 年	穆宗	李恒	30 歲	821 年	5 年
武后	武則天（武曌）	82 歲	684 年	22 年	敬宗	李湛	18 歲	825 年	2 年
聖神皇帝			617 年		文宗	李昂	32 歲	826 年	15 年
中宗	李顯	55 歲	705 年	6 年	武宗	李炎	33 歲	841 年	7 年
睿宗	李旦	55 歲	710 年	3 年	宣宗	李忱	50 歲	847 年	13 年
玄宗	李隆基	78 歲	712 年	45 年	懿宗	李漼	41 歲	859 年	14 年
肅宗	李亨	52 歲	756 年	7 年	僖宗	李儇	27 歲	873 年	17 年
代宗	李豫	54 歲	762 年	18 年	昭宗	李曄	38 歲	889 年	16 年
德宗	李适	64 歲	780 年	26 年	哀帝	李柷	17 歲	904 年	3 年

第17章

五代十國

▶▶▶

〔907—979 年〕

五代十國時期有 72 年（907—979 年）。五代十國的王朝多是短命王朝。其疆域（勢力範圍）加起來，總共在 420—600 萬平方公里之間。（請對照參閱圖 0 和圖 34—36）

「五代十國」，是史家對中國歷史斷代的專用詞。所謂「五代十國」，即五個朝代、十個國家。五代十國和東晉十六國一樣，是典型的中國大分治時期。歷代有些史家說，五代十國是大分裂時期，然後進入統一的宋王朝。但是，中國大分治時期在五代十國結束時並未結束。宋取代後周以後，一直沒有真正統一中國。就算五代十國中的一些國家，最後被宋統一，如南唐在 975 年歸宋，北漢在 979 年歸宋，宋王朝也只不過統一了小半個中國而已。因此，分治狀態仍然繼續，五代十國後的中國進入的是遼宋金蒙的分治時期。

第一節　短命的五代

所謂「五代」，是後梁、後唐、後晉、後漢、後周。這五個在中原地區興衰更替的王朝，國祚最長者 17 年，短命者僅 4 年。

（1）後梁（907—923 年）

907 年，朱溫（852—912 年）取唐而代之，史稱梁太祖。他生長於唐末亂世，877 年時參加了黃巢農民軍。因作戰勇敢，屢建軍功，881 年農民軍攻克長安後，他被黃巢拜為東南面行營先鋒使。882 年 1 月，又被升為同州（今陝西大荔）刺史。但此時的黃巢農民軍，已是每況愈下，被唐軍包圍，朱溫也陷入了困境。是年 9 月，進退維谷的朱溫投降唐軍，被封為河中行營招討副使，並被唐僖宗賜名朱全忠。883 年 3 月，朱溫和各路唐軍圍攻長安，反戈一擊打敗了黃巢軍。884 年黃巢兵敗自殺，其部下秦宗權接過反唐大旗稱帝。朱溫憑着過人的軍事才能，打敗了秦軍，誅殺了秦宗權，確立了自己「晚唐大藩鎮」的地位。900年 5 月，朱溫被封為宣武、宣義、天平、護國四鎮節度使，「上可以制朝廷，下可以制河東」。

900 年 10 月，鳳翔（今陝西鳳翔）節度使李茂貞勾結宦官韓全海，將唐昭宗李曄劫至鳳翔，妄想挾天子以令諸侯。902 年 6 月，朱溫率精兵五萬攻打鳳翔，並於次年正月攻陷鳳翔，接唐昭宗返駕長安，遂被封為梁王。

904 年 4 月，朱溫強迫唐昭宗遷都洛陽，開始挾天子以令諸侯。同年 8 月，朱溫發覺唐昭宗「尚有人君之質」，就派人殺了唐昭宗，立年僅 13 歲的李柷為傀儡皇帝。907 年 4 月，朱溫乾脆逼迫李柷禪位，自己稱帝，改國號為大梁，定都東都（今河南開封），史稱後梁。

後梁沒有統一中國，但因其佔據中原地區，擁有今山東、河南的大部分，以及江蘇、安徽、湖北、陝西、山西、河北的一部分，因而被史家視為正統王朝。（請對照參閱圖 0 及圖 34）

朱溫稱帝初期，尚能恢復和發展農業生產，讓治下的百姓休養生息。但他從 911 年後變得昏昧荒淫，貪杯好色，竟然「爬灰」到兒媳身上。912 年 6 月，爭嗣無望的郢王朱友珪

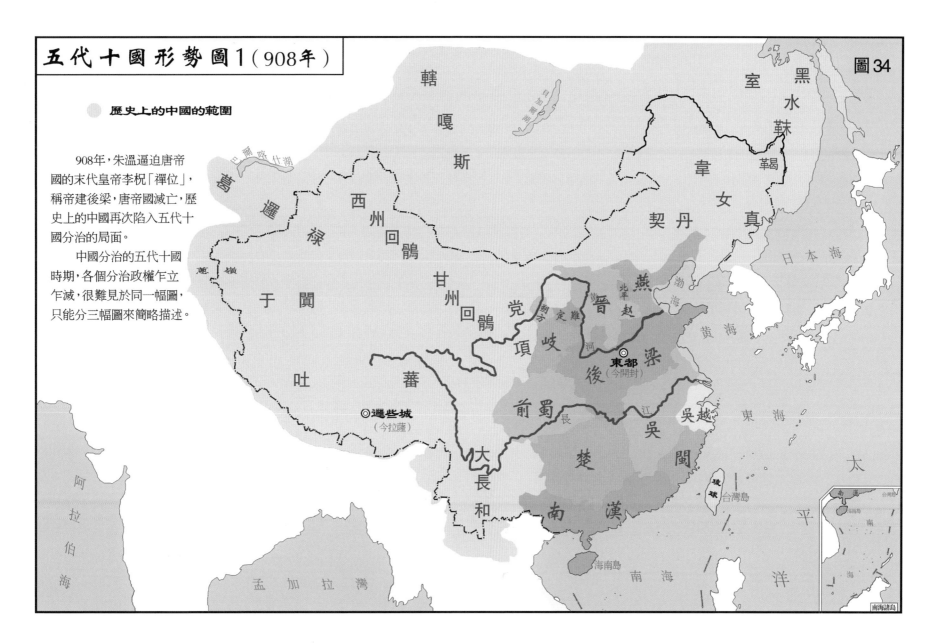

五代十國形勢圖1（908年）

圖34

● **歷史上的中國的範圍**

　　908年，朱溫逼迫唐帝國的末代皇帝李柷「禪位」，稱帝建後梁，唐帝國滅亡，歷史上的中國再次陷入五代十國分治的局面。

　　中國分治的五代十國時期，各個分治政權乍立乍滅，很難見於同一幅圖，只能分三幅圖來簡略描述。

轄 嘎 斯

黑水靺鞨

室韋

女真

契丹

西州回鶻

甘州回鶻

邈 禄

蔥 嶺

于 闐

吐 蕃

黨項

岐

燕

晉 北平趙

後梁

前蜀

◎邏些城
（今拉薩）

大長和

南 漢

楚

吳 越

閩

吳

◎東都
（今開封）

琉球 台灣島

海南島

日 本 海

渤海

黃海

東 海

太 平 洋

阿拉伯海

孟 加 拉 灣

南 海

巴 爾 喀 什 湖

貝 加 爾 湖

南漢

南海諸島

（朱溫次子）弒父稱帝。913 年 2 月，朱友珪又被弟弟朱友貞（朱溫第四子）誅殺。

後梁末帝朱友貞雖無荒淫之失，卻是軟弱無能之輩，致使朝廷腐敗，政事混亂，戰爭不斷。從 916 年到 923 年，後梁屢敗於西北邊的晉王李存勗（xù）。923 年 10 月，東都被破，梁末帝朱友貞自殺，後梁亡。

（2）後唐（923—936 年）

黃巢起事前，唐帝國曾爆發過龐勛起事。幫助唐帝國鎮壓起事有功的西突厥沙陀族首領朱邪赤心，被唐懿宗李漼賜姓李，名國昌。黃巢起事時，李國昌之子李克用又因破黃巢有功，被封為晉王，兼河東節度使，910 年時擁有以太原為中心的河東地區（包括今內蒙古、陝西、山西、河北的一部分。請對照參閱圖 0 和圖 34）。908 年李克用死，其子李存勗（別名李亞子，885—926 年）嗣位當了晉王。

李存勗即位之初，後梁軍隊已包圍了潞州（今山西長治）兩年。908 年，李存勗趁大霧之機，出奇兵大敗後梁軍，解了潞州之圍，令梁太祖朱溫大驚曰：「生子當如李亞子，李克用雖死猶生。我家諸子乃豬犬而已！」

潞州得勝後，李存勗休兵行賞，整練軍隊。他還命令州縣舉賢才、黜貪官、寬租賦、禁奸盜，境內大治。

913 年，李存勗用「聲南擊北」之計，一舉拿下劉守光割據的幽州（今北京），滅了「燕」（包括今河北、北京、天津、遼寧的一部分。請參閱圖 0 和圖 34）。915 年初，他趁後梁的魏州（今河北臨漳）兵亂之機，率軍佔領了魏州。至此，後梁佔據的今河北之地，盡歸李存勗所有。

923 年 4 月，李存勗於魏州稱帝（廟號莊宗），建國號為大唐，史稱後唐。同年 10 月，唐莊宗李存勗消滅了後梁，使後唐成了「正統」的中原王朝。925 年，後唐又滅了前蜀，其極盛時，版圖擁有今河南、河北、山東、山西四省的全部，以及今內蒙古、甘肅、陝西、湖北、安徽、江蘇等省區的一部分。（請對照參閱圖 0 和圖 36）

但是，唐莊宗遠遠不及唐太宗。他自稱繼承唐統，卻沒有像唐帝國一樣統一中國。他在位不到四年就死於內訌，由其義弟李嗣源（李克用的養子）繼位（廟號明宗）。

李嗣源雖然目不識丁，卻深明大義，任賢用能，推行了一套利國利民的開明政策。他雷厲風行地治貪官，獎清官，輕徭薄賦，與民休息，後唐一度出現了小康局面。可惜的是，他也沒能統一中國，僅在位八年，於 933 年病死，由其子李從厚繼位。李從厚是個阿斗式的人物，在位才四個月就被義兄李從珂（李嗣源的養子）取而代之。

後唐末帝李從珂和時任河東節度使的石敬瑭（李嗣源的女婿）矛盾重重，終至火拚。當時，後唐北面的契丹部族政權，兵強馬壯，素懷入主中原之志。936 年，石敬瑭為了推翻李從珂，不惜以割讓燕雲十六州，年貢帛三十萬匹，認契丹主耶律德光做「父皇」為條件，「借」得契丹兵打敗了李從珂，逼迫其自殺，後唐亡。

（3）後晉（936—946 年）

石敬瑭原來駐守的太原，春秋時屬晉。因此，他「借」契丹兵奪得江山後，建國號為晉，史稱後晉。

不過，為了成為後晉的開國皇帝，石敬瑭付出了非常大的代價。

938 年，契丹改國號為遼，以上京為都，

勢力日盛。（請對照參閱圖0和圖35）遼屢派使者至後晉索要財帛，並且趾高氣揚，頤指氣使，令石敬瑭非常難堪。但他為了能當「兒皇帝」，一味低三下四，「鞠躬盡瘁」。

942年，一直抑鬱寡歡的「兒皇帝」石敬瑭壽終正寢，由其侄子石重貴繼位，史稱晉出帝。

晉出帝石重貴不甘當「孫皇帝」，屢逆遼主之意，使後晉和遼的關係迅速惡化，以致發生戰爭。

「天知一半」點評

石敬瑭割讓給契丹的燕雲十六州，以幽州（今北京，契丹在此建燕京）和雲州（今山西大同）為中心，包括今天河北、山西的大片土地。更令人啼笑皆非的是，他認了34歲的耶律德光為「父皇帝」，自己當45歲的「兒皇帝」。此舉堪稱史無前例，後難有來人！

943年時，後晉尚能與遼抗衡。（請對照參閱圖0和圖35）到945年1月時，後晉北部疆域盡陷遼手，被遼佔了邢州（今河北邢台），後又被攻到相州（今河南安陽）等地，逼近了都城東京（今河南開封）。

945年石重貴下詔北伐，後晉反攻收復了泰州（今河北清苑）和滿城（今河北滿城）等地。

946年12月，在恆州（今河北正定）和遼軍對峙的後晉主帥杜重威投降遼軍，想學石敬瑭的榜樣當「兒皇帝」。他帶領遼軍攻陷東京，俘虜了晉出帝石重貴，後晉亡。

（4）後漢（947—950年）

遼主耶律德光曾允諾讓杜重威當「兒皇帝」，但佔領東京（即開封）後又出爾反爾，於947年2月在開封為自己加冕。

遼主雖然佔領了開封，卻沒有統一後晉，徹底摧毀其軍事力量。因此，後晉的河東節度使劉知遠養精蓄銳，在947年5月舉兵南下，6月相繼攻陷了洛陽和開封。劉知遠自稱是東漢明帝之後，遂立國為漢，史稱後漢。後漢基本上承襲了後晉的版圖。（請對照參閱圖35和圖36）

其實，和李存勖、石敬瑭一樣，劉知遠也

是突厥沙陀族人。在五代中，後唐、後晉、後漢都是少數民族入主中原的王朝。

劉知遠在位才一年就撒手西去，由其次子劉承祐繼位。

劉承祐在位時，寵倖宦官，外戚干政。950年11月，他為了清除異己，誅殺了朝廷重臣楊邠、史弘肇和王章，又密詔誅殺鄴都（今河北臨漳）留守郭威等將領。郭威聞訊起兵反叛，於11月20日攻陷東京。劉承祐被亂兵殺死，後漢亡。

（5）後周（951—960年）

郭威自稱是周文王之弟周虢叔之後，遂建國號為周，史稱後周。

後周的版圖基本上承襲了後漢，但劉知遠的兄弟劉崇據守太原，951年稱帝，史稱北漢，一直依靠遼和後周抗衡。（請參閱圖36）

郭威即位後，選賢任能，勵精圖治，革除舊弊，厲行節儉，朝政日趨清明，社會較為安定。

可惜天公不作美，在位三年，郭威就於954年1月病逝。臨死前，他告誡養子郭榮（又名柴榮，郭威皇后柴氏的侄子），喪事一律

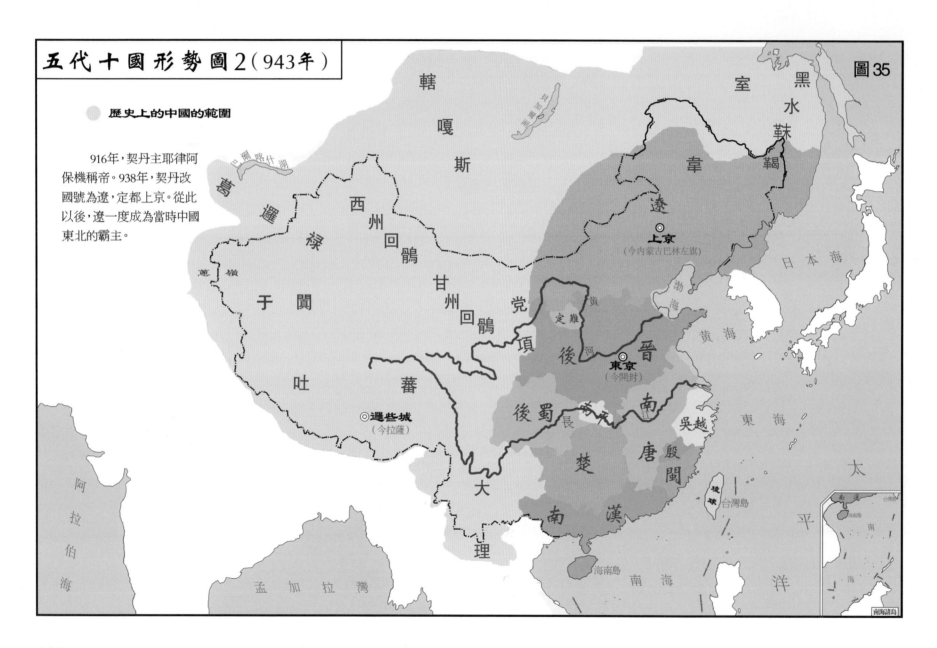

五代十國形勢圖2（943年）

圖35

● 歷史上的中國的範圍

916年，契丹主耶律阿保機稱帝。938年，契丹改國號為遼，定都上京。從此以後，遼一度成為當時中國東北的霸主。

轄嘎斯

黑水靺鞨

室韋

葛邏祿

西州回鶻

遼

◎上京
（今內蒙古巴林左旗）

蔥嶺

于闐

甘州回鶻

黨項

定難

後晉

◎東京
（今開封）

日本海

渤海

黃海

吐蕃

◎邏些城
（今拉薩）

後蜀

南平

吳越

唐

殷閩

大理

楚

南漢

台灣島

琉球

海南島

南海

東海

太平洋

阿拉伯海

孟加拉灣

南海諸島

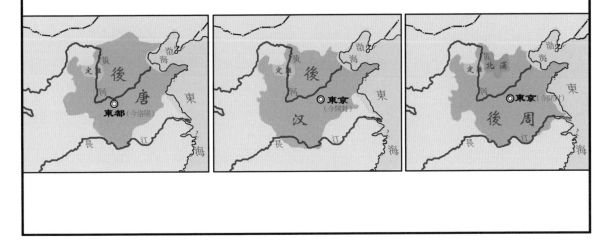

五代十國形勢圖 3（923—960年）

圖36

後唐（923—936年）、後漢（947—950年）、後周（951—960年）都是五代十國的中原王朝，以「正統」自居，但都是短命的分治王朝，疆域面積也不大。960年，後周被趙匡胤的宋王朝取而代之，「五代」壽終正寢，中國從此進入更加漫長的分治時期。

小詞典

周世宗是五代中最傑出的皇帝。他即位後立願，祈望上天給他三十年時間：「寡人當以十年開拓天下，十年養百姓，十年致太平！」

從簡，不要宮人陪葬，也不要石人石馬，只須刻碑於陵前曰「周天子平生好儉約，遺令用紙衣、瓦棺，嗣天子不敢違也」即可。

郭榮即位後，恢復原姓叫柴榮（921—959年），廟號周世宗。

北漢劉崇以為郭威新喪，柴榮少不更事，就聯合遼兵向後周殺來。柴榮御駕親征，在宿衞將軍趙匡胤（yìn）的輔佐下，打敗了劉崇，鞏固了後周王朝。

此後，柴榮大力進行政治、經濟、軍事改革，花了幾年功夫就令後周強大起來。接着，柴榮着手統一中國。他先伐後蜀，收復了秦州（今甘肅天水）、鳳州（今陝西鳳翔）、成州（今甘肅成縣）、階州（今甘肅武都）四州之地。然後，他又三次御駕親征，征伐南唐，收復了光州（今河南潢縣）、壽州（今安徽壽縣）、黃州（今湖北黃岡）、揚州（今江蘇揚州）等十四個州。跟着，他又親征大遼，收復了寧州（今河北青縣）、英州（今河北任丘）、瀛州（今河北河間）等地。

959年5月，正當柴榮準備乘勢收復幽州（今北京）時，卻病重不起，只得撤軍南返，6

月就因病逝世，由他年僅七歲的第四子柴宗訓繼承皇位。960 年 1 月，即位才半年的柴宗訓「禪位」給趙匡胤，後周被宋取而代之。

第二節　紛亂的「十國」

所謂的「十國」，實際是 15 國（有些太小的還不算在內），是和五代同時期的分治中國的割據王朝。

（1）吳（902—937 年）

朱溫代唐後，中原以外的割據者紛紛佔地為王。902 年被唐封為吳王的楊行密，905 年傳王位給兒子楊渥和楊隆演，一直以揚州為中心，割據着淮南一帶。920 年楊隆演卒，其弟楊溥（pǔ）繼位，並於 927 年正式以吳為國號，定都揚州。（請對照參閱圖 0 和圖 34）吳極盛時，擁有今江蘇、安徽、湖北、江西的一部分。937年，楊溥被權臣徐知誥廢，吳被南唐取代。

（2）大長和（大理）（903—938 年）

大長和的前身是唐帝國時的分治王朝南詔。（請參閱圖 32、34）902 年，南詔王舜化貞死，其年僅八個月大的兒子繼位。南詔的清平官鄭買嗣殺了嬰兒皇帝，取而代之，於 903年建立「大長和國」。

鄭氏傳了三世，於 928 年被趙善政取代。趙善政於 929 年又被楊干貞取代。938 年，段思平取楊氏而代之，建立「大理國」，大長和亡。

（3）吳越（907—978 年）

唐末被封為越王、吳王的錢鏐（liú），907年又被中原政權後梁封為吳越王，以西府（今杭州）為都城。（請參閱圖 34）有人勸錢鏐獨立，他笑答：「我做孫權不是很好嗎？」錢鏐不在乎名份，獨霸一方足矣。他多次告誡子孫，「要善事中原，切勿以中原帝姓多變而改國之大政」。因此，吳越國祚頗長，一直到 978 年，宋太宗下詔，要最後一任吳越王錢弘俶遷居開封，吳越王朝才告結束。

（4）前蜀（907—925 年）

唐末，壁州（今四川通江）刺史王建攻下梓州（今四川三台）等四州後，於 907 年效法劉備在成都稱帝，建國號為蜀，史稱前蜀（曾一度改國號為漢）。前蜀只傳了二世。到王建的兒子王衍繼位時，整天聲色犬馬，鬥雞賭球，儼然一個紈絝君王。

925 年，後唐莊宗李存勖派大軍入川，蜀軍抵擋不住，王衍只得自縛出城投降，前蜀亡。

（5）岐（907—923 年）

903 年被朱溫打敗的鳳陽節度使李茂貞，曾被唐昭宗封為岐王。907 年時，後梁無力西顧，岐王李茂貞就在今陝西及甘肅交界一帶佔地為王，史稱「岐」。（請對照參閱圖 0 和圖 34）923 年李存勖立後唐，李茂貞歸附入後唐，岐亡。

（6）定難（907—982 年）

唐末，西北党項羌族首領思恭被唐賜姓李，封為定難節度使，駐守夏州（今陝西靖邊）。907 年後梁代唐，李思恭自立為王，史稱「定難」。（請對照參閱圖 0 和圖 34）李思恭的後裔承襲定難節度使，一直到北宋建立。982年，定難節度使李繼捧降宋，定難亡。

圖 34 顯示，除了岐和定難以外，當時還有唐末之朔方節度使割據的「靈」，晉王李克用割據的「晉」（李克用之子李存勖建後唐），晉的

東面還有「定」、「趙」二鎮節度使等管轄的獨立或半獨立的政權。

(7) 契丹 (遼) (907—938年)

907年，耶律阿保機取代遙輦氏成為契丹主，統一了契丹八部。916年，契丹相繼征服了烏羅護、室韋等部族，926年滅了渤海。936年契丹主耶律德光做了後晉的「父皇帝」，取得了燕雲十六州，成了中國東北部的一霸。

938年，契丹改國號為「大遼」，國祚一直延續到1125年。(請參閱圖33—35)

(8) 閩 (909—945年)

唐末，威武節度使王審知據有福州、泉州等五州。909年，王審知被後梁封為閩王，以長樂（今福建福州）為都，史稱閩。(請參閱圖34)

925年王審知死，其子王延翰繼位。從此以後，閩一直內訌。945年，南唐見閩大亂，派兵伐閩，閩王王延政（王審知之子）投降，閩亡。

(9) 燕 (909—913年)

909年，原唐幽州節度使劉守光自稱燕王，911年稱帝，史稱燕。(請參閱圖34) 912年，晉王李存勗派大將周德威領兵伐燕。913年，李存勗御駕親征攻下幽州，燕亡。

(10) 南漢 (917—971年)

909年，原唐廣州節度使劉隱被後梁封為南海王。劉隱死後，其弟劉岩繼位，並於917年在廣州（今廣東廣州）稱帝，國號「大越」，翌年改為漢，史稱南漢。(請參閱圖34) 南漢的疆域先是包括今海南全部及兩廣大部分。951年南唐滅楚，南漢乘機拓展，疆域擴大到兩廣全部及湖南的一部分。971年北宋伐南漢，南漢王劉繼興投降，南漢亡。

(11) 荊南 (925—963年)

荊南又叫南平。925年，原後梁荊南節度使高季興，被後唐莊宗封為南平王，史稱荊南，據有今湖北的西南部。(請對照參閱圖0和圖35) 荊南地狹勢弱，經濟也不發達，但位於中原和南方諸國的要衝。因此，南平王高季興經常扣留南漢、楚、前蜀等國進貢中原王朝後唐（後晉）的貢品。如果人家不聲張，他就坐

「天知一半」點評

　　906年，唐之交州（今越南河內一帶）豪紳曲承美，驅逐了唐的地方官員，自稱靜海節度使。(請參閱圖34) 後來，南漢曾兩次出兵打敗曲承美，恢復了交州。939年時，交州人吳權趕走了南漢的官員稱王，從此，越南脫離了中國。儘管以後越南曾是中國的「屬國」，但實際上已是獨立的國家。

享其成，如果受害國發書索還甚至發兵討伐，他就原物奉還，令人無可奈何。

928 年高季興死，其子孫延續荊南國祚到 963 年歸附北宋，荊南亡。

（12）楚（907—951 年）

原唐武安節度使馬殷，後梁時被封為楚王，以長沙府（今湖南長沙）為都城，史稱楚。（請參閱圖 34）後唐滅後梁後，馬殷馬上派兒子馬希範到洛陽朝貢。唐莊宗問起楚之洞庭湖的廣狹，馬希範答曰：「若是陛下車駕南巡，此湖僅夠飲馬而已。」於是，後唐繼續封馬殷為楚王。951 年，楚被南唐滅，土地則被南唐和南漢分割。

（13）後蜀（934—965 年）

前蜀被後唐滅後，後唐莊宗派孟知祥鎮守西川，任西川節度使。934 年，孟知祥趁亂自立為帝，建國號為蜀，史稱後蜀。（請參閱圖 35）後蜀的疆域基本上和前蜀相同，到後晉時稍有擴展。965 年，北宋派兵征伐後蜀，只用了兩個多月就盪平蜀川，後主孟昶（chǎng，孟知祥第三子）獻表投降，後蜀亡。

（14）南唐（937—975 年）

937 年，吳之權臣徐知誥廢吳後，改國號為齊。翌年，他又恢復姓李，改名昪（biàn），並改國號為唐，定都西都（今江蘇南京），史稱南唐。（請參閱圖 35）943 年李昪死，其子李璟繼位。李璟於 944 年兩次伐閩，並於 945 年滅了閩。951 年，他又派兵滅楚。958 年，南唐被後周攻伐，並失去江北十四州。李璟奉表向後周稱臣，去掉帝號，才得以苟延殘喘。

975 年北宋伐南唐，南唐後主李煜兵敗被俘，南唐亡。

（15）北漢（951—979 年）

後周滅後漢時，後漢高祖劉知遠之弟劉崇據守太原，並於 951 年稱帝，雖然只有彈丸之地，國號仍延用大漢，史稱北漢。（請參閱圖 36）

為了和後周對抗，劉崇效法後晉的石敬瑭，與遼建立了宗屬關係，並曾聯合遼軍攻打後周，終歸失敗。

北漢的江山傳了三世。979 年北宋伐北漢，北漢亡。

至此，北宋王朝基本上統一了「五代十國」的舊地（大理、遼除外），五代十國時期結束，中國進入了遼宋金蒙分治的時期。

「天知一半」點評

南唐後主李煜是個昏君庸君，但又是一個多才多藝的詞人和書畫家。請看他的代表作《虞美人》：

春花秋月何時了，往事知多少！小樓昨夜又東風，故國不堪回首月明中。　雕欄玉砌應猶在，只是朱顏改。問君能有幾多愁？恰似一江春水向東流。

李煜雖然「亡國」於宋，但他作的詞卻是「詞林」傑作。其佳篇名句，傾倒了多少文人墨客！

第 18 章

遼宋金蒙分治時期

▶▶▶ 〔960—1271 年〕

遼宋金蒙時期有 311 年（960—1271 年）。遼、宋、金、西遼、蒙古是中國分治王朝中疆域較大的王朝。其疆域（勢力範圍）加起來，在 1300—1600 萬平方公里之間。（請對照參閱圖 0 和圖 37—41）

第一節　遼王朝（938—1125 年）

938 年，契丹改國號為大遼（遼是「純粹的鐵」的意思）。983 年，遼聖宗耶律隆緒恢復國號為大契丹。1066 年，興宗耶律崇真又恢復國號為大遼。為了行文方便，本節一律稱遼，不稱契丹。

遼太宗耶律德光（902—947 年）原名堯骨，因喜歡漢文字遂改名德光。耶律德光少時性格寬仁厚道，對母親甚為孝順。母親因病不思飲食，德光陪侍左右，也不飲不食，因此甚得父母寵愛。

926 年 7 月，耶律阿保機病死，皇后述律平執政。927 年，述律平召集契丹眾酋長，商議立嗣。她命長子突欲和次子德光乘馬立於帳前，對眾酋長說：「二子吾皆愛之，不知立誰好。你們認為應該立誰請執其轡。」眾酋長知其意，乃爭先恐後地執耶律德光之轡，立耶律德光為「天皇王」。同年 11 月，耶律德光即皇帝位。

耶律德光對漢文化有一定了解，素懷入主中原之願。契丹本是遊牧民族，耶律德光執政時有所改革。他設北面官管理契丹人，設南面官以漢制管理漢人。他獎勵耕織，重視農桑，使契丹日益強大。

936 年，耶律德光當了後晉石敬瑭的「父皇帝」，取得燕雲十六州，並收三十萬絹帛的歲貢，成為五代十國時中國東北的一霸。943 年時，遼的疆域已大約有 230 萬平方公里。（請對照參閱圖 0 和圖 35）

946 年底，耶律德光率兵攻陷後晉都城開封後，縱容部下大肆劫掠百姓，還派出使者數十人到後晉諸州搜括財物。他任用的親信，多是不通政事、只知掠財之輩，於是乎政治混亂，人心盡失，社會動盪，反抗四起。耶律德光不懂「水可載舟，亦可覆舟」，卻驚呼：「我不知中國之人難制如此。」947 年 3 月，他不

《馭者引馬圖》中的遼人形象

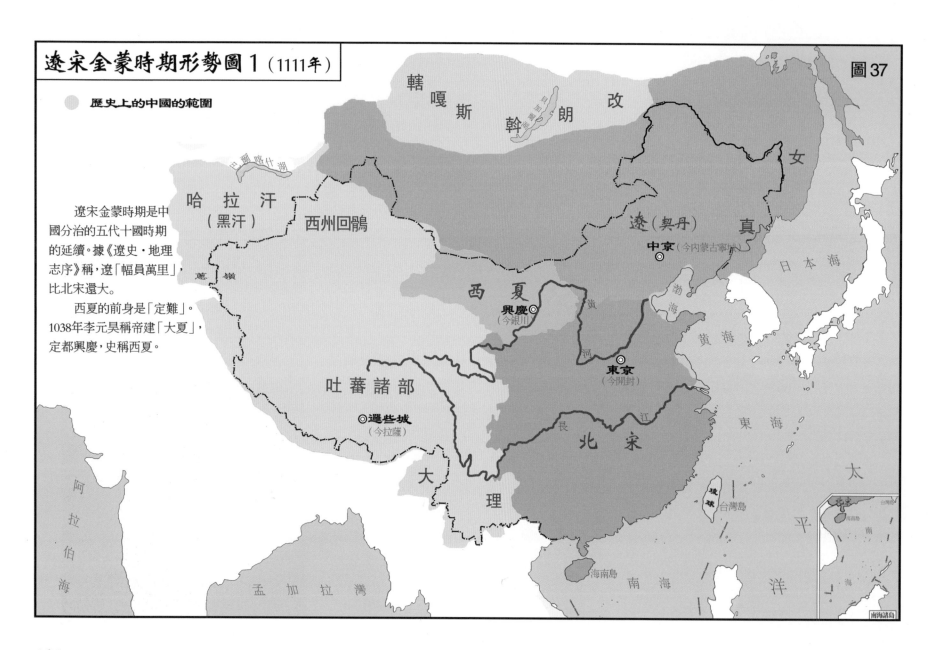

遼宋金蒙時期形勢圖1（1111年）

圖37

● 歷史上的中國的範圍

遼宋金蒙時期是中國分治的五代十國時期的延續。據《遼史·地理志序》稱，遼「幅員萬里」，比北宋還大。

西夏的前身是「定難」。1038年李元昊稱帝建「大夏」，定都興慶，史稱西夏。

轄嘎斯

斡朗改

女真

哈拉汗（黑汗）

西州回鶻

巴爾喀什湖

遼（契丹）

中京（今內蒙古寧城）

日本海

蔥嶺

西夏

興慶（今銀川）

黃河

渤海

真

吐蕃諸部

東京（今開封）

黃海

◎邏些城（今拉薩）

長江

大理

北宋

東海

琉球

台灣島

太

阿拉伯海

孟加拉灣

海南島

南海

平

洋

南海諸島

蕭太后小名燕燕，是中國歷史上著名的女政治家、軍事家之一。在她攝政期間，發展生產，勸課農桑，整頓吏治，加強法制，知人善任，重用漢官，使遼的軍事力量達到頂峰。

想收拾殘局，就留下個「看守政府」，藉「至上國省太后」為由，率文武百官數千、宮女數百返遼。3 月 21 日，耶律德光死於歸途中。

960 年北宋代後周，979 年滅北漢，從此，遼宋成為冤家對頭，戰爭常年不斷。

982 年 9 月，年僅 12 歲的遼聖宗耶律隆緒（971—1031 年）即位，由其母蕭太后（953—1009 年）攝政。

986 年，宋太宗趙匡義以為遼聖宗年幼，蕭太后乃女流之輩可欺，決定北伐遼，收復燕雲十六州等地。沒想到蕭太后實乃女中豪傑，她率遼軍大敗宋軍。蕭太后和宋軍僵持了三年，和宋的名將「楊家將」互有勝負，略佔上風。燕雲十六州一直掌握在遼國手中，宋的北疆還被遼佔了不少地方。

1001 年到 1004 年，蕭太后和遼聖宗數次伐宋。1004 年 11 月，遼軍攻到澶（chán）州（今河南濮陽），但攻城不利，大將蕭達蘭被宋軍射死。12 月，雙方議和，訂下「澶淵之盟」。盟約規定：遼聖宗稱宋真宗為兄，宋遼為「兄弟之國」；宋遼以白溝河（今海河支流大清河）為界；宋每年輸遼白銀十萬兩、絹二十萬疋。「澶淵之盟」後，宋遼之間基本沒有大戰爭，雙方和平相處了一百多年，促進了雙方的貿易關係、民間交往和民族融合。

1009 年，蕭太后死。1031 年 6 月，遼聖宗因病不治而逝。

此後，北宋和西夏也屢有戰爭，宋敗多勝少。1041 年，遼興宗耶律宗真技癢難耐，欲伐宋。後在羣臣勸阻下沒有出兵，就要挾宋，逼宋每年增貢銀十萬兩、絹十萬疋，宋無奈從之。

興宗後的遼再傳二帝：道宗耶律洪基和天祚帝耶律延禧。這二帝均很平庸，沒有什麼大作為。但是，憑着蕭太后和遼太宗積累的軍事強勢，遼征服了不少屬國。據《遼史·地理志序》稱：「……屬國六十，東至於海（今日本海及鄂霍次克海），西至金山（阿爾泰山）暨於流沙，北至臚朐（lú qú）河（今蒙古之克魯倫河），南至白溝（今河北之大清河），幅員萬里。」估計其疆域（包括勢力範圍）約有 500 多萬平方公里。（請對照參閱圖 0 和圖 37）

1114 年，遼的部屬女真部落的完顏阿骨打起兵反遼，1115 年稱帝，建國號金。1125 年 2 月，遼天祚帝被金俘虜，遼亡。

「天知一半」點評

有一句名言說「落後就要捱打」，其實未必盡然。當時，宋王朝在經濟上並不落後，文化科技更是先進發達，但宋王朝歷任皇帝均重文抑武，而且多是軟弱無能之輩。因此，三百多年來，不論北宋或者南宋，都被遼、金、蒙古王朝欺負，吃盡了苦頭。

第二節　北宋王朝（960—1127年）

北宋的開國皇帝趙匡胤（927—976年）原是後周的歸德節度使，通過「陳橋兵變」而代後周得天下。因此，他當上皇帝後，對「兵變」非常敏感。他上台不到半年，就有兩個節度使擁兵造反，他費了九牛二虎之力才將之平定。之後，他問宰相趙普：「自唐末以來，中國已換了五個朝代，沒完沒了地打仗，死了很多

百姓，這到底是為什麼呢？」趙普答道：「道理很簡單。國家混亂，主要原因是藩鎮權力太大。如果把兵權集中到朝廷，天下自然太平。」趙匡胤深以為然。於是，他用「杯酒釋兵權」的方法，解除了禁軍大將石守信、王審琦的兵權。過了一段時間，他又以同樣的方法解除了一些節度使的兵權，建立了新的軍事制度，重建禁軍，將兵權由皇帝直接控制。如此，果真穩定了政局。

963年到975年，趙匡胤先後滅了荊南、後蜀、南漢、南唐等政權，基本上結束了唐末到五代十國的割據混亂局面。

在完成統一的同時，趙匡胤也十分重視農業生產，輕徭薄賦，與民生息，使社會穩定，是宋的一代明君。976年，趙匡胤病逝，終年50歲。

北宋的第二個皇帝是宋太宗趙匡義（939—997年，趙匡胤的胞弟）。他繼承其兄之志，採取「先南後北」的策略，於978年滅了吳越和閩的殘餘勢力。979年，宋太宗又征伐北漢，北漢向遼求救，但遼的援軍在白馬嶺（今山西孟縣北）被宋軍打敗，北漢最終被北宋滅亡。

滅北漢後，宋太宗劍鋒直指大遼。從979年到982年，宋遼之間大小戰爭十數次，互有勝負，不相上下。

986年以後，宋太宗的對手是蕭太后和遼聖宗，宋遼之戰宋一直處於下風，敗多勝少。

左：趙匡胤像

右：北宋國勢不振，文化藝術卻極為發達，圖為北宋貫耳瓶

宋太宗執政的 982 年，定難節度使李繼捧獻地投降，被宋太宗封為彰德節度使，仍守夏州。是年 6 月，李繼捧的族弟李繼遷率眾在地斤澤（今內蒙古伊克昭盟）反宋。984 年宋太宗打敗李繼遷，李投靠遼繼續與宋為敵。991 年，李繼捧也投遼反宋。從此，百年之間宋夏時戰時和，了無寧日。

不過，在打仗的同時，趙匡義也十分注重發展經濟。他興修水利，鼓勵開荒，勸課農桑，社會較為安寧。宋太宗在私生活上也十分檢點。他勤政親民，提倡儉樸，詔戒子孫曰：「每着一衣，則閔蠶婦；每餐一食，則念耕夫。」他也能納諫，曾曰：「逆吾者是吾師，順吾者是吾賊」，「勿鄙人短，勿恃己長」。他還喜好讀書，崇尚文化。宋王朝的歷代皇帝多是詞人、書法家、畫家、音樂家，與他的榜樣大有關係。997 年，宋太宗病死，享年 59 歲。

宋太宗以後的北宋皇帝，較有作為者當數宋神宗趙頊（1048—1085 年）。

宋王朝積弱，不但受遼的氣，還要受西夏的氣。1044 年宋夏議和，宋要歲賜（實為貢獻）銀絹茶彩等二十五萬給西夏。

宋神宗於 1067 年即位，正是宋危機四伏、困難萬千之時。年僅十九歲的宋神宗不治宮室，不事遊幸，勵精圖治，力挽狂瀾。他於 1069 年擢用北宋著名的改革家、思想家、文學家王安石，實行改革變法。

變法的主要內容是理財和整軍，提高國家的經濟能力和軍事能力。但變法遭到司馬光、蘇軾等人的強烈反對，也得不到曹太后、高太后（神宗母親）的支持。1074 年，曹太后對神宗說：「祖宗法度，不宜輕改。」王安石聞訊後辭去宰相位，變法頓停。次年 2 月王安石恢復為相，但變法並未得到更多支持。1076 年，宋神宗萬般無奈地罷免了王安石，變法失敗，宋王朝孱弱的命運已不可改變。

1101 年，宋徽宗趙佶（1082—1135 年）即位。他即位之初，重用蔡京等「復行新法」，但其實是黨同伐異而已，於國事毫無益處。不過，趙佶即位十年，即 1111 年時，北宋的疆域仍有 300 多萬平方公里（請對照參閱圖 0 和圖 37），中原仍然在手。

1115 年，阿骨打反遼立金，其勢如日中天。而遼主耶律延禧乃昏庸荒淫之輩，遼已江河日下。宋徽宗趙佶派使臣於 1120 年與金使

「天知一半」點評

　　開國皇帝殺功臣的例子，在中國歷史上俯首可拾。趙匡胤很聰明，不但不殺，還賜以大量的田產財物，「杯酒釋兵權」，達到「雙贏」的結果。不過，宋以後的多數皇帝矯枉過正，重文抑武，軟弱無能，導至宋王朝成為「頭重腳輕」，「發育不全」之「人」。

「天知一半」點評

　　變法革新是好事。但今天重新審視王安石變法，有操之過急，不留餘地之嫌。聖人說「欲速則不達」，箴言也！

約定聯合攻遼，若成功，遼之燕京（今北京）等地歸宋，宋輸歲幣五十萬給金。但積弱難返，朝無能臣，軍無良將，宋的征遼軍反被遼打敗。

1122年12月，金攻陷燕京，盡掠而去。次年4月，宋軍入燕京，只得到一座空城。

1124年，金遣使索要宋臣趙良嗣所許的糧食二十萬石，宋宣撫使譚稹以「良嗣所許，豈足憑也」拒之。金借題發揮，舉兵攻宋。從此，宋金從盟友變成了敵人。

1125年金滅遼，繼而大舉進攻北宋，兵鋒所至如入無人之境。1126年11月，金軍攻佔東京（今開封），宋欽宗趙桓（徽宗子）被

俘。當時，金聲稱無意滅宋，只要割地賠款就撤兵，卻「獅子開口」要金一千萬錠、銀二千萬錠、帛一千萬匹。宋欽宗答允後被金放回，但他籌款無着，虛以拖延。1127年4月，金軍劫掠東京，虜劫徽欽二帝及后妃太子等三千人北還，北宋滅亡。

第三節　南宋王朝（1127—1279年）

金軍北還時，曾立宋的大臣張邦昌為楚帝，以為其傀儡。金軍走後，張邦昌迫於眾怒，自去帝號，迎元祐皇后（徽宗之嫂、宋哲宗趙煦的皇后）垂簾聽政，並致書趙構（徽宗

第九子、欽宗弟）來即帝位。

1127年5月，宋高宗趙構於南京（今河南商丘）即位，後遷都臨安（今浙江杭州），史稱南宋。

趙構即位後，宋廣大軍臣百姓同仇敵愾，要求和金決戰到底。但趙構只圖偏安江南，一味退讓，妥協求和，採取「用金錢土地換和平」的策略。他免掉力主抗戰的李綱宰相之職，繼而聽任秦檜專權，以「莫須有」的罪名，殺害了戰功卓著的大將岳飛。

1141年11月，宋金簽定了「紹興和義」：宋稱臣於金，割唐、鄧（今河南唐河、鄧縣）及商、秦（今陝西商縣、甘肅天水）等地給金，

小詞典

宋徽宗雖是北宋的昏君之一，卻同時是中國歷史上傑出的書法家之一。他的「瘦金書」，古今稱頌，中外聞名，既清秀窈窕，又挺拔峻朗。

小詞典

岳飛（1103—1141年）是南宋名將，民族英雄。他不但打仗了得，「精忠報國」，填詞也十分出色。今存之《滿江紅》，千古絕唱：

怒髮衝冠，憑欄處，瀟瀟雨歇。抬望眼，仰天長嘯，壯懷激烈。三十功名塵與土，八千里路雲和月。莫等閒，白了少年頭，空悲切！

靖康恥，猶未雪。臣子恨，何時滅？駕長車，踏破賀蘭山缺！壯志飢餐胡虜肉，笑談渴飲匈奴血。待從頭，收拾舊山河，朝天闕！

岳飛塑像

並歲貢銀二十五萬兩、絹二十五萬疋。

到 1142 年時，北宋原有中原地區的今山東、河北、河南（絕大部分）、山西、陝西（絕大部分）均落入金之手。加上今江蘇、安徽、甘肅、寧夏、青海等省區的一部分，宋王朝喪失了近百萬平方公里的土地。換言之，此時的南宋僅餘地 200 萬平方公里左右。（請對照參閱圖 0 和圖 38）

此後 20 年，宋金之間基本上相安無事，但南宋的政治更加黑暗，朝風日益腐敗。1161 年 9 月，金主海陵王完顏亮率兵南下攻宋。10 月，金軍從正陽關（今安徽壽縣西）渡淮，相繼攻佔廬州（今安徽合肥）等地，準備渡過長江，直指臨安。恰好此時金王朝內訌，原東京留守完顏雍稱帝（金世宗）。11 月 27 日，金浙江西路都統耶律宜殺掉金主完顏亮，金軍大亂，被迫北撤。南宋因此逃過一劫，並乘機收復海州（今江蘇連雲港）等十州。

1162 年 6 月，沒有兒子的趙構禪位給侄子趙昚（shèn，即宋孝宗，1127—1194 年），自稱「太上皇」。

宋孝宗銳意圖新。他於 7 月追諡岳飛，以禮改葬，並訪尋其後人，特予錄用。對秦檜餘黨，一律囚禁（秦檜於 1155 年病死）。9 月，他命主戰派張浚為樞密使，重整軍備抗金。

但宋王朝積弱難返，趙昚即位後屢敗於金軍。1164 年 8 月，宋被金攻破楚州（今江蘇淮安）、滁州（今安徽滁縣）等地，揚州危在旦夕。是年 12 月，趙昚被迫和金議和，除確認「紹興和議」的條款外，特別加了一條，即金宋世為「叔侄之國」（金為叔，宋為侄）。1189 年

2 月，62 歲的趙昚不想再做「侄皇帝」，就傳位第三子趙惇（dūn，宋光宗），自稱「至尊壽皇聖帝」。

宋光宗在位六年，無所作為。自此以後的南宋皇帝，也多是平庸之輩。

1208 年 3 月，宋寧宗趙擴又被迫和金再簽「和約」，世為「伯侄之國」（金升格為伯父，宋仍是侄兒），歲貢幣銀增為三十萬兩、絹三十萬疋，另送金「犒軍銀」三百萬兩。

不過，螳螂捕蟬，黃雀在後。1206 年成吉思汗統一了蒙古諸部。從此以後，金後院起火，不斷遭受蒙古攻伐。1214 年，蒙古攻陷金中都（今北京），逼金遷都南京（今開封，請參閱圖 40）。1221 年，蒙古大軍又進逼金之南京，並與南宋有所接觸，共謀伐金。

1224 年，宋寧宗死，宋理宗趙昀（寧宗侄子）即位。是年，正好金的新君金哀宗完顏守緒也即位。此時，兩位「伯侄皇帝」變成了難兄難弟，同時面臨成吉思汗及其子孫的嚴峻考驗。

1234 年，宋理宗不顧唇亡齒寒之虞，派兵三萬和蒙古軍聯手，攻陷金主完顏守緒的最後避難所蔡州（今河南汝南），金主自殺，金亡。

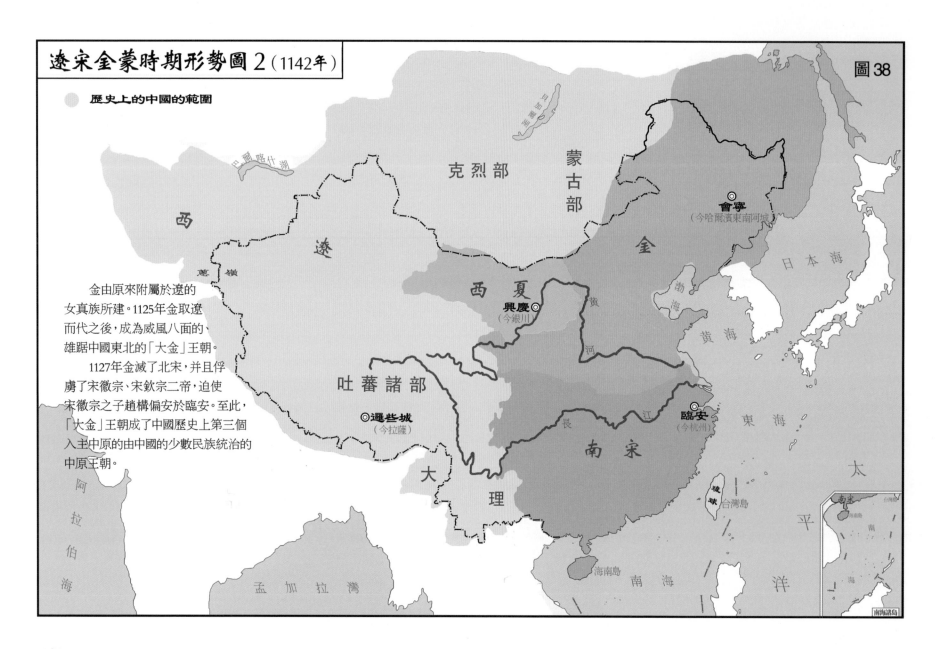

遼宋金蒙時期形勢圖 2（1142年）

圖38

歷史上的中國的範圍

金由原來附屬於遼的
女真族所建。1125年金取遼
而代之後，成為威風八面的、
雄踞中國東北的「大金」王朝。

1127年金滅了北宋，并且俘
虜了宋徽宗、宋欽宗二帝，迫使
宋徽宗之子趙構偏安於臨安。至此，
「大金」王朝成了中國歷史上第三個
入主中原的由中國的少數民族統治的
中原王朝。

巴爾喀什湖

克烈部

蒙古部

西遼

金

會寧
（今哈爾濱東南阿城）

蔥嶺

西夏

興慶
（今銀川）

黃河

日本海

渤海

黃海

吐蕃諸部

◎邏些城
（今拉薩）

長江

臨安
（今杭州）

東海

南宋

琉球
台灣島

太平洋

大理

阿拉伯海

孟加拉灣

海南島

南海

南海諸島

本來，金亡可能是宋復興的大好機會，但宋理宗乃一庸才。他嗜慾甚多，既無復興大志，也無復興雄才，致令南宋朝廷奸臣當道，朝政腐敗，南宋敗亡指日可待了。

1268 年，蒙古大軍圍攻宋之襄樊，大半個中國落入蒙古王朝之手。但宋度宗趙禥（qí，理宗侄子）仍然日夜沉溺酒色，歌舞昇平。

1271 年，蒙古大汗忽必烈（成吉思汗孫）改蒙古國號為元，預示南宋滅亡的日子來臨了。1273 年，襄樊被攻破，從此元軍長驅直入，於 1276 年 3 月攻進臨安城，俘虜了宋恭帝趙㬎（xiǎn，度宗子）和謝太后。是年 5 月，逃至福州（今福建福州）的趙昰（shì，度宗庶子）年僅八歲，被丞相陳宜中等擁為宋端宗，繼續抗擊蒙古。

1278 年 4 月，宋端宗驚嚇成疾，不治而死，宋又捧出一個六歲的孩子趙昺（bǐng，度宗庶子）來延續香火。此時，跟隨趙昺的官、民、兵還有二十萬人，聚於厓山（今廣東新會南），都已成驚弓之鳥。年底，元軍派二萬人來攻伐，宋軍不堪一擊，主帥文天祥也被俘（四年後因堅貞不屈而被殺）。翌年 2 月，丞相陸秀夫抱着趙昺投海而死，南宋滅亡。

第四節　金王朝（1115—1234 年）

三千多年前，商王朝建立時，女真族的前身肅慎就活動在商的東北。（請參閱圖 4）據《史記‧孔子世家》記載，周武王克商時，「肅慎貢楛（hù）矢石砮（nǔ）」（肅慎進貢楛木做杆，尖石做鏃的箭），證明商周時肅慎已和中原政權有聯繫。到東漢及東晉十六國時，肅慎改稱挹婁。南北朝時，挹婁又改稱勿吉。隋唐時，勿吉改稱靺鞨。唐末時，靺鞨之一部成為渤海。926 年，阿保機併吞渤海，渤海成為遼的附屬，號稱女真。1113 年，女真完顏部的首領完顏阿骨打（1068—1123 年）統一女真各部，次年起兵反遼，1115 年稱帝，國號大金，建都於會寧（今黑龍江阿城）。

黃金的確比「賓鐵」堅硬。只花了十年時間，金就滅了遼。再過兩年，金又滅了北宋。

阿骨打雖然沒有親自滅遼宋，但他在 1123 年 8 月去世前，已經以少勝多，以弱勝強，力克遼之中京（今內蒙古寧城西）、西京（今山西大同）、南京（今北京），佔領了遼的大部分土地，追得遼天祚帝四處逃命。因此，建金滅遼，這位開國皇帝功莫大焉。

金的祖制是「兄終弟及」，因此，金的第二代皇帝是阿骨打之弟完顏晟（金太宗，1075—1135 年）。金太宗即位才四年，就發揚光大了兄長留下的偉業，先滅了遼，後又滅了北宋。

金攻陷宋的東京後，自以為還沒有能力統一中國，就採取「以漢制漢」的策略，命宋臣張邦昌為帝，國號大楚，建都金陵（今江蘇南京）。張邦昌當時向金太宗提出七項條件：一、不毀趙氏宗廟；二、免取金帛；三、存留京城的防禦設施；四、待金陵修繕完好後才遷都；五、懇請金五日內退兵；六、帝號為大楚帝；七、借金銀犒賞。金太宗一口答應。沒想

小詞典

1115 年阿骨打稱帝時對羣臣說：「遼以賓鐵（精煉之鐵，契丹語的「契丹」有賓鐵之意）為號，取其堅也。賓鐵雖堅，終亦變壞，唯金不變不壞。」於是以大金為國號，望其永遠不變不壞也。

到「以漢制漢」未能成功，張邦昌幫助趙構即位後，反被趙構所殺。

1127 年 12 月，金太宗又兵分三路進攻南宋，繼續擴張勢力。金軍於 1129 年 11 月攻佔建康（今江蘇南京），12 月攻佔臨安（今浙江杭州），次年 1 月破定海（今浙江鎮海），追逼趙構逃到海上。到 1142 年時，金已佔據北宋版圖的三分之一。（請對照參閱圖 37 和 38）

金太宗晚年時，改「兄終弟及」的祖制，立阿骨打嫡孫完顏亶（太宗之侄）為皇位繼承人。

「天知一半」點評

答應是答應了，但「江山易改，本性難移」。遼、金、蒙古等遊牧民族打勝仗後均虜掠成性。因此，金兵撤軍時，不但擄走徽欽二帝及后妃宮女、還洗劫了京城，將宋宮廷物品、府庫積蓄、書畫珍玩等也洗劫一空。

1135 年金太宗病逝，完顏亶繼位為金熙宗。金熙宗乃昏庸之輩，1149 年被其庶弟完顏亮所弒。完顏亮生活淫亂，且嗜殺成性，1161 年 11 月征伐南宋時被屬下殺死。

繼位的金世宗完顏雍（1123—1189 年）定都中都（今北京），是一個較有作為的明君。他勤於政務，任用賢能；嚴懲貪官，提倡節儉；薄賦輕稅，勸課農桑，與民生息，使金的政治日趨清明，社會也較為安寧，史稱「大定盛世」（世宗年號為大定）。尤其難得的是，他晚年尚有自知之明，對臣下說：「朕已年老，恐怕因一時喜怒無常而處置不當。你們要當面指正朕，不要因為面子而造成朕的失誤。」1189 年金世宗病逝，其孫完顏璟（金章宗，1168—1208 年）繼位。

完顏璟胸懷大志，雄心勃勃，欲超遼宋，比肩漢唐。他重漢學，尊孔子，求賢才，懲貪官，一度提倡女真與漢通婚，促進民族融合。

金章宗完顏璟在位後期，雖屢受崛起的蒙古侵擾，但國勢仍盛。1208 年 3 月，金逼宋議和，金宋由「叔侄之國」升格為「伯侄之國」。是年 11 月，完顏璟病逝，享年 41 歲。

金章宗以後的三個皇帝皆平庸之輩，金漸陷入苟延殘喘之局。1234 年，金終於被如日中天的蒙古王朝滅亡。

第五節　蒙古汗國王朝

遼王朝時，蒙古族有幾十個部落，遊牧於今西伯利亞的貝加爾湖及今蒙古東部一帶。金王朝時，其中的孛兒只斤部遊牧在不兒罕山（今蒙古肯特山）附近。1140 年，孛兒只斤部酋長合不勒稱汗，奪取了金的克魯河以北地區，建「蒙古汗國」。合不勒死後，蒙古汗國又分裂成蒙古部落。

成吉思汗像

1206 年，合不勒汗的第四代孫鐵木真（1162—1227 年）統一了蒙古各部，被尊為成吉思汗，重建大蒙古國。

1209 年，金新君完顏永濟即位，遣使告成吉思汗。成吉思汗曰：「此等庸儒亦為之耶？」金主聞之大怒，欲尋機殺成吉思汗。但是，金蒙之勢已非昔日可比。次年 7 月，成吉思汗攻克金之烏沙堡（今內蒙古興和西北），繼而佔領野狐嶺（今河北張家口北），金王朝為之大震。

1211 年 11 月，蒙古軍又攻陷金的西京（今山西大同），直逼中都（今北京）。但蒙古軍沒有攻打中都，而是迂迴到東部，攻佔東京（今遼寧遼陽市），大掠月餘才撤兵。

1214 年初，蒙古軍掃蕩河北平原，再次兵臨中都城下。金主完顏珣（xún）被迫求和，並以童男童女各 500 人，以及大量金帛、馬匹貢獻給成吉思汗，蒙古軍才撤兵北還。是年 5 月，金主遷都南京（今河南開封），成吉思汗聞訊大怒：「既和而遷，是有疑心而不釋，誑我之計耳。」次年 5 月，成吉思汗揮軍攻陷中都，繼而圍攻南京。

本來，成吉思汗可乘勝追擊，席捲南宋。

但西域事發，他被迫西征西域。

原來，被成吉思汗吞滅的蒙古乃蠻部酋長之子屈出律投奔西遼，被西遼主招為駙馬。他勾結花剌子模國（中亞古國，請參閱圖 39）謀反，廢了西遼國王直魯古取而代之，並屢犯蒙古。

1218 年，成吉思汗派軍兵分三路西征，大敗屈出律，滅了西遼。

1220 年，蒙古軍攻佔花剌子模的布哈拉和撒馬爾罕等城。

1222 年，蒙古軍打敗俄羅斯聯軍，攻至伏爾加河入海處。

1225 年，成吉思汗還軍哈爾和林（今蒙古哈爾和林）。1226 年，成吉思汗以西夏不守諾

蒙古軍攻城圖

「天知一半」點評

蒙古者，其義為銀，與金相對。

賓鐵（遼王朝）雖堅，卻被不變不壞的金（金王朝）吃掉。

可是阿骨打做夢也沒有想到，銀（蒙古王朝）居然也能吞金。

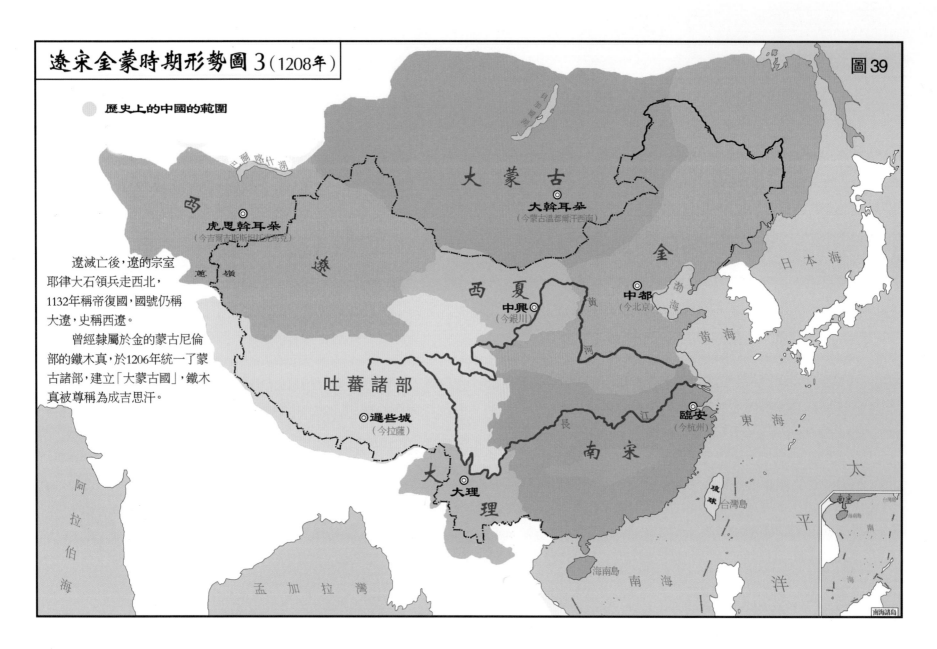

遼宋金蒙時期形勢圖 3（1208年）

圖39

○ 歷史上的中國的範圍

遼滅亡後，遼的宗室
耶律大石領兵走西北，
1132年稱帝復國，國號仍稱
大遼，史稱西遼。

曾經隸屬於金的蒙古尼倫
部的鐵木真，於1206年統一了蒙
古諸部，建立「大蒙古國」，鐵木
真被尊稱為成吉思汗。

巴爾喀什湖

西遼

虎思斡耳朵
（今吉爾吉斯斯坦托克馬克）

遼 嶺

大 蒙 古

大斡耳朵
（今蒙古溫都爾汗西南）

金

西夏

中都
（今北京）

中興 ◎
（今銀川）

黃河

日 本 海

渤海

黃海

吐蕃諸部

邏些城
（今拉薩）

長江

臨安
（今杭州）

東海

大
理

大理

琉球 台灣島

南宋

太平洋

阿拉伯海

孟加拉灣

海南島

南海

南海諸島

言，不派兵從征西域為由，親率大軍攻西夏。1227 年 6 月，西夏主李睍（xiàn）投降，西夏亡。到 1231 年，蒙古汗國的疆域已經有 1000 多萬平方公里。（請對照參閱圖 0 和圖 40）

1227 年滅西夏後，成吉思汗於 7 月病死六盤山薩里川（今甘肅清水縣境），享年 66 歲。1271 年元帝國確立後，成吉思汗被追諡為「聖武皇帝」，廟號「太祖」。

「天知一半」點評

　　一代天驕成吉思汗是中國人嗎？答案是肯定的。他是中國人，同時又是中國境內的蒙古族和蒙古國的蒙古族的共同祖先。如果不這樣認定，我們就不能圓滿解釋元帝國是歷史上的中國。當然，現在的蒙古國已經是一個獨立的國家。中蒙兩國政府在 1962 年簽訂了「中蒙邊界條約」，1988 年又在北京簽訂了「中蒙邊界制度和處理邊境問題的條約」，成為睦鄰友好國家。但是，在歷史上，從唐帝國到中華民國（630—1946 年），蒙古一直是中國領土的一部分。總而言之，偉大的成吉思汗，是中華民族的英雄，也同時是蒙古國的蒙古民族的英雄。

1271 年，成吉思汗之孫、蒙古大汗忽必烈（即元世祖，1215—1294 年）採納太保劉秉忠的建議，取《易經》中「大哉乾元」之文義，定國號為「大元」。中國歷代國號多用封地起名，此乃中國以文義為國號之始。至此，「蒙古汗國」王朝完成了歷史使命，中國進入了元帝國的歷史時期。

第六節　大理、西夏等王朝

（1）大理（938—1254 年）

大理的前身是南詔、大長和、大天興、大義寧。938 年段思平（893—945 年）成為大理的開國皇帝後，釋放奴隸，減輕賦稅，寬免徭役三年，促進了大理的經濟發展，深得民心。

宋徽宗時，曾授段思平雲南節度使、大理王的稱號。實際上，大理是個獨立的以白族為主的少數民族政權，軍事、政治、經濟全由自己控制掌握。

大理的疆域基本上承襲了南詔的疆域。其極盛時，包括今雲南的絕大部分和貴州、四川的一小部分。另外，今越南、老撾、泰國、緬甸的一部分，也在大理的疆域中。（請對照參閱圖 0 和圖 40）

1094 年，大理權臣高升泰奪權。兩年後高升泰之子高泰明又把政權歸還段氏，立段正淳為王，而高氏世為宰相。

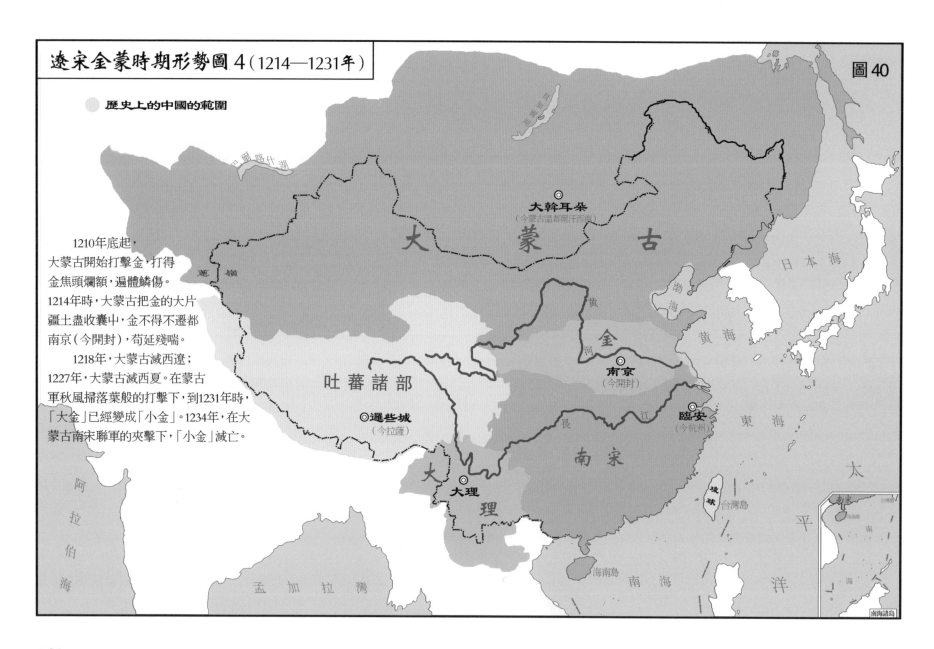

遼宋金蒙時期形勢圖 4（1214—1231年）

圖40

歷史上的中國的範圍

1210年底起，
大蒙古開始打擊金，打得
金焦頭爛額，遍體鱗傷。
1214年時，大蒙古把金的大片
疆土盡收囊中，金不得不遷都
南京（今開封），苟延殘喘。
1218年，大蒙古滅西遼；
1227年，大蒙古滅西夏。在蒙古
軍秋風掃落葉般的打擊下，到1231年時，
「大金」已經變成「小金」。1234年，在大
蒙古南宋聯軍的夾擊下，「小金」滅亡。

1253 年，蒙古大軍南下進攻大理，1254 年 1 月破都城（今雲南大理），大理亡。

(2) 西夏（1038—1227 年）

1038 年李元昊（1004—1048 年）稱「吾祖」（可汗、皇帝之意），國號大夏，定都興慶府（今寧夏銀川），史稱西夏。（請對照參閱圖 0 和圖 37）

李元昊稱帝後，接受了先進的漢文化，建立了西夏特色的軍政制度，與遼、宋打仗，勝多負少，形成遼宋夏鼎立的局面。1044 年，宋封元昊為「夏國王」，並歲賜（實為貢）銀絹茶彩等二十五萬。1048 年李元昊病逝，終年 45 歲。

1139 年，夏仁宗李仁孝即位，他在位 55 年，實行一系列的改革措施，並且確立了科舉制，西夏達至鼎盛期。

1203 年，夏齊王李彥宗之子李遵頊考中狀元，後被命為西夏國事統領。

1211 年，李遵頊廢襄宗李安全，自立為神宗，創中國歷史上空前絕後的狀元當皇帝的先例。但是，這個狀元皇帝在與蒙古、南宋的戰爭中屢敗，不得不於 1223 年禪位給次子獻宗李德旺。

西夏的疆域一直比較穩定，包括今內蒙古、寧夏、甘肅、青海、新疆等省（區）的一部分，以及今蒙古的一小部分。（請對照參閱圖 0 和圖 39）

西夏歷九帝，於 1227 年被蒙古王朝所滅亡。

(3) 吐蕃諸部（9 世紀末—13 世紀初）

吐蕃王朝興起於七世紀初。到 637 年松贊干布統一西藏高原後，吐蕃崛起，成為和唐帝國並存的強大的中國邊疆政權。

641 年松贊干布迎娶文成公主，「嫁妝」除佛像珍寶外，還包括各種經典三白六十卷，營建工技書籍 60 冊，醫方 100 種，以及各種穀物種子等等。這批「嫁妝」對促進吐蕃的政經文化起了十分重大的作用。710 年時，唐之金城公主又嫁給吐蕃贊普赤德祖贊，並帶去一大批工匠及專業人員。

8 世紀後半葉，吐蕃由盛而衰，分裂成諸多部落。進入五代十國及遼宋金蒙時，吐蕃各部內戰不斷，兼併頻繁。

1254 年，忽必烈的名將兀良合台揮軍入吐蕃，吐蕃諸部紛紛投降。從此以後，吐蕃一直納入中國版圖。1271 年後，元帝國將吐蕃劃歸中央掌管全國佛教事務的「總制院」管轄。

(4) 回鶻諸部（10 世紀—12 世紀初）

回鶻（今維吾爾族）諸部以高昌（今新疆吐魯番東）回鶻為主。981 年，高昌回鶻王派都督麥索溫向北宋王朝進貢方物，宋太宗也派王延德率使團回訪回鶻，並回贈了很多貴重的禮物，包括一件皇帝的襲衣。王延德於 984 年返宋後，寫了一本《西州使程記》，記載了高昌回鶻的豐富物產和風土人情。

另外，在河西走廊一帶，有甘州（今甘肅張掖）回鶻。據考證，甘州回鶻是今天中國少

數民族裕固族的祖先。他們在 10 世紀初建立過獨立政權，今天的青海、甘肅、新疆南部一帶是他們的活動範圍。

12 世紀初，回鶻諸部融入西遼，13 世紀初歸附蒙古王朝。

（5）黑汗王朝（10 世紀末—12 世紀初）

10 世紀中期，蔥嶺西的回鶻和葛羅祿等部族組成黑汗王朝，又稱喀喇汗王朝。其政治文化中心在八剌沙袞城（今屬吉爾吉斯斯坦），信伊斯蘭教。

黑汗王朝的疆域包括今新疆西部，以及塔吉克斯坦、吉爾吉斯斯坦等國的一部分。（請對照參閱圖 0 和圖 37）1132 年西遼建立，黑汗被西遼吞併。

（6）西遼王朝（1132—1218 年）

金滅遼前夕，遼宗室耶律大石率領遼西北路招討司萬餘部眾，以及契丹的十八個部落，於 1124 年遠徙西域，建立了西遼王朝，都城虎思斡耳朵（意為強大的宮帳，在今吉爾吉斯斯坦的托克瑪克東，請對照參閱圖 0 和圖 38）。

耶律大石具有深厚的漢文化修養。他目光遠大，思維敏捷，是中國歷史上可以與耶律阿保機、完顏阿骨打等人比肩的傑出少數民族英雄，是一個卓越的政治家、軍事家。

他東征喀什噶爾（今新疆喀什），西伐花剌子模，使西遼成為幅員廣大的中亞王朝。

西遼歷經五主，最後一個君主直魯古被屈出律取而代之。1218 年，西遼被成吉思汗滅亡。

第 19 章

元帝國

▶▶▶ 〔1271—1368 年〕

元帝國的國祚有 97 年（1271—1368年），它是中國歷史上版圖面積最大的帝國。它第一次把中國東北部和西南部的分治政權統一起來，疆域極盛時約有 2300 多萬平方公里。（請對照參閱圖 0 和圖 41）

第一節　威服八方的忽必烈

孛兒只斤·忽必烈（1215—1294年）是成吉思汗之孫，拖雷（成吉思汗的第四子）的第四子，是元帝國的開國皇帝。

成吉思汗逝世前，曾立第三子窩闊台為蒙古大汗的繼承人。窩闊台 1241 年逝世，遺詔立其孫失烈門為嗣，但成吉思汗的其他子孫不服，由此引起諸王大戰。1246 年，窩闊台的妻子乃馬真氏立其子貴由（窩闊台長子）為蒙古大汗。但貴由是個病夫，在位兩年就去世了。於是，成吉思汗的子孫們又陷入權力之爭中。1251 年，忽必烈之兄蒙哥爭得了大汗位。

1259 年，蒙哥率軍攻伐南宋，在合州（今重慶合川）受傷身亡。1260 年，忽必烈在開平（今內蒙古多倫北）即大汗位。其弟阿里不哥不服，也在和林（今蒙古哈爾和林）宣佈為大汗。忽必烈數次率兵征討阿里不哥，阿里不哥兵敗北逃。1264 年 7 月，走投無路的阿里不哥投降。8 月，忽必烈鞏固了大汗位，並定都燕京（今北京），後改稱大都。

1271 年 11 月，忽必烈改國號為「大元」，成了元帝國的開國皇帝。

1271 年前，成吉思汗的子孫們率領蒙古大軍東征西討，佔領了東至海（日本海和鄂霍次克海），北至日不落之山（今俄羅斯西伯利亞至北極圈內），西至裏海的大片土地，並在東歐和中亞地區建立了和元帝國並立的四大汗國（欽察汗國、窩闊台汗國、察合台汗國、伊利汗國，請參閱圖 41）。

1279 年，忽必烈消滅了南宋的殘餘勢力，元帝國的版圖終於確立。（請對照參閱圖 0 和圖 41）

對照參閱圖 0 和圖 41 我們可以看到，在忽必烈統治時期，他把今朝鮮、越南、老撾、尼泊爾、印度等國的一部分納入了中國版圖。1280 年 8 月，他還命中書丞范文虎東征日本，但以失敗告終。

忽必烈是成吉思汗最優秀的子孫之一。他完成了統一中國的大業後，參考宋的典章

忽必烈像

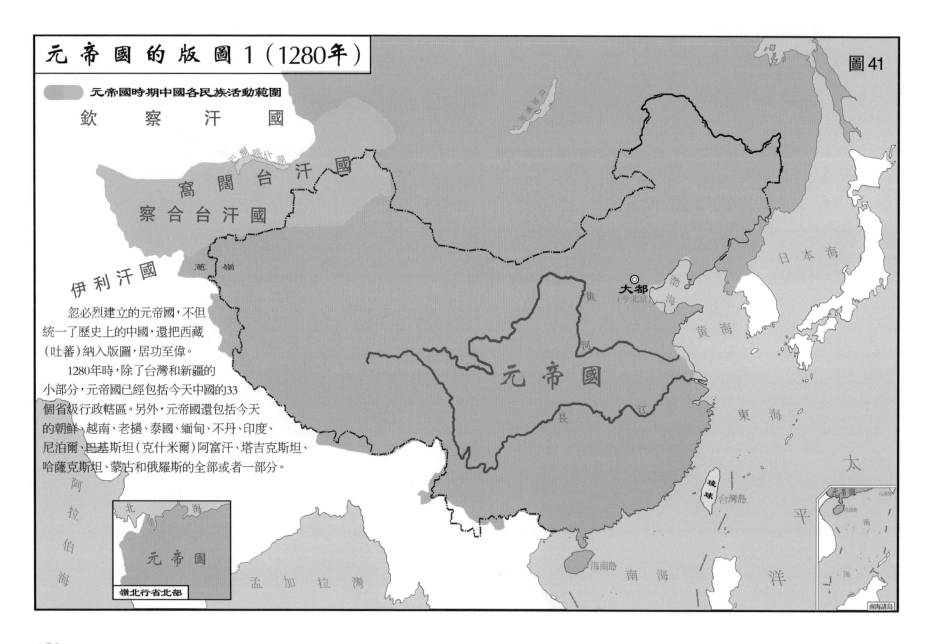

元帝國的版圖 1（1280年）

圖41

元帝國時期中國各民族活動範圍

欽 察 汗 國

窩 闊 台 汗 國

察 合 台 汗 國

伊 利 汗 國

忽必烈建立的元帝國，不但
統一了歷史上的中國，還把西藏
（吐蕃）納入版圖，居功至偉。

1280年時，除了台灣和新疆的
小部分，元帝國已經包括今天中國的33
個省級行政轄區。另外，元帝國還包括今天
的朝鮮、越南、老撾、泰國、緬甸、不丹、印度、
尼泊爾、巴基斯坦（克什米爾）阿富汗、塔吉克斯坦、
哈薩克斯坦、蒙古和俄羅斯的全部或者一部分。

巴爾喀什湖

蔥 嶺

大都
（今北京）

黃 河

長 江

元 帝 國

日 本 海

黃 海

渤 海

東 海

琉球 台灣島

海南島 南 海

太 平 洋

阿 拉 伯 海

北 海

元 帝 國

嶺北行省北部

孟 加 拉 灣

南海諸島

制度，建立了元帝國新的行政、軍事、賦稅制度。特別是他建立的行中書省（簡稱行省或省）制度影響深遠，「省」的建制至今仍在沿用。

忽必烈興修水利，發展農業生產，與民休養生息，使社會得以安定繁榮。1283年至1292年，他用了將近十年時間，在今山東境內開鑿三條運河，與隋唐大運河相連，形成了京杭大運河。運河把海河、黃河、淮河、長江和錢塘江五大水系「聯網」，成為中國古代南北交通的主動脈。忽必烈重視漢文化，喜好書法，是蒙古族皇帝中少有的書法家。他尊孔敬孟，

尤其欣賞孟子的性善、義利、仁兼之說。他經常命人給他讀《資治通鑒》，雖在軍務、政務繁忙中也不中斷。他還改變了成吉思汗及其多數子孫沿用的「血洗屠城」的殘暴政策，每次征伐前，嚴令軍士不得擅入民居，違者以軍法從事。對南宋的宗室，他也以安撫為主。他任賢用能，不拘一格。1256年，他曾任用年僅21歲的安國為相。他不但重用蒙古族人，也重用漢族人才。1286年，他擬用漢族人程文海，諫事官勸阻說，文海乃南人（南方的漢族人），且年少，不可用。忽必烈大怒曰：「汝未用南人，

何以知南人不可用？自今省、部、台、院必參用南人。」他拜程文海為侍御史，並命其求賢於江南。文天祥被俘四年，忽必烈一直沒有殺他，也是因為愛才惜才，想用其為相。

在重用漢族人才的同時，忽必烈又實行嚴峻的種族歧視政策，這是他的大過之一。他把中國人分為四等：蒙古人、色目人（西域人）、漢人（北方的漢族人）、南人（南方的漢族人）。蒙古人地位最高，南人最低。

1294年1月，忽必烈病逝，享年80歲，諡「聖德神功文武皇帝」，廟號「世祖」。

「天知一半」點評

秦帝國建立後，中國的歷史版圖由漢、唐帝國予以拓展，但東北部和西南部多數處於分治狀態。而且，唐末以後的四百年，中國一直處於大分治狀態。

忽必烈建立了元帝國，不但統一了中國，還大面積地拓展了中國，使中國歷史版圖達到最大，並第一次把東北部和西南部的分治政權統一起來，居功至偉！從此至今，中國基本上是統一的。

小詞典

文天祥是南宋時漢族的民族英雄。他的正氣歌「人生自古誰無死，留取丹心照汗青」，至今仍廣為傳誦。用今天的眼光來審視，當年他和忽必烈的矛盾只是民族矛盾而已，不是國家矛盾。

第二節　元帝國的繼任者與反元大潮

鐵穆耳（1265－1307 年）是忽必烈之孫（忽必烈之子真金的第三子，真金早逝）。他為人寬厚賢明，仁孝恭儉，深得人心。據說，鐵穆耳是由其長兄甘麻剌禪讓而即位的（另一說是知樞密院事伯顏握劍逼迫諸王擁立鐵穆耳的）。其即位時，元帝國的西部邊疆屢受窩闊台汗國和察合台汗國的侵擾。1297 年，鐵穆耳派大將牀兀兒大敗海都（窩闊台之孫）和篤哇（察合台汗國的第九代大汗）。1301 年，海都死；1303 年，篤哇降，六十多年來成吉思汗子孫自相殘殺的局面暫告結束。

鐵穆耳在位時留心人民的疾苦，對兵災、水災、旱災地區實行免稅、減稅、放賑措施，初期尚得民心。但後期他又濫賜獎賞，遂致國庫空虛，國家財政入不敷出，鈔幣貶值。

1300 年，鐵穆耳派兵遠征八百媳婦（今泰國北部與緬甸撣邦東部交界）。雖然鐵穆耳此次征戰後，疆域有所拓展（拓展地在泰緬境內，請對照參閱圖 0 和圖 41、42），但卻激起了西南少數民族起事，動亂持續多年。

1307 年 2 月，鐵穆耳病死大都，享年43 歲。

元帝國中後期的八個皇帝，多是平庸之輩或荒淫之流。

鐵穆耳在位後期入不敷出，鈔幣貶值，到其侄子海山繼位時的 1309 年，索性廢至元寶鈔（忽必烈時印造之紙幣），發行至大銀鈔。到1311 年，另一個皇帝元仁宗愛育黎拔力八達繼位時，又停用至大銀鈔，獨以銀兩流通，令廣大平民百姓受害匪淺。

元帝國的末代皇帝元惠宗妥懽（huān）帖睦爾（1320－1370 年），是成吉思汗的第八代子孫。

1332 年 8 月，元文宗圖帖睦爾死，大臣僉樞密院燕鐵木兒請立文宗之子燕帖古思，文宗的皇后不同意，命立懿璘質班（文宗侄子）為帝，廟號寧宗。是年 11 月，寧宗死，燕鐵木兒又請立燕帖古思，太后曰：「吾子（文宗子）尚幼，妥懽帖睦爾（文宗侄子，寧宗之兄）在廣西，今年十三矣，禮當立之。」於是，1333 年 6 月妥懽帖睦爾即皇帝位（廟號惠宗）。

當其時，元帝國政治腐敗，危機四伏，國勢日衰。元惠宗年幼，大權掌握在宰相伯顏手中。

伯顏專權，擅自殺戮，日益長大的元惠宗十分不滿。1340 年，未滿 20 歲的元惠宗在大臣脫脫（伯顏之侄）的輔助下，藉機貶黜了伯顏。是年 2 月，伯顏去柳林打獵，脫脫把大都所有的城門關閉，不讓伯顏進城，並請元惠宗下詔貶謫伯顏到河南行省當「左丞相」。3 月，伯顏再被貶謫到恩州（今廣東陽江），赴任途中病死。

元帝國時的紙幣「至元通行寶鈔貳貫」

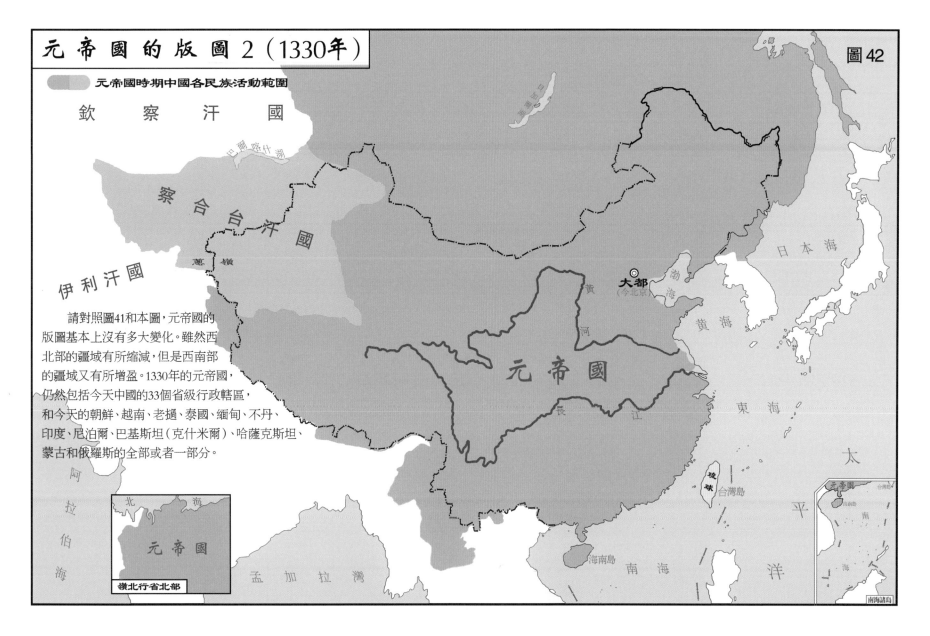

元帝國的版圖 2（1330年）

圖42

元帝國時期中國各民族活動範圍

欽 察 汗 國

巴爾喀什湖

察 合 台 汗 國

伊 利 汗 國

蔥　嶺

請對照圖41和本圖，元帝國的
版圖基本上沒有多大變化。雖然西
北部的疆域有所縮減，但是西南部
的疆域又有所增盈。1330年的元帝國，
仍然包括今天中國的33個省級行政轄區，
和今天的朝鮮、越南、老撾、泰國、緬甸、不丹、
印度、尼泊爾、巴基斯坦（克什米爾）、哈薩克斯坦、
蒙古和俄羅斯的全部或者一部分。

大都
（今北京）

黃
河

元 帝 國

長
江

日 本 海

渤
海

黃
海

東 海

琉
球

台灣島

太

平

海南島

南 海

洋

阿
拉
伯
海

北　　海

元 帝 國

嶺北行省北部

孟 加 拉 灣

元帝國

台灣島

海南島

南

海

南海諸島

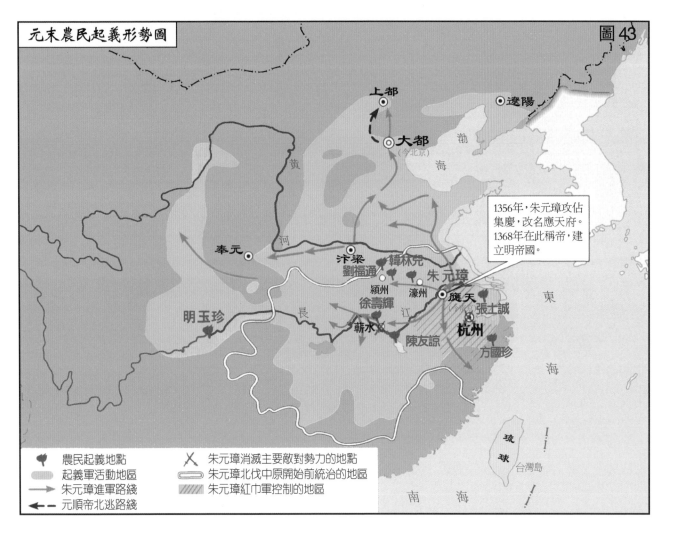

元末農民起義形勢圖

圖43

1356年，朱元璋攻佔集慶，改名應天府。1368年在此稱帝，建立明帝國。

上都

大都 (今北京)

遼陽

渤海

黃河

奉元

汴梁
劉福通

韓林兒

朱元璋

潁州

濠州

應天

長江

徐壽輝

張士誠

蘄水

杭州

陳友諒

方國珍

東海

琉球

台灣島

南海

▲ 農民起義地點	✗ 朱元璋消滅主要敵對勢力的地點
▨ 起義軍活動地區	▭ 朱元璋北伐中原開始前統治的地區
→ 朱元璋進軍路線	▨ 朱元璋紅巾軍控制的地區
←- 元順帝北逃路線	

貶謫了伯顏後8個月，脫脫被拜為右丞相。1344年脫脫被免職，到1347年又東山再起。脫脫為相初期，勵精圖治，銳意改革，一時有賢相之稱。但一人之力，難挽狂瀾。當時元的國勢已趨衰微，國家財政入不敷出。為了解決財政危機，脫脫於1350年變鈔，發行「至正通寶」和「至正交鈔」，致使通貨膨脹，物價扶搖直上，百姓生活苦不堪言，起事反抗遍於大江南北。（請參閱圖43）

1355年5月，泰州（今江蘇泰州）人張士誠因受富豪欺凌，聚眾起事，據平江（今江蘇蘇州）等地，自稱誠王，國號大周。

1351年，潁州（今安徽阜陽）人劉福通以紅巾為誌起事，號稱「紅巾軍」。1355年，劉福通攻佔亳州（今安徽亳縣）等地，迎立韓林兒為

小明王，國號大宋。

1357年黃岩（今屬浙江）人方國珍聚眾數千人起事，佔據慶元（今浙江寧波）等地。

1351年，蘄州（今屬湖北）人徐壽輝起事，隊伍一度發展到十萬人。1357年，徐壽輝的丞相倪文俊欲殺徐壽輝自立，後被倪之部將陳友諒識破，襲殺了倪。1360年，陳友諒再殺了徐壽輝，在江州（今江西九江）自稱漢王，國號漢。成了農民軍中較大的一支。

1357年，徐壽輝的部將明玉珍被拜為隴蜀行省右丞，破重慶，佔成都，威震川蜀之地。

1356年，郭子興的部將朱元璋攻佔集慶（今江蘇南京），自稱吳國公。1363年，朱元璋打敗並吞併了陳友諒的農民軍，勢力更盛，自稱吳王。1366到1368年，朱元璋又打敗了張士誠，降伏了方國珍，吞併了各路起事部隊。1368年，朱元璋在應天府（今江蘇南京）即皇帝位，建國號大明。同年，朱元璋派大將徐達北征。明軍勢如破竹，7月就兵臨大都城下。

7月28日，元惠宗率后妃、太子夜出建德門（今北京德勝門）北逃。8月，明軍破大都，立國98年的元帝國滅亡。

元惠宗逃回上都後，繼續負隅頑抗，史稱「北元」。1369年6月，上都被破，元惠宗又北逃至應昌府（今內蒙古克什克騰旗）。1370年4月，元惠宗病死。朱元璋聞其死訊，稱他知道順應歷史，退避北方，就加其號為「元順帝」。不過，朱元璋及其子孫均沒有再接再厲，征服北元。明帝國存在的同時，北元一直以「韃靼」等名義在長城以北分治。

第三節　馬可·波羅遊中國

1271年，意大利威尼斯的商人尼柯羅兄弟，帶着尼柯羅的兒子馬可·波羅（Marco Polo, 1254—1324年），經古代絲綢之路來到中國，並於1275年到達大都。馬可·波羅聰明伶俐，很快就學會了蒙古話和騎射，因此得到元世祖忽必烈的寵信。他曾被忽必烈派到雲南、江南等地去視察，還在揚州做過三年官。後來又被派遣到緬甸、印度等國訪問。馬可·波羅於1292年離開中國，從「刺桐」（今福建泉州）出發，順海路到過蘇門答臘、印度、波斯，於1295年返抵威尼斯。

1296年，威尼斯和熱那亞發生戰爭，馬可·波羅在海戰中被俘，在獄中口述東方見聞，由同獄的魯思梯謙（Rusticiano）用法文筆錄成書，稱為《馬可·波羅遊記》。此書盛讚元

馬可·波羅像

帝國社會之富庶，文化之昌明，地方之廣大，人口之眾多，令西方人聞之咋舌，在西方社會引起了很大的轟動，暢銷了七百多年。

據說，起初西方人都認為馬可·波羅是在吹牛。後來，馬可·波羅出示了一張未用完的「外幣」——元帝國發行的、用桑麻紙製成的「貳貫」面值的「至元通行寶鈔」，人們目瞪口呆，不得不信其為實。

有記載說，哥倫布（1451—1506 年）生平最愛看的一本書，就是拉丁文的《馬可·波羅遊記》。可能這本書對哥倫布發現新大陸，還有激發和啟蒙的作用呢。

「天知一半」點評

西方人為什麼對馬可·波羅的「外幣」目瞪口呆呢？因為他們還沒有見過紙幣。中國最早的紙幣——交子，誕生於 1023 年的北宋王朝。而西方最早的紙幣，誕生於 1661 年的瑞典，比中國晚了六百多年。因此，見多識廣的馬可·波羅向西方人炫耀中國（元帝國）的紙幣時，他們才對中國的文化昌明心服口服！

第四節　宋元時期的諸子百家

漢賦、唐詩、宋詞、元曲，被列為中國文化四大塊寶。

詞是詩歌的一種，形成於唐，盛行於宋，所以宋詞和唐詩並列。最初的詞，都是合樂歌唱的，所以詞有詞牌（曲調名稱），並有一定的格式，句子長短不一。如蘇軾的《念奴嬌·赤壁懷古》，「念奴嬌」就是詞牌。宋詞的大家有晏殊、歐陽修、蘇軾、辛棄疾等等。另外，鼎鼎大名的女詞人李清照、傳誦千古的皇帝詞人李後主，都有佳作傳世。

除了宋詞，宋的散文也很出色。史稱「唐宋八大家」的八位散文家，唐代只有韓愈、柳宗元兩位，宋卻佔了六位，即歐陽修、曾鞏、王安石、蘇洵、蘇軾、蘇轍。另外，「先天下之憂而憂，後天下之樂而樂」的范仲淹，也是北宋的一位大文學家。

南宋的朱熹（1130—1200 年），是一位傑出的思想家、哲學家、教育家。他以及程頤、程顥、周敦頤等人大力發揚儒學，形成了儒家的一個新學派——理學。

在朱熹之前的北宋還有一位大家司馬光（1019—1086 年），他主編的《資治通鑒》，不僅受到歷代史家的推崇，還得到毛澤東、鄧小平等現代巨人的垂青。

宋朝的不朽之作還有張擇端的畫——被譽為「中華第一神品」的《清明上河圖》。

沈括（1031—1095 年）的《夢溪筆談》，更是一部難得的科學巨著。

世稱中國古代有四大發明。其中的三大發明，即活字印刷、指南針、火藥都在宋朝出現。

儘管宋朝的文化科技非常發達，而且十分先進，但是「先進也要捱打」，令人慨歎，也發人深省。

《清明上河圖》（局部）

元帝國的國祚不算長，只有 97 年。但是，元帝國的史學卻收穫頗豐。馬端臨的《文獻通考》，以及脫脫主編的《宋史》、《遼史》、《金史》，都是千秋不朽之作。《宋史》共有四百九十六卷，是紀傳體為主的正史之中卷數最多者。《遼史》只有一百六十卷，但取材平實，所言中肯，和宋、金史互相參照，是研究中國歷史不可多得的正史之一。宋、遼、金史都被列入「二十五史」。

一般來說，當代人不寫當代史。但是，元好問（號遺山，1190—1257 年）的《遺山集》四十卷，記載了元帝國諸多人物的碑傳，為《元史》的編撰立下了汗馬功勞。

真正的詩書畫是一家，其實是從元帝國的畫家開始的。他們提倡詩書入畫，從此中國繪畫就一直沒有和詩書分家。元代大畫家有趙孟頫、黃公望、吳鎮、王蒙、倪瓚等等。

在中國文學史上，元曲所達到的成就可與唐詩、宋詞相提並論。

元曲包括雜劇、散曲。元曲的代表人物是「元曲四大家」：關、王、白、馬。

關漢卿（1220—1300 年）一生創作雜劇六十餘種，現存有《竇娥冤》、《拜月亭》等完整劇本十三種。其代表作《竇娥冤》又稱《六月雪》，全劇寫竇娥被誣殺人，官府草菅人命，判其死刑。竇娥臨刑時立下「六月飛雪，楚旱三年」的誓願，後來一一應驗。劇本既塑造了竇娥正直善良、敢於反抗的婦女形象，又鞭撻了官府草菅人命的醜惡嘴臉。

王實甫（生卒年不詳）創作的《西廂記》是中國戲曲的經典名作之一。明人賈仲明說，「新雜劇、舊傳奇，《西廂記》天下奪魁」。

白樸（1226—1306 年）創作的《梧桐雨》，取材於白居易《長恨歌》，寫唐玄宗和楊貴妃的愛情故事，纏綿悱惻，動人心懷。

馬致遠（1250—1321 年）一生都從事雜劇和散曲創作，人稱「曲狀元」。其代表作《漢宮秋》取材於王昭君出塞和親之事，但對史實進行了再創造，將王昭君塑造成一個典型的愛國者。

除了元曲，元的小說也很盛行。中國四大古典名著之一的《水滸傳》，其作者施耐庵（約 1296—1370 年）是元小說的代表作家之一。

宋江等人的故事，最早見於北宋末年的《大宋宣和遺事》，人物和故事情節都十分簡單。經過民間說書人的渲染創作，再加上施耐庵的天才，《水滸傳》才得以流芳百世，歷久不衰。

元帝國最著名的科學家，當數郭守敬（1231—1316 年）。他是中國最偉大的天文學家之一。他編訂的《授時曆》，以 365.2425 日為一年，其精確度和地球繞太陽公轉週期所經歷的時間僅差 26 秒，與 1528 年羅馬教皇頒佈、現在世界上通行的「公元曆」一歲週期相同，但《授時曆》比「公元曆」早了三百多年。

元帝國皇帝世系表★

帝號	姓名	壽命	即位年份	在位時間	帝號	姓名	壽命	即位年份	在位時間
世祖★	忽必烈	80 歲	1271 年	24 年	泰定宗	也孫鐵木耳	53 歲	1323 年	6 年
成宗	鐵穆耳	43 歲	1294 年	14 年	文宗	圖帖睦爾	29 歲	1328 年	5 年
武宗	海山	31 歲	1307 年	5 年	明宗★	和世	30 歲	1329 年	8 個月
仁宗	愛育黎拔力八達	36 歲	1311 年	10 年	寧宗	懿璘質班	7 歲	1332 年	43 日
英宗	碩德八剌	21 歲	1320 年	4 年	惠宗	妥懽帖睦爾	51 歲	1333 年	36 年

★ 蒙古王室姓孛兒只斤氏。

★ 死於 1227 年的成吉思汗是蒙古汗國的開國大汗（皇帝），蒙古汗國只是遼宋金蒙中國分治時期的一個分治政權。因此，本表不把成吉思汗列為元帝國的開國皇帝。但是，忽必烈建立元帝國後，追尊成吉思汗為「元太祖」，因此也可以視他為元帝國的開國皇帝。

★ 明宗即位 8 個月後暴死，文宗復位。

第 **20** 章

明帝國

▶▶▶ 〔1368—1644 年〕

　　明帝國的國祚共 276 年（1368—1644年）。在 1271 至 1911 年共 640 多年的中國歷史中，它是唯一的由漢族作為統治民族的帝國。其疆域極盛時約有 1000 多萬平方公里。（請對照參閱圖 0 和圖 44）

第一節　朱元璋草寇變帝王

　　朱元璋（1328—1398 年），鍾離（今安徽鳳陽）人，幼名重八，後改名興宗，參加農民軍後再改名為元璋。

　　朱元璋出生於元末黑暗、混亂的時代，少年時曾因家貧而幫人放牛。他彼時的願望也許僅僅是求得生活的溫飽，可即便是這樣卑微的要求在那個時代也是奢想。1344 年，旱災和蝗災四起，饑荒嚴重，瘟疫流行，朱元璋的父、母、兄長相繼死亡。朱元璋成為孤兒，只好入皇覺寺（在今安徽鳳陽縣，1383 年明帝國建立後遷址重建，改名龍興寺）當和尚，以求有一碗粥喝。入寺以後，寺院也缺乏食物，大部分

和尚各奔前程，朱元璋也只好四出化緣。坎坷四載，飽經風霜，最後朱元璋仍回到皇覺寺。

　　1351 年，元帝國綱紀不振，政治腐敗，天下群雄競起，特別是長江南北一帶，反元起事風起雲湧。1352 年，定遠（今屬安徽）富豪郭子興、孫德崖起兵鍾離。元將徹里不花不敢攻打起事軍，就踐踏平民百姓邀賞，並焚毀了皇覺寺。朱元璋無所依靠，只好投奔了郭子興。因為作戰勇敢，相貌雄傑，朱元璋得到了郭子興的賞識。後來，郭把義女馬氏嫁給朱元璋，這就是以後的馬皇后。

　　1355 年 3 月，郭子興病死，朱元璋統領其部隊，稱雄滁州（今安徽滁縣）一方。時有謀士獻策：「金陵，龍蟠虎踞，帝王之都。先拔之以為根本，然後四出征戰，倡仁義收人心，天下定也。」於是，朱元璋決定攻取集慶（即金陵，今江蘇南京）。

　　1356 年 3 月，朱元璋水陸並進，攻入集慶，改集慶為應天府。7 月，眾將奉朱元璋為吳國公。

　　朱元璋很有心計，定下「高築牆，廣積糧，緩稱王，倡仁義，收人心」之策，逐步剪除群雄，然後北上滅元。花了十二年時間，朱元璋終於打敗、降伏了群雄，於 1368 年 2 月在應天即皇帝位，建立明帝國，成了明的開國皇帝。

　　即位後，朱元璋派兵南征蜀（明玉珍之子明昇建蜀），北伐元，於 1390 年基本上統一了全國。

朱元璋像

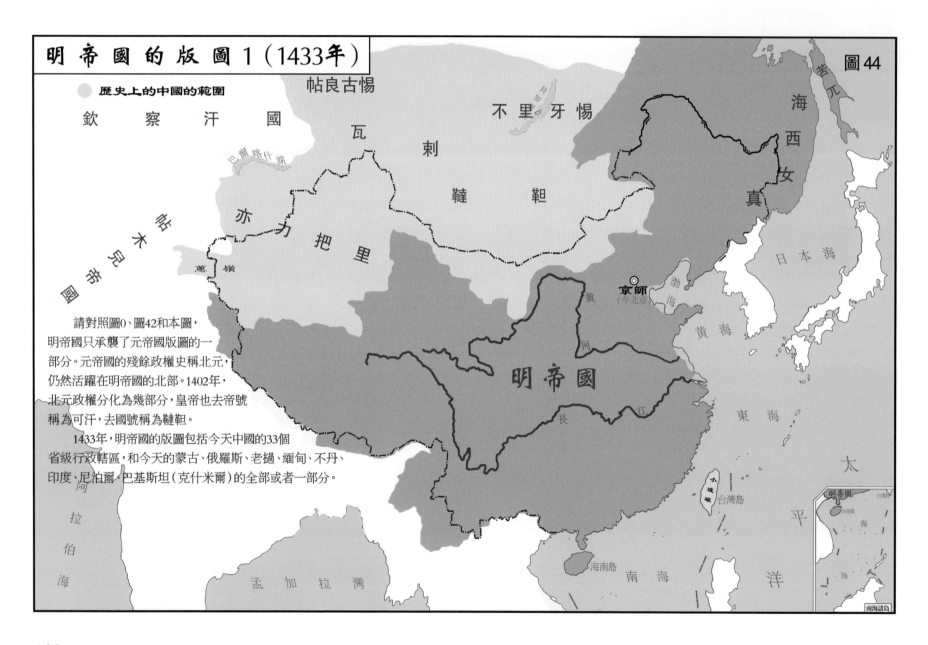

明帝國的版圖 1（1433年）

圖44

● 歷史上的中國的範圍

帖良古惕

不里牙惕

欽察汗國

瓦刺

海西女真

帖木兒帝國

亦力把里

轄鞋

京師
（今北京）

渤海

日本海

黃河

　　請對照圖0、圖42和本圖，
明帝國只承襲了元帝國版圖的一
部分。元帝國的殘餘政權史稱北元，
仍然活躍在明帝國的北部。1402年，
北元政權分化為幾部分，皇帝也去帝號
稱為可汗，去國號稱為轄鞋。

明帝國

黃海

東海

　　1433年，明帝國的版圖包括今天中國的33個
省級行政轄區，和今天的蒙古、俄羅斯、老撾、緬甸、不丹、
印度、尼泊爾、巴基斯坦（克什米爾）的全部或者一部分。

太

平

洋

阿拉伯海

孟加拉灣

海南島

南海

南海諸島

全國統一後，朱元璋打擊富豪，嚴懲貪官，大修水利，輕徭薄賦，休養生息，養民富國。他詔告天下曰：「天下初定，百姓財力俱困，譬猶初飛之鳥不可拔其羽，新植之木不可搖其根。」到 1393 年，明帝國的耕地已達 850 萬頃，人口增至 6000 萬。

朱元璋出身貧賤，但他好讀書，尤喜經史，善於總結歷史經驗，吸取歷史教訓，用人也很有一套，因而成為一位卓越的軍事家、政治家，成了一代明君、強君。

1398 年 6 月，朱元璋病死，終年 71 歲，廟號明太祖。

「天知一半」點評

　　朱元璋也有局限性。他大興「文字獄」，幾使天下文士噤口。他曾是光頭和尚，因此特別忌諱「僧」、「光」、「禿」等字，甚至近音字也不例外，如「僧」之近音字「生」，「賊」之近音字「則」（農民軍曾被元罵為賊）等等。明之文人官員因不懂避諱而被殺者不可勝數。1370 年，朱元璋禁止百姓用天、國、君、臣、堯、舜、禹、湯、文、武、秦、漢等字取名；到 1393 年，他又嚴禁用太祖、聖孫、龍孫、黃孫、王孫、太叔、太弟、太師、太傅、太保、大夫等詞取名。諸多禁忌，真是匪夷所思。

第二節　叔侄爭位　成者為「祖」

1392 年 4 月，朱元璋立的太子朱標病死，他就立寵孫朱允炆（wén，朱標子，1377 — ？年）為皇太孫，並讓其參與朝政。

1398 年，朱允炆根據朱元璋的遺詔「皇太孫允炆，仁明孝友，天下歸心，宜登大位」而登基，當上了明帝國的第二代皇帝，史稱建文帝（其年號為建文）。

朱元璋在位時，曾封其 26 個兒子中的 24 人為王（另外二子是太子朱標，還有一個兒子朱楠生下來一個月就夭折了）。這些王雖然不管民政，但有權節制當地的軍隊，還擁有直接控制的「護衛」（軍隊）。一般來說，每衛約有 5000 人，每王有三衛。在這 24 個王中，最重要的是太子朱標的同母二弟秦王朱樉（shuǎng，駐地西安府，今陝西西安）；三弟晉王朱棡（gāng，駐地太原府，今山西太原）；四弟燕王朱棣（駐地北平府，今北京）；五弟周王朱橚（sù，駐地開封府，今河南開封）。但秦王和晉王都先朱元璋而死，燕王朱棣就成了諸王中最年長而戰功卓著者。

建文帝繼位後，重用自己的老師黃子澄。黃子澄鑒於漢有「七國之亂」、晉有「八王之禍」，建議建文帝「削藩」。從 1398 年 6 月到 1399 年 6 月，建文帝廢了叔父周王朱橚、齊王朱榑（fú）、代王朱桂、岷王朱楩（pián），並把他們囚禁起來。遠在長沙府（今湖南長沙）的湘王朱柏，聞訊嚇得自焚身亡。

本來，朱元璋不立長而立幼，燕王朱棣就心有不甘。現在，見侄子大開殺戒「削藩」，就一方面裝瘋，一方面密謀反抗。1399 年 7 月 4 日，朱棣誘殺了朝廷派去監視他的布政使張昺和都指揮使謝貴，於北平府舉兵，聲稱要「靖難」，「清君側」之黃子澄和齊泰，並相繼攻佔

了通州（今北京通州）、居庸關等地。1400年底，叔姪所屬的兩軍戰於東昌（今山東聊城），燕王軍大敗，朱棣也數度陷入絕境。幸好建文帝曾有旨，令軍隊不得傷害燕王，朱棣才得以逃過幾劫。

叔姪二人斷斷續續地打了三年，互有勝負。

1402年2月，燕王朱棣逐漸佔了上風。5月，朱棣率軍渡淮，佔領了揚州府（今江蘇揚州），離應天府只有咫尺之遙。建文帝下詔罪己，並託燕王朱棣的堂姐慶成郡主面見燕王，請求割地罷兵，遭燕王拒絕。

1402年6月13日，燕王軍攻到京城金川門，燕王庶弟谷王朱橞和大將李景隆開門投降。建文帝放火焚宮，不知去向。

俗語說，「敗者為寇，成者為王」。勝利了的朱棣於1402年6月17日登上皇位，成了明帝國的第三代皇帝，史稱明成祖。

第三節　文武雙全的明成祖

明成祖朱棣（1360—1424年）原廟號是太宗，又稱「太宗文皇帝」（由他的兒子明仁宗朱高熾追諡）。一百多年後的1539年，明世宗（朱棣的第七代孫）把他的廟號改為「成祖」，於是一般史書也就稱朱棣為「明成祖」。明成祖在位23年，是明帝國最有作為的皇帝之一。

明成祖以反「削藩」即位，但也深知藩王兵權過重之弊。因此，即位之初，他雖然恢復了周王朱橚、齊王朱榑等人的王位，但不久也開始「削藩」。他藉口代王朱桂、岷王朱楩、齊王朱榑、遼王朱植等有罪，先後削去了他們的護衛，廢為庶人。1420年，有人彈劾周王朱橚企圖謀反，朱橚聞訊馬上主動交出兵權，獻出護衛。至此，諸王之兵權盡除，朱棣「削藩」成功，中央集權得以鞏固。

明成祖做過的一件影響深遠的事情是遷都並營建北京。1403年2月，朱棣改其龍興之地北平府為北京，並下令大興土木，營造北京宮殿（即北京故宮）。北京曾是遼的南京、金的中都、元帝國的大都，但只有到了明成祖手中，它才煥然一新，巍巍然有帝京氣象。1420年，北京宮殿建成，朱棣就以北京為京師，改應天府為南京，並於翌年遷都京師。此後的五百年間，北京一直是中國政治、文化的中心，它與西安、洛陽、開封等一起成為著名的古都。而完整地保存迄今的北京故宮（即紫禁城），更是宮廷建築的精華，是極其珍貴的世界文化遺產。

朱棣像

明成祖另一項有名的文治之功,是下令編纂《永樂大典》。《永樂大典》兩萬兩千多卷,三億七千多萬字,經、史、子、集、醫、卜、僧、道、小說、戲劇等無所不包,是中國歷史上最大的類書。全書集三千士子,盡三年之功,才得以完成,規模史無前例。

明成祖也頗具治國之才。他在位期間,大力興修水利,修整疏通運河,積極發展生產,獎勵開地墾荒,使明帝國的社會得以安寧太平,百姓得以休養生息,為此後的「仁宣之治」打下了良好基礎。

明成祖允文允武,1368 年他攻下大都滅元,1369 年又攻破元之上都,逼迫元順帝逃往

故宮一隅

小詞典

　　《永樂大典》全書有兩萬兩千九百三十七卷,約三億七千萬字,廣收各類圖書(包括不同政見的圖書)約八千種,因明成祖的年號為永樂而得名。《永樂大典》的正本毀於明亡之際,副本又在八國聯軍入侵時被焚毀大半。現在的《永樂大典》只有中國台北世界書局出版的影印本一千卷。

「天知一半」點評

　　「仁宣之治」是明成祖的子孫在位時創下的明帝國的盛世。但是,也有些史學家認為,「仁宣之治」應為「永宣之治」,即明之盛世應該始於明成祖的永樂年間,終於其孫明宣宗時。

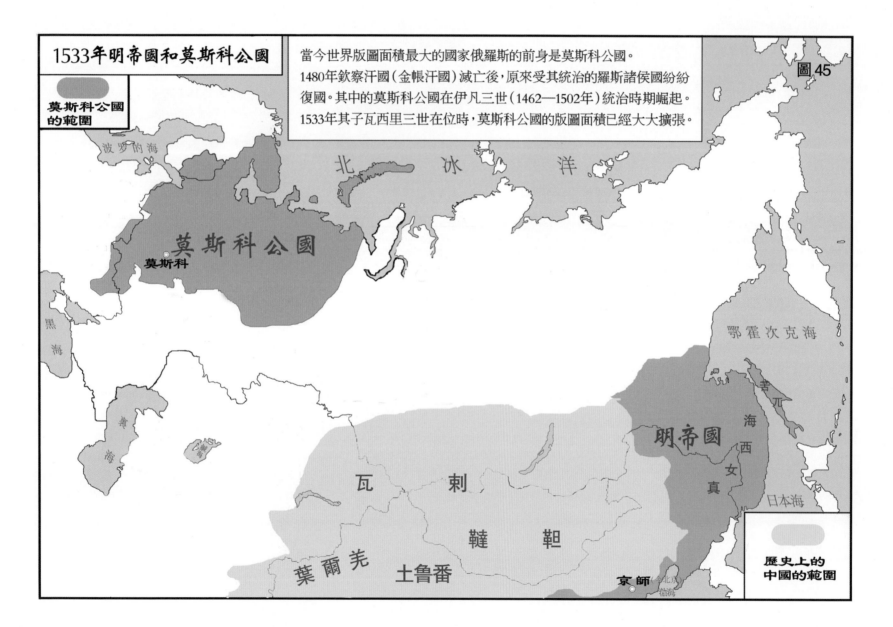

1533年明帝國和莫斯科公國

莫斯科公國的範圍

當今世界版圖面積最大的國家俄羅斯的前身是莫斯科公國。
1480年欽察汗國（金帳汗國）滅亡後，原來受其統治的羅斯諸侯國紛紛復國。其中的莫斯科公國在伊凡三世（1462—1502年）統治時期崛起。
1533年其子瓦西里三世在位時，莫斯科公國的版圖面積已經大大擴張。

圖45

波罗的海

北　冰　洋

莫斯科公國

莫斯科

黑海

里海

鄂霍次克海

明帝國

庫頁

海西

女真

日本海

瓦　刺

韃　靼

葉爾羌

土魯番

京師（今北京）

渤海

歷史上的中國的範圍

和林。不過之後他沒有再接再厲攻滅元帝國的殘餘勢力北元（明史稱為韃靼），因此北元王朝一直和明帝國並存到 1636 年。

明成祖朱棣在北平府起兵「靖難」時，曾借北元兀良哈部的騎兵。「靖難」以後，朱棣以大寧三衞，即朵顏、泰寧、福餘三衞，又稱兀良哈三衞之地作為「酬謝」。對北元的其他兩部（韃靼部和瓦剌部），他也採取親善政策。

但這種情況只維持到 1409 年，北元的韃靼、瓦剌又和明帝國交惡起來。從 1409 年起，到朱棣逝世，他一共六次征伐北元，其中五次是御駕親征。

對於明成祖這六次征伐北元，歷代史家有彈有讚，眾說紛紜。明成祖五次親征，雖然趕得北元首領本雅失里、阿魯台、馬哈木等「狼狽逃竄」，但並沒有佔領其地，斷絕其政，沒有實績。直到 1433 年的「仁宣之治」時，北元的韃靼部、瓦剌部等仍然是分治中國的獨立的北疆政權。同時，西北部還有東察哈台汗國的殘餘勢力「伊力把里」等政權。

明帝國的版圖，一直沒有恢復到元帝國的規模。不過，明帝國仍然是當時世界的頭號大國。現今世界版圖最大的俄羅斯，當時不過是個面積不到 100 萬平方公里的「莫斯科公國」。（請對照參閱圖 0、圖 44 和 45）

1424 年 7 月 18 日，明成祖因病去世，終年 65 歲。他在位時，將大明天下，鞏固發展，國勢日強，確是無愧於「成祖」之號的。

第四節 「仁宣之治」

明成祖於 1404 年 4 月立長子朱高熾（1378—1425 年）為皇太子，1424 年 7 月成祖病死，朱高熾於 8 月即位，史稱明仁宗。

明仁宗即位前，因成祖多次御駕親征，他得以代理朝政，歷練帝道。雖為「代理」，但他勤政親民，嚴懲貪污，名聲甚好。即位後，他任賢用能，整頓財政，與民休養生息，國勢蒸蒸日上。可惜他在位才十個月，就因病不治而逝，由其長子朱瞻基接班，史稱明宣宗。

明宣宗（1398—1435 年）自幼喜讀書，習經倫，甚得明成祖寵愛，遂於 1411 年被立為皇太孫。明宣宗即位後，繼承乃祖乃父之遺風，政績斐然，締造了明帝國的盛世「仁宣之治」。

「仁宣之治」的最大特點就是「天下清平，朝無失政」。十來年中，北方的瓦剌暫時歸順，韃靼也相安無事，沒有什麼戰爭發生。仁宗、宣宗中止了征伐安南（今越南）的無謂之戰，專心致力於國計民生。

明宣宗繼續重用成祖仁宗的賢臣「三楊」——楊士泰、楊榮、楊溥，任他們為內閣大學士，罷免了貪官都御史劉觀和工部尚書吳中。最令人稱道的是，他當東宮太子時重用的張瑛和陳山，在內閣大學士的位置上為官不廉，被他毫不留情地罷免貶黜。

小詞典

明宣宗提倡節儉，朝風日新，貪官式微，清官輩出。一代清官中，最著名者是蘇州知府況鍾（1383—1443 年），曾「捶殺」了貪官數人。著名的崑劇《十五貫》，就是寫這位「青天大老爺」和婁阿鼠鬥智的故事的。

1435 年 2 月，明宣宗病死，在位 11 年，享年 38 歲。明帝國的國運，也很快江河日下。

第五節　宦官專政和「土木堡之變」

明宣宗死後，由其未滿九歲的長子朱祁鎮（即明英宗，1427—1464 年）即位。起初，太皇太后張氏（明仁宗的皇后）委政大學士「三楊」和吳國公張輔、尚書胡之濙輔政，朝政還算清平。1440 年太皇太后張氏去世，朝政大權逐漸落入宦官王振之手。

本來，明太祖朱元璋吸取歷史上宦官亂政、禍國殃民的教訓，曾經立了一個鐵碑在宮門口，鑄着十一個字：「內臣不得干預政事，犯者斬。」他還規定，內臣不得識字，不許和外臣有公文來往。但他又「自己打自己嘴巴」，1393 年，他派了一個宦官聶慶童去河州處理私茶走私出境的事，這不是干政是什麼？

明成祖時，他不但多次派宦官當監軍，還派宦官出使外國，例如派「三寶太監」鄭和七次「下西洋」。之後的仁宗命太監王安「鎮守甘肅」，當了實際上的封疆大吏；宣宗也曾令大學士陳山教小宦官識字，都明明白白地犯了戒。

幸好鄭和、王安等是歷史上少有的忠勇宦官，沒有亂政。但是，明成祖、仁宗、宣宗打開了「潘多拉魔盒」的盒蓋，遺患無窮。從明英宗起，明帝國的皇帝一直都重用宦官，從此國無寧日。

明英宗小時候由太監王振服侍並且教育，受其影響甚大。九歲當皇帝時，太皇太后還能「鎮」住王振，五年後太皇太后駕崩，「三楊」也缺了兩楊，大權落入王振之手。

王振明目張膽地令人把「內臣不得干預政事」的鐵碑撤走，濫殺正直不阿的大臣，提攜拍馬奉承之人，使得朝綱日壞，社會不安。但是明英宗對此不但視而不見，還予以褒獎，稱王振為「先生」。

1439 年，北元的瓦剌部太師也先，擊敗了韃靼部，成了北邊一個強大的軍事集團。其時，他佔有東起遼東、南至長城、西到今新疆、北迄今貝加爾湖的廣大地區。

1449 年，也先大舉進攻明帝國。在王振的慫恿下，明英宗率五十萬兵馬御駕親征。明英宗連京城大門都沒有出過，哪裏懂得打仗？

王振平時大權在握，作威作福，卻也是一個毫無軍事知識的草包。軍中雖然有一些懂軍事的老將，但手中無權，心裏不痛快，「出勤不出力」，這種君臣不同心，上下不團結的軍隊，能打勝仗才怪！

「兵馬未動，糧草先行」，這是軍事常識。但這五十萬人的大部隊才出居庸關，過了宣化府（今河北宣化）就沒有軍糧了，又餓又乏地趕到大同時，也先卻避其鋒芒，不予接戰。明英宗不得不班師回到宣化府，又中了也先的埋伏，損了許多兵，折了不少將。待明英宗退到土木堡（在今河北懷來東）時，也先詐稱請和，發動突然襲擊，幾十萬明軍頓時成了「菜板上的肉」，任人宰割，王振等文武百官被亂軍殺死，明英宗也成了也先的俘虜。明帝國此次大敗，史稱「土木堡之變」。

「土木堡之變」後，明帝國雖然沒有土崩瓦解，但從此屢弱不堪，只能苟延殘喘了。

當然，「瘦死的駱駝比馬大」，明帝國雖然得了「哮喘病」，卻也「喘」了近 200 年。直到 1644 年 3 月，闖王李自成攻進北京城，拔掉了明帝國的「輸液管」，明帝國才終於「斷氣身亡」。

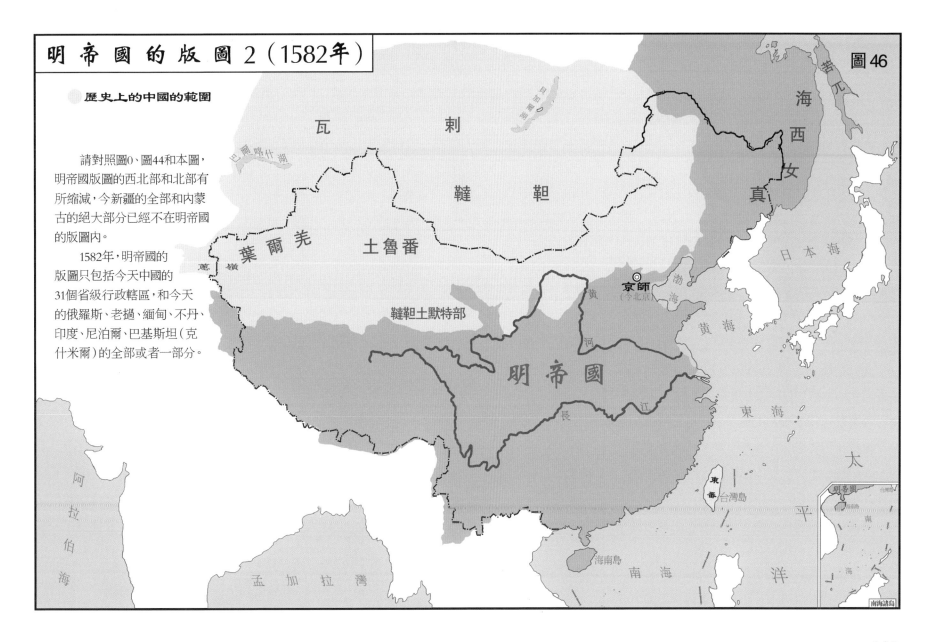

明帝國的版圖 2（1582年）

圖46

歷史上的中國的範圍

請對照圖0、圖44和本圖，明帝國版圖的西北部和北部有所縮減，今新疆的全部和內蒙古的絕大部分已經不在明帝國的版圖內。

1582年，明帝國的版圖只包括今天中國的31個省級行政轄區，和今天的俄羅斯、老撾、緬甸、不丹、印度、尼泊爾、巴基斯坦（克什米爾）的全部或者一部分。

瓦　剌

轄　靼

海西女真

苦兀

巴爾喀什湖

葉爾羌

土魯番

蔥嶺

轄靼土默特部

京師（今北京）

黃河

明帝國

長江

日本海

渤海

黃海

東番　台灣島

東海

太平洋

阿拉伯海

孟加拉灣

海南島

南海

南海諸島

明帝國

第六節　昏君庸帝和賢臣良將

明英宗以後，明帝國又經歷了九個皇帝。除了明孝宗朱祐樘（tāng，1470—1505 年）算是比較好的皇帝外，其餘八個不是昏君，就是庸帝。其實，明帝國還能夠延續將近 200 年，主要是靠了一些賢臣良將。

明英宗被俘後，他的異母弟弟朱祁鈺即位當上了皇帝。但這個皇帝也無甚作為，全靠了赤膽忠心、文武雙全的大臣于謙（1398—1457 年）等人支撐，明帝國才得以在內憂外患中屹立不倒。

在明帝國中後期的賢臣良將中，最主要的有明憲宗時的賢臣李賢、彭時、劉定之和商輅，良將韓雍、項忠、王越和余子俊；明孝宗時有徐溥、劉健、馬文昇等；明武宗時有李東陽、楊一清、王守仁等；明穆宗、神宗時有徐階、張居正、李成梁、戚繼光等。

當然，明帝國也出過不少大奸臣，如明世宗時的嚴嵩父子，明熹宗時的魏忠賢等。

明帝國的末代皇帝是思宗朱由檢（即崇禎帝，1610—1644 年）。這個皇帝即位之初，大有勵精圖治、力挽狂瀾之志。他下詔令奸臣魏忠賢自殺，召回賢臣袁崇煥為兵部尚書，明帝國的軍事、政治形勢一度有所改觀。但這個皇帝又是個剛愎自用、猜忌心極強的人，他行事反覆無常，使得羣臣噤口，國事日艱。加之其時明帝國已病入膏肓，積重難返。在農民起事和邊疆戰火的夾擊下，明帝國終於壽終正寢，於 1644 年滅亡。

第七節　農民起事和闖王李自成

早在 1436 年到 1449 年，明英宗時就發生了閩浙地區的鄧茂七、葉宗留、陳鑒胡起事。

1506 年到 1521 年，明武宗時又發生了劉六、劉七、楊虎、劉惠等領導的大規模農民起事。從 1573 年到 1619 年，農民起事更是如火如荼，遍地開花。明神宗朱翊（yì）鈞疲於應

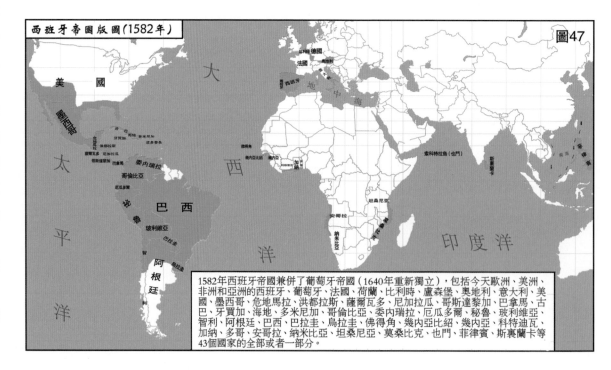

西班牙帝國版圖（1582年）　圖47

1582年西班牙帝國兼併了葡萄牙帝國（1640年重新獨立），包括今天歐洲、美洲、非洲和亞洲的西班牙、葡萄牙、法國、荷蘭、比利時、盧森堡、奧地利、意大利、美國、墨西哥、危地馬拉、洪都拉斯、薩爾瓦多、尼加拉瓜、哥斯達黎加、巴拿馬、古巴、牙買加、海地、多米尼加、哥倫比亞、委內瑞拉、厄瓜多爾、秘魯、玻利維亞、智利、阿根廷、巴西、巴拉圭、烏拉圭、佛得角、幾內亞比紹、幾內亞、科特迪瓦、加納、多哥、安哥拉、納米比亞、坦桑尼亞、莫桑比克、也門、菲律賓、斯裏蘭卡等43個國家的全部或者一部分。

明末農民起義（1619—1644年）

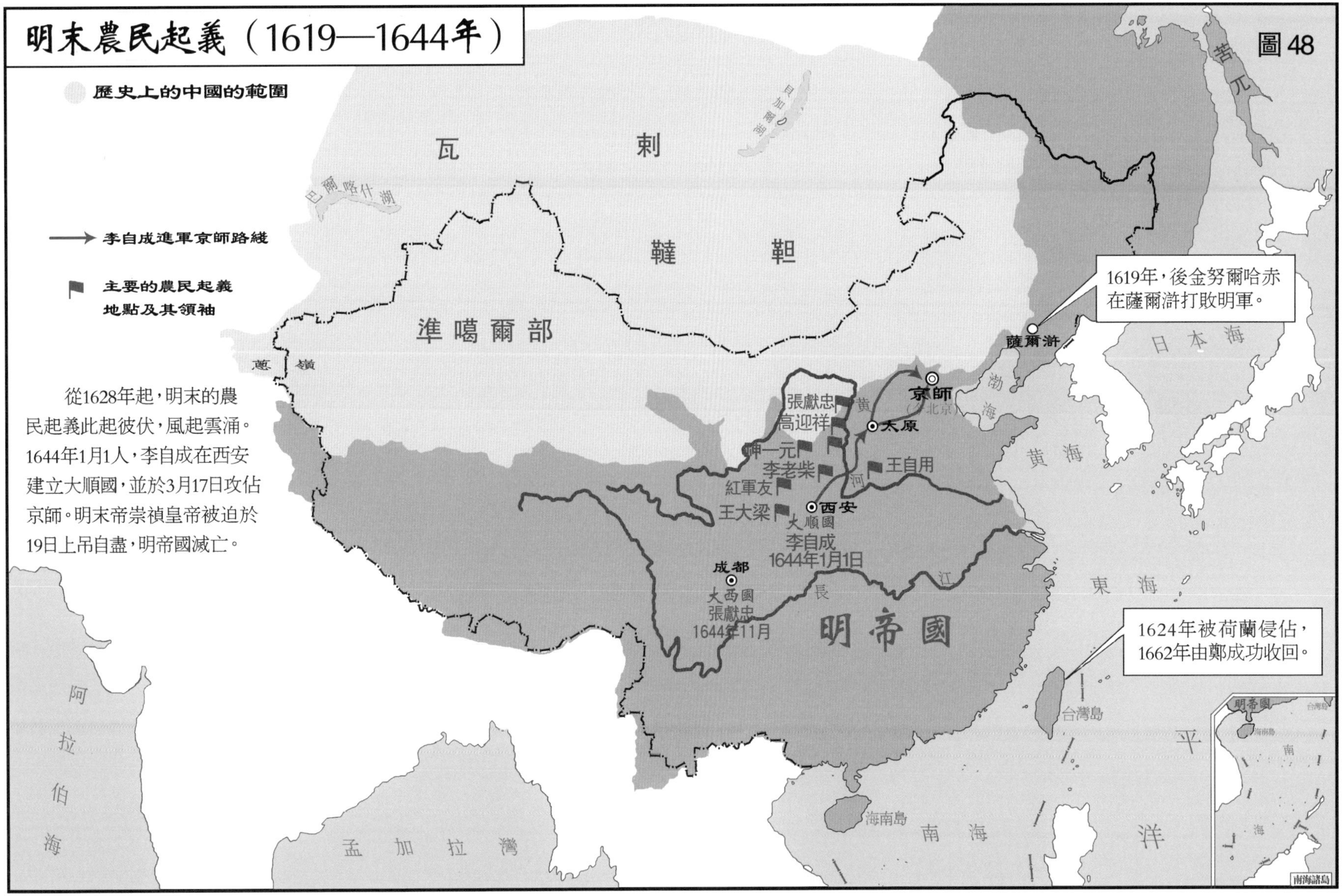

圖48

⬤ 歷史上的中國的範圍

➜ 李自成進軍京師路綫

🚩 主要的農民起義
地點及其領袖

瓦　剌

韃　靼

準噶爾部

葱　嶺

巴爾喀什湖

日瓦爾湖

苦兀

1619年，後金努爾哈赤
在薩爾滸打敗明軍。

薩爾滸

日　本　海

渤　海

京師
北京

太原

黃　海

張獻忠
高迎祥

艸一元
李老柴
紅軍友
王大梁

王自用

黃河

西安
大順國
李自成
1644年1月1日

長江

從1628年起，明末的農
民起義此起彼伏，風起雲湧。
1644年1月1人，李自成在西安
建立大順國，並於3月17日攻佔
京師。明末帝崇禎皇帝被迫於
19日上吊自盡，明帝國滅亡。

成都
大西國
張獻忠
1644年11月

明　帝　國

東　海

1624年被荷蘭侵佔，
1662年由鄭成功收回。

台灣島

阿拉伯海

孟加拉灣

海南島

南　海

太

平

洋

明帝國

台灣島

南海

南海諸島

李自成塑像

付農民起事，對北元諸部的騷擾就更加無力旁顧了。到1582年，明帝國不得不多次修築長城「禦邊」，但西北一帶、河套一帶以及大寧三衛等地盡失，「疆界」不得不明顯地南移，京師和東北的陸路通道，僅餘非常狹小的長城以南的不到100公里寬的「曲尺形走廊」。（請參閱圖48）

1628年到1644年，崇禎帝更被農民起事煎熬得像熱鍋上的螞蟻。先有王嘉胤、王大梁、王左掛、高迎祥等人於1628年造反。跟着，張獻忠、趙四兒、神一元、李老柴等人於1630年起事。（請參閱圖48）1636年，高迎祥的外甥李自成（1606—1645年）繼承「闖王」（原為高迎祥的稱號）的事業，提出「均田免賦」的口號，屢經磨難，很快發展壯大成百萬大軍。「迎闖王，不納糧」的歌謠一時傳遍了中原大地。

1644年1月，闖王李自成在西安府（今陝西西安）建立「大順國」，3月就攻佔了京師，逼迫崇禎帝自縊身死，明帝國滅亡。但是，李自成被勝利衝昏了頭腦，和部下盡情享樂，不思進取。他縱容部下強搶民女，劫掠百姓，逐漸失去民心。是年4月，他被雄踞東北的「大清」（即後金）打敗。後來，他退到湖北的九宮山（今湖北通山），被地主武裝襲殺，享年40歲。

第八節　明帝國的諸子百家

航海家鄭和（1371—1435年）七下「西洋」，是世界航海史上的創舉。他率領的龐大船隊，最大的海船長四十四丈四尺（約148米），寬十八丈（約60米），立有九桅十二帆，是當時世界上最大的海船。他的偉大航行，比意大利航海家哥倫布（1451—1506年）首航美洲大陸早87年，比麥哲倫（1480—1521年）繞過好望角，發現菲律賓早116年。他的偉大航行，既充分證明了明帝國造船技術和航海技術的先進，也廣泛促進了中國和世界各國的經濟文化交流。

地理學家徐宏祖（1586—1641年）所著《徐霞客遊記》，是一個「千古奇人」著的一部「千古奇書」。作者歷時三十一年，漫遊半個中國，窮幽探勝，搜奇覽險，為中國的地理學作出了突出的貢獻。可惜的是，現存的《徐霞客遊記》是他死後由季會明等搜集整理的，只有原稿的六分之一，但其地理學價值和文學價值已不可估量。

舉世聞名的醫學家李時珍（1518—1593年），出生於世代醫家。他自幼秉承家學，博覽羣書，精於本草。他遍遊東西南北，實地考察各種中草藥，後來歷時三十年編撰成千古藥典《本草綱目》。儘管明神宗不算是個好皇帝，但他下詔特命將《本草綱目》收進「國史」，並刊行天下，使該書能完整地傳留至今，可算是他一生少有的好事之一。

明帝國時，不但農業十分發達，工業也十分先進。宋應星（1587—1661年）編著的《天工開物》，詳細記述了當時的農業工業技術和知

識，是當時舉世無雙的科技傑作。

有人說，明之「文不如漢，詩不如唐，詞不如宋，曲不如元」，雖然言有偏頗，但也確實一語中的。明帝國雖然出過大戲曲家湯顯祖（1550—1616年），但令後世稱頌的是明的通俗小說。長篇大作有羅貫中（生卒年不詳）的《三國演義》，吳承恩（約1500—1582年）的《西遊記》。其他較著名的長篇小說還有《金瓶梅》、《東周列國志》、《精忠傳》、《好逑傳》、《東遊記》等等。

除了長篇小說，短篇小說以馮夢龍（1574—1646年）的「三言二拍」，即《喻世名言》、《警世通言》、《醒世恆言》和《初刻拍案驚奇》、《二刻拍案驚奇》，最為著名。

在明帝國後期，許多西方傳教士接踵來到中國。他們帶來了西方的宗教文化，也帶來了西方的科學技術。其中最重要的當數意大利人利瑪竇（Ricci Matteo, 1552—1610年）。他於1581年抵達澳門，後來在肇慶府（今廣東肇慶）居住十年，苦研中國的語言文字，能暢讀諸子作品與史書，並將《四書》譯成西文寄回歐洲。後來，他和大學者徐光啟（1562—1633年）合作翻譯《幾何原本》，將歐幾里得幾何學傳入中國。

最後要提及的是萬戶（生卒年不詳，約在1500年左右），他是楊利偉的先驅，是世界上第一個用火箭做飛天試驗的發明家。1945年出版的美國火箭學著作《火箭與噴氣發動機》，記載有萬戶的飛天試驗。有一次，他把一張座椅固定在一個構架上，兩邊裝上兩個大風箏，再將47枚火箭綁在構架後部。萬戶坐上座椅，讓僕人把他拴在座椅上。僕人按照萬戶的口令，同時點燃47枚火箭，只聽轟隆一聲，火光衝天，濃煙滾滾。待硝煙散盡時，人們目瞪口呆：萬戶沒有飛上天去，而是連同座椅一起被炸得粉碎。萬戶的飛天試驗失敗了，但他的勇氣和獻身精神令人敬佩。為了紀念這位為航天事業獻身的先驅，國際天文學聯合會將月球上的一座環形山命名為「萬戶環形山」。

「天知一半」點評

中國的科技為什麼比西方落後？上至皇帝百官，下至文人百姓，都不重視科技是重要原因之一。這本《天工開物》初刊於1637年，但在中國流傳極少，後來竟成了絕版，幾乎失傳。「牆內開花牆外香」，《天工開物》在日本和歐洲十分吃香。1928年，陶湘從日本找到翻刻本在中國重印，《天工開物》才「出口轉內銷」傳承至今。

萬戶捨身飛天試驗圖

明帝國皇帝世系表

帝號	姓名	壽命	即位年份	在位時間	帝號	姓名	壽命	即位年份	在位時間
太祖	朱元璋	71 歲	1368 年	31 年	孝宗	朱祐樘	36 歲	1487 年	19 年
惠帝	朱允炆	？	1398 年	5 年	武宗	朱厚照	31 歲	1505 年	17 年
成祖	朱棣	65 歲	1402 年	23 年	世宗	朱厚熜 (cōng)	60 歲	1521 年	46 年
仁宗	朱高熾	48 歲	1424 年	1 年	穆宗	朱載垕 (hòu)	36 歲	1566 年	7 年
宣宗	朱瞻基	38 歲	1425 年	11 年	神宗	朱翊鈞	58 歲	1572 年	49 年
英宗	朱祁鎮	38 歲	1435 年	23 年	光宗	朱常洛	39 歲	1620 年	29 天
代宗	朱祁鈺	30 歲	1449 年	9 年	熹宗	朱由校	23 歲	1620 年	8 年
英宗	朱祁鎮	38 歲	1457 年	8 年	思宗	朱由檢	35 歲	1627 年	18 年
憲宗	朱見深	41 歲	1464 年	24 年					

第 21 章

清帝國

▶▶▶ 〔1644—1911 年〕

清帝國的國祚有 276 年（1644—1911 年）。中國今天的版圖，是由秦開創，由漢、唐、元拓展，由清帝國定型的。其疆域極盛時約有 1280 多萬平方公里。（請對照參閱圖 0 和圖 52）

第一節　後金開國者努爾哈赤

金王朝和清帝國的締造者都是女真族，但他們分別屬於女真的不同部落，不是同一個祖先。前者屬完顏部族，後者屬愛新覺羅部族。

金王朝被滅後，元帝國的統治者設合蘭府、水達達路等官府管轄女真遺族。明帝國的明成祖則設建州衛等「羈縻」性質的衛所，管理女真族。

後金的開國者努爾哈赤（1559—1626 年），是明帝國的「羈縻衛」建州左衛都指揮使愛新覺羅・塔克世的長子。10 歲時，努爾哈赤經常出入遼東總兵官李成梁的家，深得李成梁夫婦的愛護，視之如子。由此，努爾哈赤接觸並熟悉了漢文化。

1583 年，建州衛的女真族阿太部造反，努爾哈赤的父親塔克世和祖父覺昌安到阿太部勸說阿太不要和朝廷為敵，以免吃虧。阿太遲疑不決時，李成梁派兵來鎮壓，阿太被殺，覺昌安和塔克世也被亂軍殺死。

努爾哈赤向李成梁哭訴，李成梁命令部下找到覺昌安和塔克世的屍首，裝進棺材送還給

努爾哈赤像

他。後來李成梁奏請朝廷，封努爾哈赤為建州左衛都督僉事，1604 年又加封為龍虎將軍。

努爾哈赤雄才大略，勇武絕倫，知人善任。經過三十多年的征戰，1616 年 2 月，基本上統一了女真各部的努爾哈赤在赫圖阿拉（今遼寧新賓西老城）自稱金國汗，建國號大金，史稱後金。

1618 年 4 月，努爾哈赤以「七大恨」（明

小詞典

所謂羈縻，就是一方面「羈」，用軍事和政治手段加以控制；另一方面要「縻」，以經濟和物質的利益給予撫慰。這是中國歷史上很多帝國（或者王朝）的統治者，統治邊疆少數民族的一種特殊方法。一般來說，「羈縻政區」的官員多由當地民族的酋長或者首領擔任，並有世襲的特權。

帝國殺其祖父和父親等）告天，正式與明帝國攤牌，起兵二萬，攻入清河（今遼寧本溪東北）及撫順（今遼寧撫順），劫掠毀城而去。

1619 年 3 月，明帝國派兵部尚書楊鎬領兵九萬（號稱二十四萬），兵分四路征討努爾哈赤。努爾哈赤集八旗兵六萬人，與明軍在薩爾滸（今遼寧新賓西渾河南岸）決戰。（請對照參閱圖 0 和圖 48）努爾哈赤集中優勢兵力殲滅明的中路軍，然後再各個擊破，共消滅明軍四萬五千多人。

《皇清職貢圖》中女真的一支奇楞人的形象

1621 年 3 月，努爾哈赤乘勝攻克瀋陽（今遼寧瀋陽）和遼陽（今遼寧遼陽），並遷都遼陽。1625 年後，再遷都瀋陽，改稱盛京。至此，整個今日的東北三省地區，包括黑龍江以北及以東地區（含今俄羅斯的庫頁島），都屬於他的勢力範圍。（請對照參閱圖 0 和圖 49）

1626 年 2 月，努爾哈赤進攻袁崇煥鎮守的寧遠城（今遼寧興城）受阻，被袁崇煥的「紅夷大炮」（從葡萄牙進口的大炮）擊傷。

寧遠之敗是努爾哈赤生平第一次大挫折。1626 年 7 月，他因傷病到清河療養，8 月不治，享年 68 歲。清帝國確立後，努爾哈赤被追謚為「高皇帝」，廟號清太祖。

第二節　清帝國的創立者皇太極

皇太極（1592—1643 年）是努爾哈赤的第八子，被封為四貝勒。他儀表奇偉，聰明過人，氣度不凡。據柯劭忞等編撰的《清史稿》說，他「性耽典籍，諮覽弗倦」，對漢族典籍「四書五經」等均有涉獵。努爾哈赤逝世後，在其兄大貝勒代善的大力支持下，皇太極以「才德冠世」繼承了後金的汗位。

皇太極即位當天，下令給曾和他並列的三個「和碩貝勒」——大貝勒代善、二貝勒阿敏、三貝勒莽古爾泰，要他們「行正道，循禮儀，敦友愛，盡公忠」，頗具孔儒風範。

皇太極發佈公文時，喜歡用「三體」，即女真文、漢文、蒙古文三種文體。他對待漢人百姓，遠比努爾哈赤仁慈公正。他即位後第五天就規定，漢人納稅應與女真人同額，漢人犯法也應與女真人所受的處罰相同。如果有女真人和漢人打官司，當官者應公平處理。這除了他仁慈寬厚的性格，和他深受漢文化的濡染之外，還有一個重要原因：在後金國裏，漢人老百姓的數量比女真人多幾十倍。

1627 年，皇太極率兵進攻錦州（今遼寧錦州）和寧遠，均未得手，敗在袁崇煥手下。1629 年，皇太極率兵繞過寧遠，在長城喜峰口等處入關進攻薊州，又敗於袁崇煥。他徹底明白，袁崇煥是他進取中原必須搬掉的一塊大石。這年底，他終於攻到京師（今北京）郊外，袁崇煥也趕回京師督戰。皇太極不敢貿然攻城，便玩起了《三國演義》中周瑜騙蔣幹的反

間計。

崇禎皇帝是個多疑、猜忌的君主，他不問情由，就將袁崇煥逮捕入獄。偏偏袁崇煥是個正直的人，因為平時不送禮行賄，得罪了朝廷很多大官。加上他們的讒言誹謗，袁崇煥於1630年8月被定了謀叛之罪，凌遲處死！

1636年4月，皇太極改大金國號為大清，改族名「女真」為「滿洲」，並將年號「天聰」改為更具孔孟色彩的「崇德」，自稱「寬溫仁聖

「天知一半」點評

忽必烈改國號為「大元」，含「大哉乾元」之義，皇太極改國號為大清，可能是取「清平世界」之義。詩經上有「維清緝熙」之句，「熙」字的字義是「明」，維清緝明，也可能是皇太極之意。也有史家認為，皇太極之所以用「大清」，是避免喚起漢族百姓對「大金」滅北宋的慘痛回憶。

皇帝」，成為清帝國的創立者。

皇太極改了國號後，曾經三次攻入長城以內，最後一次是在1642年。他雖然沒有攻佔京師，卻俘虜了祖大壽、洪承疇等明大將，得了幾個寶貴的人才。皇太極待洪承疇甚厚，引起左右將臣的不滿。皇太極問他們：「我們打打殺殺了這麼久，為了什麼呢？」左右說：「為了奪取明之天下。」皇太極大笑道：「好比走路，我們都是瞎子，現在得了一個嚮導，我怎麼能不開心呢？」他的態度贏取了明降臣降將及其他漢族臣僚的忠誠，他們盡心盡力效忠大清，對大清最後奪取天下起了很大的作用。

天嫉英才。1643年9月，皇太極「無疾而終」，享年52歲。到底他是怎麼死的，至今仍是一個歷史懸案。

第三節　多爾袞和順治帝

皇太極有11個兒子。長子豪格本來最有資格繼位，但他實力強大的叔叔多爾袞（1621—1651年）也想染指皇位。於是，中國歷史又一次上演了「鷸蚌相爭，漁翁得利」的故事。皇

太極的第9個兒子福臨，6歲就被眾人扶上皇位，由多爾袞和濟爾哈朗輔政（後來多爾袞被封為「攝政王」，實際是攝政）。

多爾袞雄心勃勃，有勇有謀，他攝政期間，大清終於從偏居一隅進取中原，奪得天下。

1644年4月，李自成攻陷京師，崇禎帝自殺的消息傳到盛京，多爾袞便決定出兵。山海關的明軍守將吳三桂原來想投靠李自成，但他率軍返京師途中，得知其家被抄，其父及家人被抓，愛妾陳圓圓被李自成的大將劉宗敏霸佔，便斷了這個念頭。他派代表向多爾袞求援，歡迎他入關共同討伐李自成。

多爾袞進入山海關的關城後，和吳三桂一起拜天盟誓，「誓滅闖賊」。盟誓後，身穿白衣白甲（為崇禎帝戴孝）的明軍和清軍並肩作戰，打敗了李自成的「大順軍」。李自成迫不得已，向吳三桂求和，吳要他交出崇禎帝的太子朱慈烺（lǎng）等皇子。李自成照辦了，但吳三桂仍不依不饒，和清軍繼續進攻，李自成被迫棄京西走。吳三桂準備送太子入京繼位，多爾袞不肯，要他繼續追殺李自成。

吳三桂領兵西去後，1644年5月2日，

多爾袞率清軍輕鬆地佔領了京師。10月，福臨被迎至京師即位，這就是順治帝（1638—1661年），大清定鼎燕京，正式入主中原。

多爾袞很聰明。他接受范文程、洪承疇等人的勸說，一改以往搶奪掠殺的惡習，以收服民心為第一大事。他厚葬崇禎帝，保留明室諸王的待遇，明之官吏降服者均量才錄用；對待老百姓，他減免賦稅，救濟貧民，禮俗衣冠、剃髮與否，也暫從明制；對明之殘餘政權，他採取緩兵之策，集中力量打擊李自成。

1645年李自成死後，多爾袞分兵打擊明殘餘勢力。是年4月15日，清軍攻到揚州（今江蘇揚州），受到南明兵部尚書史可法（1601—1645年）的頑強抵抗。清軍統帥、多爾袞之弟多鐸五次致書勸降被拒，遂於25日攻破揚州，史可法殉國。清軍進城後，多鐸下令屠城。可憐揚州兵民七十二萬人幾乎都成了冤魂。

清軍破了揚州，又攻陷了南京及江浙，俘降或趕跑了明的各個殘餘政權，包括福王朱由崧、唐王朱聿鍵、魯王朱以海等。

1646年11月，清軍攻滅「大西國」，俘殺了大西王張獻忠。

但是，仍有兩個明殘餘政權在頑強抵抗：一是永曆皇帝朱由榔（明神宗之孫），二是延平王鄭成功。

1651年1月，攝政王多爾袞在完成了進取中原、定鼎燕京的偉大任務後，英年早逝。幸運的順治皇帝福臨親政。他繼續執行以漢制漢、剛柔並濟的策略。

當時，永曆皇帝朱由榔號令所及，達於雲南、貴州、廣東、廣西、湖南、江西、四川等省，頗有中興之勢。可惜其屬下諸臣各樹朋黨，勾心鬥角，無心復國。1658年，順治帝命清軍兵分三路進攻朱由榔。當年4月，洪承疇攻佔貴陽；1659年2月，清之信郡王多尼攻佔昆明，朱由榔被迫逃往緬甸（後被吳三桂俘殺），至此，其地盤盡為清軍佔據。（請參閱圖50）

《多鐸入南京圖》

「天知一半」點評

有一位王季楚，僥倖逃過揚州大屠殺，後來寫下一部《揚州十日記》。這本反映清軍屠城的書，在清末被孫中山的同盟會翻印，成了主要的反清鬥爭宣傳品。

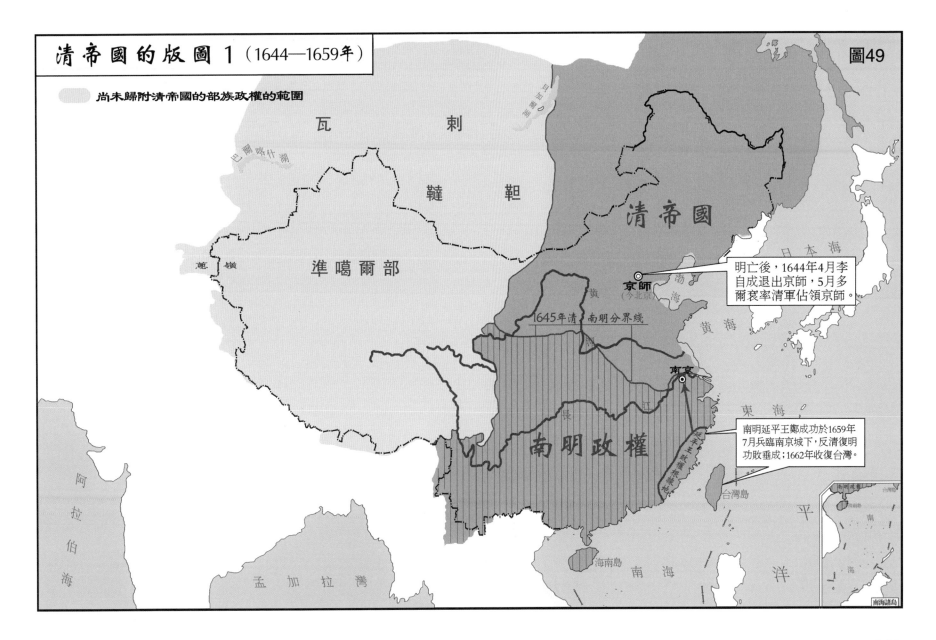

清帝國的版圖 1（1644—1659年）

圖49

尚未歸附清帝國的部族政權的範圍

瓦 刺

韃 靼

清帝國

準噶爾部

1645年清 南明分界線

京師
(今北京)

明亡後，1644年4月李自成退出京師，5月多爾袞率清軍佔領京師。

南京

南明政權

南明延平王鄭成功於1659年7月兵臨南京城下，反清復明功敗垂成；1662年收復台灣。

台灣島

阿拉伯海

孟加拉灣

海南島

南海

平洋

南海諸島

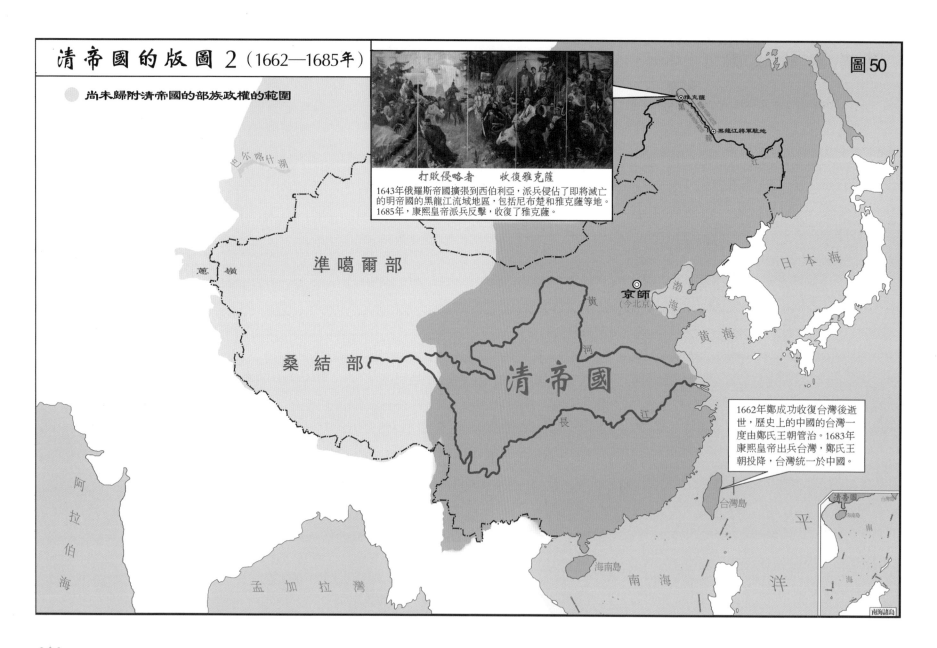

清帝國的版圖 2（1662—1685年）

圖50

尚未歸附清帝國的部族政權的範圍

打敗侵略者　收復雅克薩

1643年俄羅斯帝國擴張到西伯利亞，派兵侵佔了即將滅亡的明帝國的黑龍江流域地區，包括尼布楚和雅克薩等地。1685年，康熙皇帝派兵反擊，收復了雅克薩。

雅克薩

黑龍江將軍駐地

巴尔喀什湖

準噶爾部

蔥嶺

桑結部

京師
(今北京)

黃河

清帝國

長江

日本海

渤海

黃海

1662年鄭成功收復台灣後逝世，歷史上的中國的台灣一度由鄭氏王朝管治。1683年康熙皇帝出兵台灣，鄭氏王朝投降，台灣統一於中國。

台灣島

阿拉伯海

孟加拉灣

海南島

南海

平洋

清帝國

南海諸島

1657 年底，鄭成功被永曆皇帝朱由榔封為延平王，佔有福建、廣東、浙江沿海一帶地區。（請參閱圖 50）1659 年 5 月，鄭成功率師北伐，一路勢如破竹，7 月就兵臨南京城下，清廷為之震動。順治帝一度考慮退回關外根據地，被其母孝莊太后嚴責才沒有行動。不過，鄭成功沒能一鼓作氣，攻下南京，他被南京守將郎廷佐的緩兵之計欺騙。郎致書鄭說：「我朝有例，堅守城池超過 30 天者，不會懲罰守城將兵的妻子兒女。我們的家眷都在北京，請求你寬限 30 天，到時我們就會出城投降。」沒到 20 天，鄭成功就被清軍援兵偷襲，後來又被清軍前後夾擊大敗，不得不退回福建，經營彈丸之地，繼續與清對抗。1662 年 5 月，鄭成功收復台灣後，因病去世，其子鄭經繼承其事業。

小詞典

有傳說順治皇帝當年並沒有死，而是出家當和尚了。其實，經過歷史學家和有關專家的共同考證，順治雖然崇尚佛禪，但他的確是死於「天花」，「和尚說」是以訛傳訛而已。

1661 年 2 月，未滿 24 歲的順治帝病死，在位 19 年，親政 10 年。

第四節　雄才偉略的康熙帝

康熙帝（1654—1722 年）的全名是愛新覺羅・玄燁，是順治帝的第三子。康熙即位時，未滿 7 歲，由四大臣索尼、蘇克薩哈、遏必隆、鰲拜輔政。

本來，四大臣中的首輔是索尼，但他年老多病，很少打理朝政。當時的六部尚書，多為鰲拜的黨羽，於是大權旁落鰲拜手中。他當了實際上的首輔後，排斥異己，結黨營私。又欺負康熙年幼，常在其面前呵叱大臣，盛氣凌人。大臣稍有異議，即被他貶黜甚至誅殺，引起康熙的嚴重不滿。

1667 年 7 月，14 歲的康熙帝親政。輔政大臣之一的蘇克薩哈上疏請求引退。鰲拜藉機說蘇克薩哈「怨望」（埋怨皇帝，對皇帝失望），還列舉了蘇克薩哈 24 項大罪，要求康熙將蘇克薩哈滿門抄斬。康熙不肯，鰲拜就「強奏累日」，甚至捲起袖子做出要動手的樣子。少年康熙又怕又恨，只好准了奏，把蘇克薩哈處以絞

康熙帝像

刑。此後，康熙徹底認識到他要掌握權力，首先必須扳倒鰲拜。他一面對鰲拜虛以委蛇，一面暗中着手佈置，終於用一羣小侍衞擒住了鰲拜。從此，少年康熙真正天下在握，做出了一番驚天動地的事業。

平定「三藩之亂」

吳三桂、尚可喜、耿繼茂原來都是明帝國的大將，他們降清後，對清平定中原立了大功，吳三桂被封為平西王，據守雲南；尚可喜被封為平南王，據守廣東；耿繼茂被封為靖南王，據守福建，史稱「三藩」。

吳三桂進入雲南，殺了明永曆帝，儼然成了雲南、貴州的土皇帝。雲、貴的大小官吏全部由他任免，稅收一概由他經管。因為他帶的兵多，朝廷還要每年輸送「兵餉」兩千萬兩給他，雖然大部分兵餉由其他省份「協餉」，但也成了朝廷的一大負擔。當時，清政府每年的賦稅收入不過銀三千萬兩、糧食六百多萬石而已。因此，康熙一直耿耿於懷，一心想撤藩。

1673 年 3 月，平南王尚可喜上疏康熙，請求回遼東故鄉養老，讓兒子尚之信襲封為平南王。康熙藉此機會撤消了尚可喜在廣東的「藩領」，令他把兵丁和家眷帶回海城（今屬遼寧）去駐紮。吳三桂聞訊大為震驚，就約耿精忠（耿繼茂之子，父死後嗣靖南王位）同時上書康熙，請求撤藩，試探康熙的決心。

康熙和眾大臣商議，多數主張慰留，連康熙的祖母孝莊太后也認為撤藩時機未到。但康熙決心已定，說：「撤亦反，不撤亦反，不若先發制之。」他下了撤藩的詔令，並且派出欽差大臣去昆明，督促吳三桂早日啟程返鄉。吳三桂思慮再三，決定和康熙翻臉。1674 年 2 月，吳三桂提出「興明討虜」的口號，出兵貴州，清廷的貴州巡撫曹申吉、總兵王永清開城投降。跟着，吳三桂率領大軍進攻湖南，廣西、四川及湖北襄陽也都叛清回應，於是雲、貴、川、湘、桂、鄂地區均為吳三桂所有。是年 3 月，耿精忠也在福建反清回應，並攻佔了浙江、江西等不少地方。12 月，吳三桂的養子陝甘右鎮總兵王輔臣也殺了督軍莫洛，在甘肅蘭州回應吳三桂。隨後，尚之信（尚可喜之子）在廣東叛清，響應吳三桂。

年方二十的康熙帝臨危不懼，指揮若定。他重點打擊吳三桂，對其他勢力則採取分化瓦解的策略，逐漸變被動為主動。

1678 年 3 月，吳三桂在衡州（今湖南衡陽）稱帝，國號大周，取消了「興明」的口號，人心頓失。8 月，吳三桂暴死，其孫吳世璠繼位。但吳世璠既無政治號召力，也無軍事才能，一敗再敗，只好退守昆明。1681 年 10

「天知一半」點評

鰲拜結黨專權，飛揚跋扈，經常託病不上朝，要康熙「幸其宅，入其寢，問其疾」，令康熙更加深惡痛絕，暗立誓除鰲拜之志。一年半後，他終於用「撲擊少年」擒了鰲拜，將其終身監禁，除了一害。

從此，康熙大權在握，君臨天下，全力投入鞏固國家統一，抗擊沙俄入侵，發展國內生產，治理黃河水患的要務中去。

克塽繼位，台灣仍然孤懸海外。

和談不成，只有用武力解決。1683 年 7 月 8 日，康熙派福建水師提督施琅率兵二萬餘人，乘戰船 200 多艘出征，將據守澎湖列島的鄭軍打敗，擊沉艦船 159 艘，斃傷鄭軍 12000 多人，鄭軍主帥劉國軒僅率 31 艘船退回台灣。跟着，施琅又採取心理戰術，將 800 名鄭軍的傷殘俘虜醫治好，賞給銀米，釋放回台灣，令他們宣示招撫之意。

鄭克塽自忖再無能力抵抗，就於 7 月 27 日向清軍奉表請降，並呈交永曆帝賜給的延平王金印和台灣的戶口土地冊籍。康熙接受鄭氏投降，並說：「爾等從前抗違之罪，全行赦免。仍從優錄用。」從此，台灣遂告統一。

擊敗沙俄入侵

1650 年，俄羅斯帝國東擴，一度侵佔雅克薩（故地在今黑龍江漠河東北，黑龍江的北岸）。之後，清帝國和彼得大帝（1672—1725 年）的沙皇俄國時戰時談，爭擾不斷。1685 年 6 月，清軍擊敗俄軍，駐守雅克薩的俄軍投降，清軍令他們退回到尼布楚（在雅克薩之西），隨後把木頭城雅克薩焚毀撤軍。

《紀功圖卷》局部，反映了清軍平定「三藩之亂」的情景

月，昆明城破，吳世璠服毒自殺，歷時八年的「三藩之亂」終被平定。

統一台灣

「三藩之亂」時，耿精忠約台灣的延平王鄭經（鄭成功之子）反清。鄭經趁機出兵，佔領了福建的漳州、泉州，廣東的潮州、惠州等地。「三藩」既平，鄭經又退回台灣。

康熙曾多次派人和鄭經談判，勸其歸順清廷，和平統一台灣。鄭經提出「請照高麗外國之例，不削髮，稱臣納貢」的條件。康熙說，「朝鮮係從未所有之外國，鄭經乃中國之人」，不同意台灣成為獨立於中國之外的國家，所以談判一直未能成功。後來，鄭經病逝，其子鄭

清軍撤走後，俄軍又捲土重來。於 8 月間重佔雅克薩，將其築成土城，並派了一千多名士兵駐守。次年 5 月，清軍復來進攻，消滅了俄軍幾百人，但沒有破城，只把雅克薩包圍起來。9 月，俄軍求和，雙方停戰。

中俄雙方僵持了三年，終於於 1689 年 8 月在尼布楚談判。當時清廷代表是領侍衛大臣索額圖（索尼之子），俄方代表是陸軍大將果魯圖。經過半個月的談判，中俄雙方於 1689 年 9 月 7 日正式締約，史稱《尼布楚條約》。條約一共有九條，主要內容是：兩國以額爾古納河、格爾必齊河沿外興安嶺至海為疆界（但也留下了尾巴，有「待議地區」，請參閱圖 51）；

雅克薩城拆毀；兩國仍可持「往來支票（護照）」通商……從此以後，中俄雙方的疆界維持了約 150 年之久，沒有更動。

平定準噶爾叛亂、穩定西藏

1690 年 7 月，準噶爾部首領噶爾丹率軍二萬餘人，經庫倫（今蒙古烏蘭巴托），深入烏珠穆沁（今蒙古東北）地區。8 月，康熙御駕親征，進駐熱河（今河北承德）坐鎮指揮。兩軍於烏蘭布通（今內蒙古赤峰西北）交戰（請參閱圖 51），噶爾丹大敗西逃，逃到科布多（今蒙古西端）休整。

5 年後，噶爾丹再率騎兵三萬東侵。1696

年 3 月，康熙再次御駕親征，5 月在昭莫多（今蒙古烏蘭巴托東南）大敗噶爾丹。12 月，康熙凱旋回京。

1697 年 2 月，康熙三度親征，終於徹底打敗噶爾丹及其殘部，收復了蒙古。從此，阿爾泰山東部一帶納入清帝國版圖。（請參閱圖 51）

1682 年，西藏五世達賴喇嘛圓寂，他的「第巴」（掌政官）桑結祕不發喪，一直以達賴的名義統治西藏。康熙平定噶爾丹後，從降卒口中探知達賴已圓寂，桑結曾慫恿噶爾丹叛亂的訊息，就派人送信給桑結予以責備。桑結急忙回信認罪解釋，並尊稱康熙為「大皇帝」，請求饒恕，措詞十分恭敬，康熙也就原諒了他。

1705 年，桑結被和碩特部的拉藏汗所殺。1718 年，拉藏汗又被噶爾丹的侄子策妄阿拉布坦所殺。於是，原來據有阿爾泰山以西、天山以北地區的準噶爾部兼併了西藏。康熙不能容忍策妄阿拉布坦兼併西藏，就派兵進藏。1720 年 8 月，清軍岳鍾琪部攻陷喇薩（今拉薩），西藏正式納入中國版圖。（請參閱圖 51）

經過幾十年的奮鬥，康熙終於完成了統一中國的宏圖偉業。

「天知一半」點評

說來也巧，俄國的彼得大帝也是一個幾百年才出一個的英君，和康熙幾乎同時，比康熙小 14 歲，但他擴張領土的胃口是康熙無法比擬的。他於 1689 年親政後，俄羅斯帝國更加迅速地擴張。1696 年打敗土耳其，佔領亞速海；1721 年，他又戰勝瑞典，打通了波羅的海；1732 年對波斯戰爭後，他又獲得裏海南岸和西岸地區。

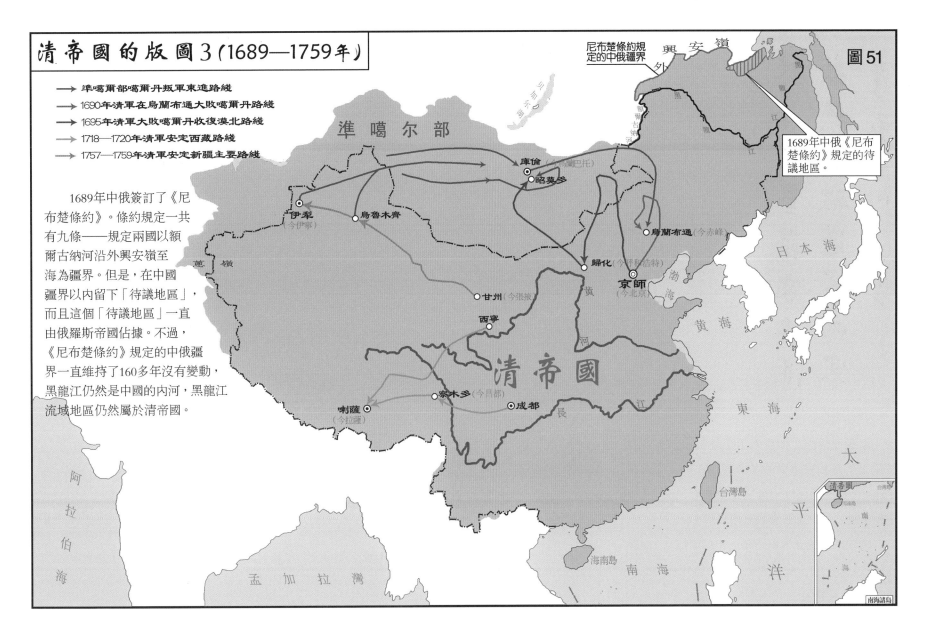

清帝國的版圖 3 (1689—1759年)　圖51

→　準噶爾部噶爾丹叛軍東進路線
→　1690年清軍在烏蘭布通大敗噶爾丹路線
→　1695年清軍大敗噶爾丹收復漠北路線
→　1718—1720年清軍安定西藏路線
→　1757—1759年清軍安定新疆主要路線

尼布楚條約規定的中俄疆界

1689年中俄《尼布楚條約》規定的待議地區。

　　1689年中俄簽訂了《尼布楚條約》。條約規定一共有九條——規定兩國以額爾古納河沿外興安嶺至海為疆界。但是，在中國疆界以內留下「待議地區」，而且這個「待議地區」一直由俄羅斯帝國佔據。不過，《尼布楚條約》規定的中俄疆界一直維持了160多年沒有變動，黑龍江仍然是中國的內河，黑龍江流域地區仍然屬於清帝國。

準噶爾部

庫倫(今烏蘭巴托)
昭莫多
伊犁(今伊寧)
烏魯木齊
烏蘭布通(今赤峰)
歸化(今呼和浩特)
京師(今北京)
甘州(今張掖)
西寧
清帝國
喇薩(今拉薩)
索木多(今昌都)
成都

日本海
渤海
黃海
東海
太平洋
臺灣島
海南島
南海
南海諸島
阿拉伯海
孟加拉灣

清帝國

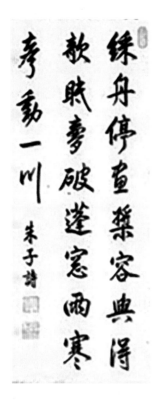

康熙帝手書的字

1711 年，他下令「滋生人丁，永不加賦」，更受百姓歡迎。

特別難得的是，康熙提倡節儉幾乎到了吝嗇的程度。明末的皇宮，每天要花費一萬兩銀子，而康熙的內務府，一個月只花費一千兩銀而已。明末宮女有九千人，太監更多如牛毛，但康熙的內宮和太監，總共不過四五百人。

康熙還是中國皇帝中非常博學的一位。他一生苦研儒學，特別崇尚朱子。並對文學、歷史、天文、曆法、地理、數學、音樂、法律、兵法、騎射、醫藥，乃至拉丁文字等學科，均有很深的造詣。他的書法，柳體為骨，顏墨為肌，在帝王中堪稱一絕。

1722 年 12 月，康熙帝病死，享年 69 歲，在位 61 年。

在康熙治內，他還着手治理黃河水患，發展國內生產，整頓吏治，嚴懲貪官，興「博學鴻儒」，倡文化科舉，編《康熙字典》，為「康雍乾盛世」打下了堅實的基礎。

清初，諸王及八旗子弟「跑馬圈地」，民怨沸騰。1669 年 7 月，康熙下令永遠禁止圈地。後來，他又規定墾荒免稅，因此大得民心。

第五節 「康雍乾盛世」

「康雍乾盛世」由康熙帝開創，雍正帝承前啟後，到乾隆帝末年結束，共歷 130 多年。在這 130 多年裏，政治局面比較安定，經濟形勢比較發達，百姓生活比較富足。在封建社會和農業社會裏，人口指標是社會繁榮昌盛最重要的指標。在「康雍乾盛世」，中國從康熙初年的 2000 多萬人，增加到乾隆末年的約 3 億人口，是一個了不起的增長指標。試想想看，養活 3 億人口，需要多少糧食？

「康雍乾盛世」是中國歷史上最著名的盛世之一。中國歷史上真正的盛世有三個：一是漢帝國時的「文景之治」到「武宣之治」，即漢文帝到昭帝、宣帝時期；二是唐帝國的「貞觀之

「天知一半」點評

康熙是歷代明君之一，但是，明君時暗，他開了清帝國「文字獄」的壞頭，興「明史獄」殺了 72 人，充軍者數百。到了乾隆，「文字獄」發展到頂峰。一文人在窗前看書，忽然一陣清風吹來，書被翻亂，便隨口吟道：「清風不識字，何故亂翻書」。有好事者告密，此人的頭「喀嚓」一下就掉了。

治」到「開元之治」；三是清帝國的「康雍乾盛世」。三個盛世時的中國，都是當時世界上首屈一指的大國和強國。前文曾有提及，漢帝國比之於羅馬帝國，唐帝國比之於阿拉伯帝國，無論是疆域面積、人口數量、綜合國力等，都是前者優於後者的。到清帝國的「康雍乾盛世」時，疆域面積可能比不上俄羅斯帝國，但人口和綜合國力卻遠遠優於俄國。美國科學家保羅‧甘乃迪（Paul Kennedy）在《大國的興衰》中說，十八世紀時，中國的工業產量（手工業

康雍乾時期，經濟、文化繁榮，製瓷業也極為發達。圖為清瓷極品之一的海晏河清尊

產量）佔世界的 32%，列世界第一。而全歐洲僅佔 23%，俄羅斯所佔不到 10%。

「康雍乾盛世」的三個締造者，我們已經介紹過康熙帝的作為，接着再看看另兩位和他們創造的時代。

勤政不親民的雍正帝

雍正帝（1678—1735 年）胤禛是康熙的第四子。他為人比較低調，不事張揚。其他皇子為了爭太子位鬧得不亦樂乎時，他談禪論經，不問政治，友好兄弟，孝敬父王，恬淡寡慾，不貪錢財，因而甚得康熙的寵愛和信任。他不但熟悉漢、滿、蒙文，還精通經史，醉心書法，騎射武術也頗具身手，曾隨康熙出征噶爾丹。

1722 年 12 月，康熙病死，遺命曰：「皇四子人品貴重，深肖朕躬，必能克承大統，着繼朕登基即皇帝位。」因為胤禛曾被封為「雍親王」，於是改年號為雍正，史稱雍正帝。

康熙晚年時，寬嚴失度，放縱了不少貪官污吏，如明珠之流。雍正即位後，以法治國，嚴懲貪官瀆職。其弟胤祹曾主管內務府，虧空公帑（tǎng）甚巨，雍正責令他變賣家產償還。

地方官吏因貪污虧空公帑，被革職抄家者甚多，雍正因此被人戲稱為「抄家皇帝」。

雍正在位時，青海發生羅卜藏丹津叛亂事件。1724 年，雍正派岳鍾琪平了叛。1731 年，小噶爾丹（噶爾丹之侄孫，策妄阿拉布坦之子）又叛，並打敗了屯田新疆的清將傅爾丹。小噶爾丹與清廷時戰時和，一直到 1759 年乾隆派兵平定新疆，準噶爾之亂才得以平息。（請參閱圖 51）

雍正是個勤政不親民的君主。他日理萬機，廢寢忘食，每日所批奏章動輒萬言。他重用的人，如「十三阿哥」胤祥，漢臣張廷玉、滿臣鄂爾泰等，都是清官能吏，堪稱一代賢臣。

雍正時，清帝國國勢強盛，外敵輕易不敢攖其鋒。1727 年，清廷與東擴的俄羅斯帝國發生邊界糾紛，最後雙方簽訂了較為公平的《布連斯奇條約》、《恰克圖條約》。議定以恰克圖（古城名，在今蒙古烏蘭巴托北）為中心，東至額爾古納河，西至沙賓達巴哈為中俄中段國界，恰克圖關為兩國貿易市場。恰克圖城是木頭城，「一城兩治」，俄方城稱為恰克圖，是正方形，中方城稱買賣城，呈長方形。恰克圖的

兩國貿易額，開始時約有一萬盧布，到 1777 年（乾隆四十二年）時升至 280 多萬盧布，到 1830 年更達到 1280 多萬盧布。

雍正精明強幹是其優，而苛刻嚴酷是其短。他繼承了康熙的衣缽，大興文字獄。又氣量狹窄，拘禁甚至殺了不少對頭，包括自己的皇兄皇弟，被諸多史家稱為「心狠手辣之君」。

1735 年 9 月，雍正病逝，享年 58 歲。

「十全老人」乾隆帝

不知是巧合還是偶然，繼承雍正帝的，又是「皇四子」弘曆，史稱乾隆帝（1711—1799 年）。弘曆性慧敏，習文練武，12 歲時已長成一表人才，甚得祖父康熙寵愛。

雍正親歷諸王爭位的殘酷，又深知明立太子，不免陷太子於驕矜和失德，更令太子成為眾矢之的。因此，他於 1723 年 9 月，創「儲位密立法」。他祕書立弘曆為嗣的詔書，藏於匣內，置於乾清宮「正大光明」匾之後。從此，此法成為清帝國的立嗣家法。

乾隆即位初，一反乃父苛酷嚴峻的風格，表現得頗為仁厚寬大。他先是幫父皇「補過」，

放了冤屈的岳鍾琪和十四皇叔胤禵（tí）。被其父皇降職的原吏部侍郎孫嘉淦，也被他官復原職，還加升為都察院左都御史，使之成為一代名臣。他又納諫如流，接納雲南道監察御史曹一士的建議，不再以文字興獄，而且要治首告者的罪。

吏治方面，乾隆繼續嚴懲貪黷。1741 年，御史仲永檀「風聞奏事」，彈劾大學士張廷玉、趙國麟、徐本，禮部侍郎吳家騏，步軍統領鄂喜等人收受「紅包」一萬兩銀子，犯了貪污受賄罪。乾隆審查這些大臣，鄂喜承認受賄一千兩，沒有拿一萬兩，但乾隆仍然下旨將之賜死。

在乾隆帝的勵精圖治之下，清帝國的國勢達到了前所未有的強盛。這也為乾隆帝解決一些軍事爭端，甚至炫耀武力提供了基礎。

1746 年，大金川土司莎羅奔吞併小金川，想在四川之西建「獨立王國」，乾隆調雲貴總督張廣泗做四川總督，討伐他。張廣泗打下了小金川，卻奈何不了莎羅奔。1748 年，乾隆又派岳鍾琪為四川提督。莎羅奔曾是岳的部下，知道岳鍾琪的厲害。1749 年，岳終於降伏了莎羅奔。1754 年，威信公大將軍岳鍾琪死於四川

提督任上。他死後，大、小金川的土司又頻頻鬧事。一直到 1774 年，大小金川之亂才得以平定。

除了大小金川，乾隆還於 1759 年派兆惠平定了準噶爾部，佔領了伊犁與塔城一帶。（請參閱圖 51）1761 年，兆惠等清軍打敗了回部的叛亂者大小和卓，佔領了喀什。1762 年，乾隆在伊犁設伊犁將軍，統管天山南北兩部。從此，天山南北兩路統稱為新疆。

1790 年 4 月，廓爾喀部族（今屬尼泊爾）興兵入西藏。清廷駐藏大臣巴忠等不顧達賴反對，竟然私下裏許諾歲銀五千兩給廓爾喀，廓爾喀才退兵。次年，廓爾喀以清廷負約（實際清廷不知有歲銀之約）為名，大舉入侵後藏，大肆掠奪日喀則。達賴和班禪飛章告急，乾隆即派福康安為將軍，率大軍入藏。1792 年 6 月，福康安收復失地，並於 7 月攻入廓爾喀境內，殺敵四千多人。廓爾喀向英國駐加爾各答總督求救，雙方講和，廓爾喀降服。此後，乾隆命留四千軍隊駐藏，頒佈《欽定西藏章程》，明確規定駐藏大臣的地位和達賴、班禪相等。

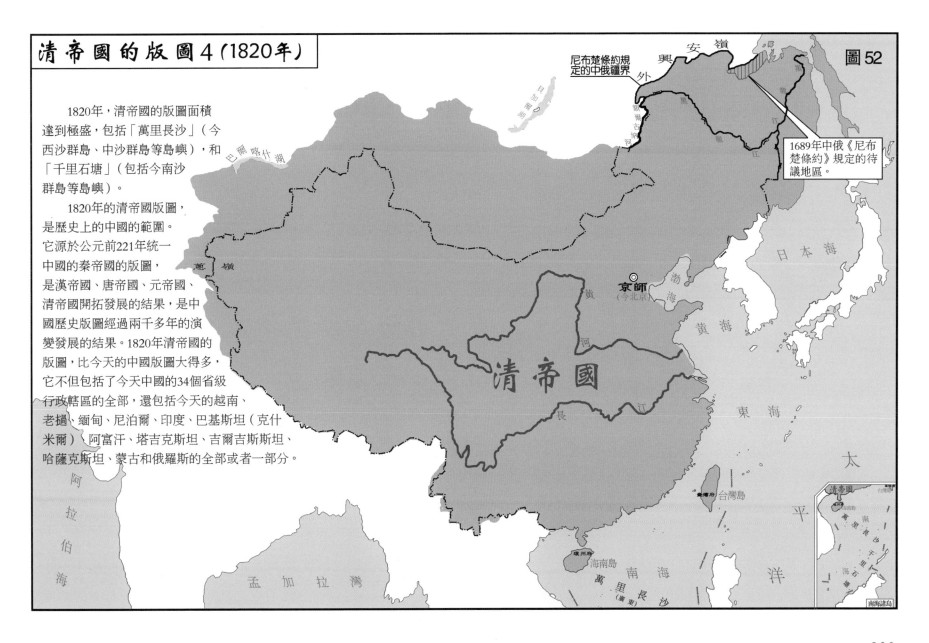

清帝國的版圖 4（1820年）

圖52

1820年，清帝國的版圖面積達到極盛，包括「萬里長沙」（今西沙群島、中沙群島等島嶼），和「千里石塘」（包括今南沙群島等島嶼）。

1820年的清帝國版圖，是歷史上的中國的範圍。它源於公元前221年統一中國的秦帝國的版圖，是漢帝國、唐帝國、元帝國、清帝國開拓發展的結果，是中國歷史版圖經過兩千多年的演變發展的結果。1820年清帝國的版圖，比今天的中國版圖大得多，它不但包括了今天中國的34個省級行政轄區的全部，還包括今天的越南、老撾、緬甸、尼泊爾、印度、巴基斯坦（克什米爾）、阿富汗、塔吉克斯坦、吉爾吉斯斯坦、哈薩克斯坦、蒙古和俄羅斯的全部或者一部分。

尼布楚條約規定的中俄疆界

1689年中俄《尼布楚條約》規定的待議地區。

《平定伊犁回部戰圖冊》之一

降伏廓爾喀後，乾隆自撰《十全武功記》，自號「十全老人」。所謂十全，即「平準噶爾為二；定回部為一；掃金川為二；靖台灣為一；降緬甸、安南各一；今二次受廓爾喀降，合為十」。

這位「十全老人」，不但武功卓著，文治也十分了得。康熙治世失之寬，雍正理政過於嚴，而乾隆則寬嚴相濟，剛柔並舉。他在位60年，人口一直處於直線上升之勢。

不過，乾隆晚年親小人，用佞臣，朝政日趨腐敗。他重用的大貪官和珅，貪污受賄所得的家產，折合白銀八億兩，相當於清政府十餘年的財政收入，創下了中國歷史上貪官貪贓的最高紀錄。另外，他後來又自己打自己的嘴巴，大興「文字獄」。

1795年10月，乾隆以「不敢上同皇祖（康熙）紀元六十一載之數」為由，禪位給兒子顒琰（yǎn，即嘉慶帝），自稱太上皇。1799年2月，乾隆病死，享年89歲，是中國歷史上最長壽的皇帝。

第六節　清帝國由盛轉衰

清帝國的盛世，僅僅到乾隆末年為止。嚴格來說，乾隆末年，清帝國已經由盛轉衰。老子說，禍中有福，福中有禍。其實，「康雍乾盛世」一開始就潛伏着衰敗之象。在「康雍乾盛世」前後，西方誕生了培根、笛卡兒、牛頓、瓦特等一大批偉大的科學家。正當乾隆舉辦「千叟宴」，歌頌清帝國的太平盛世時，英國產業革命蓬勃興起，資本主義社會走向了黃金時代。西方列強崛起了，乾隆及其繼承者們卻仍盲目樂觀，歌舞昇平，夜郎自大，不思進取，焉有不衰不敗之理？！

第一次鴉片戰爭

乾隆之子嘉慶帝在位 25 年，雖然沒有什麼大錯，卻也沒有什麼大作為。他從乾隆手上接過來的國家，已經是一個亂糟糟的國家。白蓮教起事、天祖教起事和三次兵變，弄得他焦頭爛額。但是，嘉慶在位時，清帝國的餘威猶存，版圖達至極盛。（請對照參閱圖 0 和圖 52）

乾隆之孫道光帝在位 31 年，雖然潔身自好，省吃儉用（衣非三洗不易），立志圖治圖新，但朝廷大臣腐敗、地方官吏貪污，大清已經病入膏肓。加上道光才智平庸，性格懦弱，難以力挽狂瀾。

裏面已經是亂象橫起，外頭卻還有豺狼覬覦（jì yú），這腐敗、衰弱的大清就像一道美味的佳餚陳列於列強之前。

1838 年 11 月，道光帝派林則徐（1785—1850 年）到廣東禁煙（鴉片）。1839 年 5 月，林則徐在虎門當眾銷毀鴉片煙二百三十萬斤，狠狠打擊了不法英商的巨大利益。於是，虎視大清這塊肥肉已久的英國立即找到了藉口，1840 年 1 月，英女王維多利亞發表與華作戰演說，英國會通過了對中國作戰案，鴉片戰爭爆發。是年 6 月，英軍攻打廣東、福建，均被閩浙總督鄧廷楨擊退。7 月，英軍轉戰舟山，攻陷定海等 50 餘城鎮，殺人數千，劫掠無數。一時間朝廷大震。懦弱無能的道光帝，革了林則徐和鄧廷楨之職，先後派琦善和奕山到廣東「和談」。他們和英軍訂立了喪權辱國的《穿鼻草約》、《廣州和約》（清廷均未批准）。

1842 年 7 月，擁有堅船利炮的英軍攻佔了鎮江，直逼江寧（今江蘇南京）。8 月 29 日，清政府被迫簽訂了中英《南京條約》（《江寧條約》）。主要內容是，割讓香港，開放五口通商，賠款兩千一百萬元。

喪權辱國的《南京條約》，是西方列強強加於中國的第一個不平等條約。跟着，美國和法國也強迫清政府簽定了《望廈條約》和《黃埔條約》。從此，中國開始承受「百年之辱」，陷入了半封建、半殖民地的深淵。

第二次鴉片戰爭

1850 年 2 月，道光的皇四子奕詝（zhǔ）繼位，這就是咸豐皇帝。咸豐即位之日，正值國難重重、危機四伏，儘管他也想勵精圖治，下詔「求直言」、「招賢良」，但也無法力挽狂瀾。

1851 年，洪秀全（1814—1864 年）在廣西桂平金田村起事，建號太平天國，自稱「天王」。太平軍攻城越險，所向披靡，轉戰廣西、湖南、湖北、江西、安徽、江蘇等省，並於 1853 年 3 月攻佔南京，改稱天京。（請對照參閱圖 0 和圖 53）

咸豐被太平天國弄得坐臥不寧，寢食不安，下「罪己詔」，但也無濟於事。於是，他破罐子破摔，終日以醇酒女人為伴，縱慾自戕，醉生夢死。

趁中國內亂之機，英國於 1856 年藉口「亞羅號事件」，發動了第二次鴉片戰爭。1857 年底，英法聯軍攻陷廣州，俘虜了兩廣總督葉名

小詞典

洪秀全自進天京後，勤於奢侈享受，疏於軍政事務，導致內訌，眾叛親離，太平天國由盛轉衰。1860 年以後，清政府勾結外國勢力鎮壓太平天國，1864 年攻陷天京，太平天國滅亡。

琛（chēn）。1858年，英法美俄四國聯軍又兵臨天津，逼迫清政府簽訂城下之盟《天津條約》。與此同時，沙皇俄國趁火打劫，用武力逼迫黑龍江將軍奕山簽訂了《中俄璦琿條約》（清廷不予承認）。咸豐陷於內憂外患之中，惶惶不可終日，更加縱情酒色，不能自拔。

1860年，英法聯軍佔領了天津、通州，直逼北京城，咸豐帝只得出逃熱河。10月5日，英法聯軍攻入京城，6日進入圓明園，極盡搶掠破壞之能事後，於17日火燒圓明園，把中國的文明瑰寶、「萬園之園」焚為焦土。

10月12日，清政府被迫簽下《北京條約》，割讓九龍半島給英國，賠償英、法白銀一千八百萬兩。次月，沙俄又強迫清政府簽訂《中俄北京條約》。從此以後，沙俄割佔了中國150多萬平方公里的領土。（請參閱圖53）

1861年，咸豐帝病死，兒子載淳繼位，八大臣輔政。

慈禧太后和「戊戌變法」

咸豐之子載淳即位時，年僅七歲，史稱同

「天知一半」點評

圓明園始建於康熙，到嘉慶時總面積已達五千二百多畝，景點160多處。園中殿宇集中西之精華，還收藏有無數古籍珍寶和工藝美術品，是一個綜合性的世界藝術大寶庫。圓明園被毀，不僅是中國的巨大損失，也是世界的巨大損失！

法國大作家雨果曾說：「即使把我國所有聖母院的全部寶物加在一起，也不能同這個規模宏大而富麗堂皇的東方博物館媲美。」

圓明園大水法遺跡

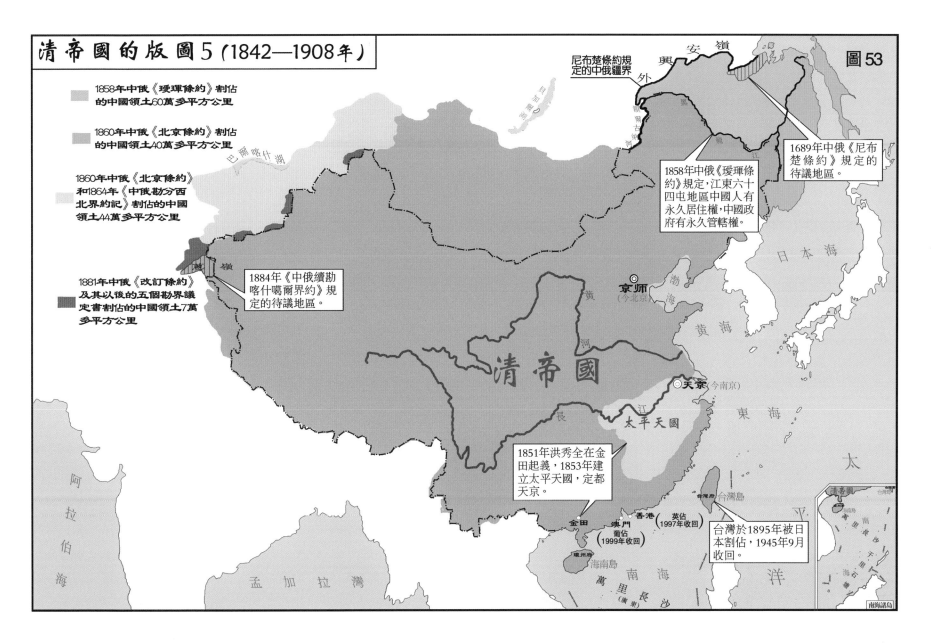

清帝國的版圖5 (1842—1908年)　圖53

1858年中俄《瑷琿條約》割佔的中國領土60萬多平方公里

1860年中俄《北京條約》割佔的中國領土40萬多平方公里

1860年中俄《北京條約》和1864年《中俄勘分西北界約記》割佔的中國領土44萬多平方公里

1881年中俄《改訂條約》及其以後的五個勘界議定書割佔的中國領土7萬多平方公里

尼布楚條約規定的中俄疆界

1689年中俄《尼布楚條約》規定的待議地區。

1858年中俄《瑷琿條約》規定，江東六十四屯地區中國人有永久居住權，中國政府有永久管轄權。

1884年《中俄續勘喀什噶爾界約》規定的待議地區。

外興安嶺

日加爾湖

黑龍江

鄂爾古納河

巴爾喀什湖

葱嶺

京師 (今北京)

黃河

日本海

渤海

黃海

長江

天京 (今南京)

太平天國

東海

1851年洪秀全在金田起義，1853年建立太平天國，定都天京。

阿拉伯海

孟加拉灣

金田　澳門 葡佔 (1999年收回)　香港 英佔 (1997年收回)

瓊州府

海南島

南海

萬里長沙 (廣東)

台灣府 台灣島

台灣於1895年被日本割佔，1945年9月收回。

太平洋

清帝國

南海諸島

治帝。同治之母葉赫那拉氏，於 1851 年被選入宮，號懿貴人，後又封為懿嬪、懿妃、懿貴妃。咸豐的正宮皇后鈕祜祿氏無子，那拉氏母以子貴，被同治尊為慈禧太后，鈕祜祿氏為慈安太后。

1861 年 11 月，慈禧太后發動「北京政變」，處死了「輔政八大臣」中的載垣、端華和肅順，實際掌握了朝政大權。從此以後，慈禧太后在晚清的中國隻手遮天，翻雲覆雨，專權了 50 年。

同治帝是康熙最差勁的子孫之一。他不但

慈禧像

毫無政績，而且荒淫無恥。幸好當時有能臣曾國藩、左宗棠、李鴻章等，才得以平定了太平天國、捻軍等農民起事，使清帝國苟延殘喘下去。

1875 年，同治帝死於天花和性病感染，由其堂弟載湉（tiān，亦是慈禧外甥）繼位，史稱光緒帝。而慈禧則繼續垂簾聽政，大權在握。

在慈禧統治時期，清帝國曾興起「洋務運動」，早期代表人物有奕訢（xīn）、桂良、文祥等人，後期的代表人物則以曾國藩、左宗棠、李鴻章、張之洞為主。所謂洋務，即「師洋夷之長技」，「達富國強兵」，挽救國家危亡之日的。但是，洋務派出於自身的局限，加上專制制度的桎梏（zhì gù），一開始就面臨着必然失敗的結果。清帝國也不可避免地愈益衰落下去。

1881 年，中俄簽訂《伊犁條約》，沙俄又割佔了中國領土 7 萬多平方公里。（請參閱圖53）

1894 年，日本發動「甲午戰爭」，洋務派李鴻章苦心經營的北洋艦隊全軍覆沒，大連、旅順、威海衛、營口等軍事要地相繼失守，清廷大為震驚。1895 年，李鴻章赴日本簽訂了史無前例喪權辱國的《馬關條約》，割讓遼東半島、台灣和澎湖列島給日本，賠償軍費白銀兩

億兩。

《馬關條約》一經傳出，全國沸騰，羣情洶湧。康有為（1858—1927 年）等一千三百多舉子「公車上書」，提出拒和、遷都、練兵、變法的主張。

年輕的光緒帝尚有愛國救難之心，也有革新圖治之念。他閱讀了康有為選寫的《日本變政考》、《俄彼得變政考》、《列國變通興盛記》等書後，決心實行變法。

1898 年 6 月 11 日，光緒帝下「明定國是」詔，並相繼發佈了改革令數十道，主要有：中央設立鐵路礦務總局和農工商局，各省設立商務局；裁撤冗員，澄清吏治，改革官制；訓練新軍，籌建海軍；廢八股，試策論，設學堂，派人出國考察留學等等。

但是，新政觸及並傷害了很多既得利益者，以慈禧為首的保守派決定鎮壓。1898 年 9 月 21 日，慈禧發動政變，將光緒軟禁，並廢除一切新政詔令（唯獨保留了京師大學堂，即今北京大學），捕殺了譚嗣同、林旭、楊銳、楊深秀、劉光第、康廣仁等革新派領袖。康有為、梁啟超等被迫逃亡日本，歷時 103 天的維新變法終告失敗。1898 年是戊戌年，故此次變法運

法國遠征軍佔領盧溝橋

日，八國聯軍攻抵北京，慈禧攜光緒逃往太原。八國聯軍攻入北京後，殺人放火，姦淫擄掠。北京城內的國寶奇珍、圖書文物又一次被洗劫一空。

1901 年，無能的清政府被迫簽訂了喪權辱國的《辛丑合約》，賠款白銀四億五千萬兩，中國成了任由西方列強宰割的肥肉。

革命先行者孫中山和武昌起義

維新變法之路不通，中國的仁人志士只有另尋救國救民之途。

孫中山（1866—1925 年）是偉大的愛國主義者，傑出的民主革命家。1894 年，28 歲的孫中山上書李鴻章，提出「人能盡其才，地能盡其利，物能盡其用，貨能暢其流」的改革主張，但未被接納。11 月，孫中山在檀香山組織興中會，以「驅除韃虜，恢復中華，創立合眾政府」為誓詞。1895 年 2 月，孫中山建立香港興中會，10 月密謀在廣州第一次起義，事泄失敗，孫中山被迫流亡海外。

1911 年 4 月 27 日，革命黨人在廣州黃花崗第十次起義。起義再次失敗了，但在全國引起了極大的震動和回響。（請參閱圖 54）

動史稱「戊戌變法」，或者「百日維新」。

風雨飄搖，內憂外患。國內民眾的情緒也極不平靜。這股激流先是衝着外國列強迸發。1896 年到 1899 年，全國發生了反對傳教士及教堂案 45 起。反教民間團體「義和團」提出「扶清滅洋」的口號，於 1900 年進入京津地區，許多傳教士和外國人、中國教民被殺。西方列強以「保護使館及僑民」的名義，組成了「八國聯軍」，又一次發動侵華戰爭。

1900 年 7 月 14 日，天津失陷。8 月 16

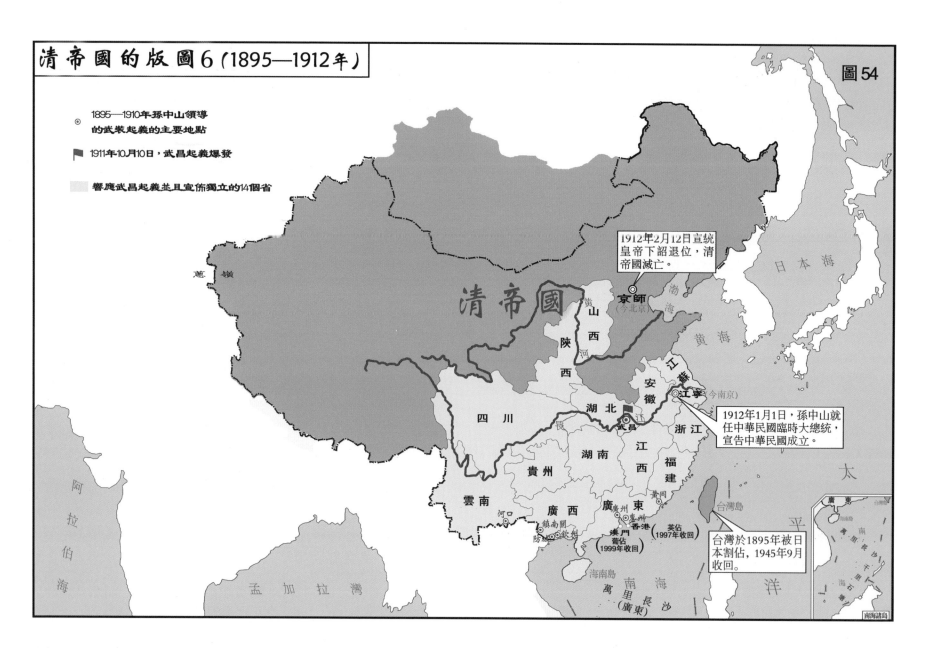

清帝國的版圖 6（1895—1912年）

圖54

⊙　1895—1910年孫中山領導
　的武裝起義的主要地點

🚩　1911年10月10日，武昌起義爆發

　　響應武昌起義並且宣佈獨立的14個省

清帝國

蔥嶺

京師
（今北京）

日本海

渤海

黃海

黃
山西
河
陝西

江蘇
安徽
江寧（今南京）

1912年2月12日宣統
皇帝下詔退位，清
帝國滅亡。

四川

湖北
武昌

浙江

1912年1月1日，孫中山就
任中華民國臨時大總統，
宣告中華民國成立。

湖南
江西
福建

貴州

雲南

黃岡

台灣島

太

廣西
廣東
廣州
惠州
香港（英佔
1997年收回）

河口
鎮南關
防城　欽州
澳門
葡佔
（1999年收回）

台灣於1895年被日
本割佔，1945年9月
收回。

平

阿拉伯海

孟加拉灣

海南島
南海
萬里長沙
（廣東）

廣東

南海諸島

洋

1911 年 10 月 10 日，革命黨人在武昌發動起義，攻下湖廣總督衙門，佔領了武昌，起義成功。（請參閱圖 54）之後，各省的革命黨人紛紛發動起義回應，很快就有十多個省宣佈獨立。1912 年 1 月 1 日，孫中山被 17 省代表推舉為中華民國臨時大總統，中華民國臨時政府宣告成立。同年 2 月 12 日，清帝國的末代皇帝溥儀被迫宣佈退位，統治中國 269 年的清帝國終於轟然倒塌。

第七節　清帝國的文化科技

清帝國初期著名的思想家有黃宗羲、顧炎武、王夫之等，其中以顧炎武最著名。他學問淵博，被奉為《儒林傳》中第一人。他的名著《日知錄》影響了幾代人，是「百科全書」的先驅。中期的思想家有江永和戴震，晚期則以龔自珍、魏源、嚴復最著名。魏源在鴉片戰爭失敗後，提出「師夷長技以制夷」的思想，主張學習西方先進的科學技術，對後來的洋務派和維新派產生了重大的影響。

清帝國的通俗小說創作，以曹雪芹的《紅樓夢》最著名。從晚清至今，因《紅樓夢》而派生出的「紅學」研究，成了一門世界性的專門學科，足證《紅樓夢》深入人心，乃是一部曠古奇書。除了《紅樓夢》，清代的著名小說還有蒲松齡的《聊齋誌異》、吳敬梓的《儒林外史》等等。

《紅樓夢》怡紅夜宴圖

清乾隆年製粉彩鏤空轉心瓶

清帝國的書畫家，初期有石濤和「六大家」，後來有「金陵八家」和「揚州八怪」。在揚州八怪中，以鄭板橋（1693—1765 年）最為著名，他的「六分半書」名聞遐邇，「難得糊塗」更加膾炙人口。

在科學技術方面，清帝國的建樹很少。

最值得一提的是詹天佑（1861—1919 年），他為中國的鐵路建設和鐵路科技奠定了基礎。另外，思想家嚴復翻譯的《天演論》等書，將達爾文的進化論引進中國，對西方科學引進中國起了極其關鍵的作用，產生了極其深遠的影響。

清帝國的瓷器和琺瑯（景泰藍），在當時世界上首屈一指。「康雍乾盛世」時，是「瓷都」江西景德鎮官窯的黃金時代。眾所周知，中國的英文名是「China」。而景德鎮原名昌南，英文「china」（瓷器）的發音據考就是由「昌南」諧音而來的。

清帝國皇帝世系表

帝號	年號	姓名	壽命	即位年份	在位時間	帝號	年號	姓名	壽命	即位年份	在位時間
太祖	天命	努爾哈赤	68 歲	1616 年	11 年	仁宗	嘉慶	顒琰	61 歲	1795 年	25 年
太宗	天聰／崇德	皇太極	52 歲	1626 年	17 年	宣宗	道光	旻（mín）寧	69 歲	1820 年	31 年
世祖	順治	福臨	24 歲	1643 年	19 年	文宗	咸豐	奕詝	31 歲	1850 年	11 年
聖祖	康熙	玄燁	69 歲	1661 年	61 年	穆宗	同治	載淳	19 歲	1861 年	13 年
世宗	雍正	胤禛	58 歲	1722 年	14 年	德宗	光緒	載湉	38 歲	1875 年	34 年
高宗	乾隆	弘曆	89 歲	1735 年	60 年		宣統	溥儀	62 歲	1908 年	3 年

★ 清朝皇室姓愛新覺羅氏。

★ 自順治皇帝福臨以後，清代皇帝均只有一個年號。史家對清代皇帝，習慣用年號來稱呼，極少用皇帝的帝號（廟號）。

第22章

中華民國

▶▶▶　〔1912—1949 年〕

中華民國在全中國的統治時間只有 37 年（1912—1949 年）。它承襲了清帝國的版圖，疆域約有 1130 多萬平方公里。（請對照參閱圖 0 和圖 55）今天的台灣政權，是中華民國的殘餘政權，是中國的地方政權、分治政權。台灣是中國神聖領土不可分割的一部分。

第一節　中華民國締造者孫中山

1911 年 10 月 10 日，武昌起義成功，各省熱烈回應，並宣佈獨立。流亡美國的孫中山得知消息後，於 12 月回國，即被 17 省代表推舉為中華民國臨時大總統。

1912 年 1 月 1 日，孫中山在南京總統府（原兩江總督府）宣佈就職，組成中華民國臨時政府，結束了兩千多年的專制制度，翻開了中國走向共和的嶄新一頁，成為中華民國的偉大締造者。

中華民國成立時，承襲了清帝國的版圖，擁有 22 個省，以及內、外蒙古和西藏、新疆，版圖面積約 1130 萬平方公里。（請對照參閱圖 0 和圖 55）

民國雖然建立了，處境卻十分艱難。一方面，原清政府的北洋大臣、掌握大批武裝力量的袁世凱利用手中的實力，威逼革命黨人，企圖奪取革命勝利的果實。另一方面，各外國列強也相中了袁世凱作為維護自己在華利益的代表，出面脅迫臨時政府。在重重壓力之下，革命黨中的一些人動搖起來。而孫中山先生深受儒家思想的濡染，也深受美國開國總統華盛頓「禪讓」的影響，腦子裏潛藏着「以身許國，功成身退」的思想，加上受到外國列強、國內既得利益階層實權派的強大壓力，以及革命黨本身組織渙散、軟弱無力等原因，他被迫於 1912 年 2 月 13 日辭去臨時大總統職，「禪讓」給袁世凱（1859—1916 年）。4 月 1 日，孫中山正式解職。不過，孫中山也意識到袁世凱不甚可靠，於 3 月 11 日頒佈了《中華民國臨時約法》，試圖以此法來約束袁世凱。

袁世凱上台後，專制獨裁的面目一步步暴露。1913 年 3 月，國民黨代理理事長宋教仁遇刺身亡，幕後指使直指袁世凱。孫中山於 7 月發動了「二次革命」討袁，但只堅持了兩個月就失敗了。討袁失敗後，孫中山被迫流亡日本，繼續為捍衛中國的共和制度，為爭取獨立、民主而鬥爭。

鎮壓了「二次革命」，袁世凱更加肆無忌憚。他先是威逼國會將他選為正式總統，後又解散國會，並炮製了一部《中華民國約法》，將全部權力都集中在總統手裏，並規定總統可

孫中山像

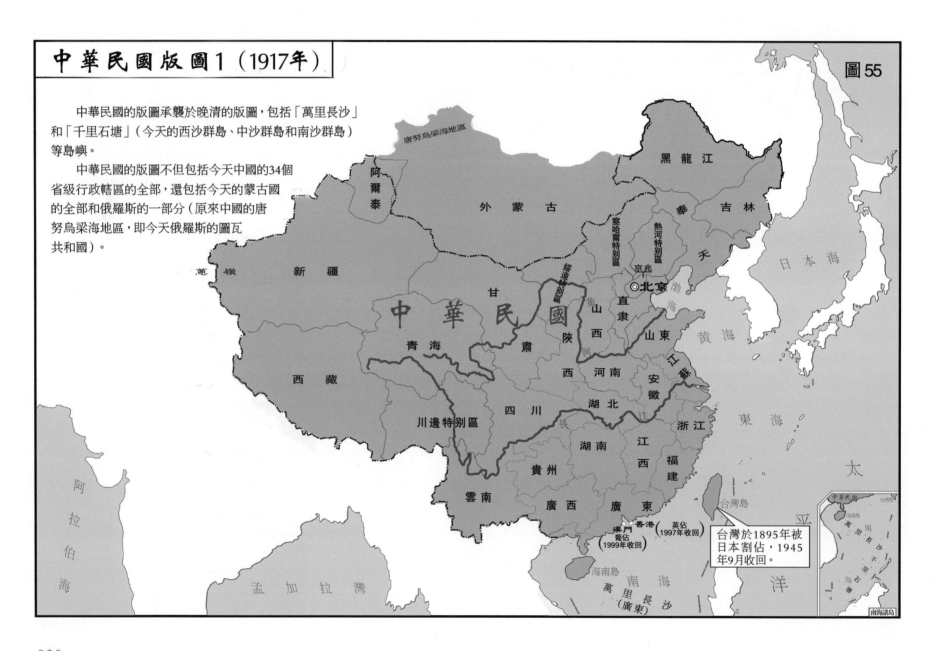

中華民國版圖1（1917年）

圖55

中華民國的版圖承襲於晚清的版圖，包括「萬里長沙」和「千里石塘」（今天的西沙群島、中沙群島和南沙群島）等島嶼。

中華民國的版圖不但包括今天中國的34個省級行政轄區的全部，還包括今天的蒙古國的全部和俄羅斯的一部分（原來中國的唐努烏梁海地區，即今天俄羅斯的圖瓦共和國）。

台灣於1895年被日本割佔，1945年9月收回。

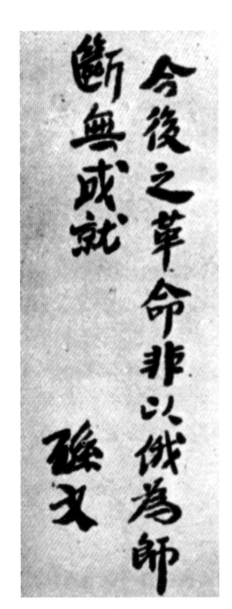

孫中山手書
的條幅

以終身任職並將職務傳給子孫。袁世凱實際上成了「皇帝」。但他還不滿足，1915 年他乾脆想把民國的牌子也扔掉，恢復帝制做真正的皇帝。袁世凱的倒行逆施遭到了全國一片反抗之聲，蔡鍔等發動了武裝討袁。1916 年 6 月，袁世凱死去，此後民國政權淪入北洋軍閥之手。這些軍閥們爭權奪利，專制、獨裁，政治黑暗，人民的生活更加艱難。

1917 年 9 月，孫中山聯合西南軍閥在廣州建立軍政府，並被推舉為大元帥，進行護法戰爭。但孫中山在軍政府內備受軍閥和政客的壓制、排擠，不得不於 1918 年 5 月辭去大元帥職務。

1921 年 5 月，孫中山在廣州就任非常國會推舉的非常大總統，準備以兩廣為根據地北伐。1922 年 6 月，廣東軍閥陳炯明叛變，孫中山率海軍反擊叛軍，因待援無望、被迫離開廣州赴上海。1923 年 2 月，孫中山從上海回到廣州，重建陸海軍大本營。

1924 年 1 月，孫中山領導的中國國民黨召開「一大」，確立了「聯俄、聯共、扶助農工」的方針策略。同年 5 月，孫中山意識到，「靠軍閥打軍閥」的路不通，就在廣州黃埔長州島創立了陸軍軍官學校（即黃埔軍校），為建立革命軍隊打下了基礎。

黃埔軍校是「國共合作」的結晶，也是蔣介石（1887—1975 年）的龍興之地（蔣介石曾任校長）。當時在黃埔軍校當領導和教官的共產黨人有周恩來、葉劍英、聶榮臻、毛澤覃（毛澤東的弟弟）、惲代英等人。在中華人民共和國的元勳將帥中，不少人曾是黃埔軍校的學生，著名的有陳賡、徐向前、周士第、林彪、羅瑞卿等。

1924 年 10 月，張作霖（1875—1982 年）和馮玉祥（1882—1948 年）的軍隊推翻了曹錕為總統的北洋軍閥政府，馮玉祥、段祺瑞（1865—1936 年）、張作霖等先後電邀孫中山北上「共商國是」。12 月，孫中山扶病到達北京，不幸於 1925 年 3 月 12 日，因患肝癌在北京逝世，享年 60 歲。

第二節　袁世凱和北洋軍閥政府

袁世凱是一代梟雄，原是清帝國的直隸總督兼北洋大臣，1909 年被罷免。1911 年武昌起義成功後，他被清廷任命為內閣總理大臣。

他以高明的兩面派手段，用革命軍威嚇清廷，又以北洋軍威脅孫中山及革命軍，最後成功地逼迫清廷皇帝退位，以此換取了孫中山「禪位」，自己當上了中華民國的臨時大總統，1913年當上了正式的大總統。

當上大總統後，袁世凱鎮壓了「二次革命」，廢除了《中華民國臨時約法》，撤銷了國務院，集軍政大權於一身。

1914年6月，沙皇俄國公然出兵霸佔中國唐努烏梁海地區，宣佈將其置於俄國軍隊的保護之下。後來，沙俄乾脆永久霸佔了唐努烏梁海（請對照參閱圖0和圖55），袁世凱雖然不予承認，但也無可奈何。

1914年7月，英國逼迫西藏地方政府代表簽訂了所謂的《西姆拉條約》，妄圖將西藏分裂出去（實際由英國統治）。不過，袁世凱下令中國政府代表拒絕簽字，並聲明不承認英藏片面所簽的文件，英國的陰謀宣佈破產。看來，袁世凱還算有點骨氣。但是，骨氣和廉恥心遠比不上皇帝的寶座，他為了圓皇帝夢，竟然接受日本的「最後通牒」，即喪權辱國的「二十一條」

中的大部分條款，以換取日本對帝制的支持。

1915年12月11日，他唆使御用的「參政院」推戴他為「中華帝國大皇帝」。次日，他發佈接受帝位的申令，準備在翌年元旦加冕登基。

他的倒行逆施激起了全國各階層的義憤。12月25日，蔡鍔（1882—1916年）等人在雲南宣佈起義，發動護國戰爭討袁。貴州、廣西、廣東、浙江等省紛紛回應。加上北洋軍閥內部矛盾重重，危機四伏，才過了幾十天「洪憲皇帝」癮的袁世凱不得不於1916年3月22日宣佈取消帝制，恢復中華民國。

1916年6月6日，袁世凱在全國人民的唾罵聲中憂懼而死。

袁世凱死後，副總統黎元洪（1864—1928年）繼任總統，段祺瑞任國務院總理，但實權在以段祺瑞為首的北洋軍閥手中。黎段之間長期不和，形成了「府院之爭」。1917年5月，黎免去段總理之職，段的「哥們兒」張勳（曾和段同是袁世凱的部下）以「調解」為名，率兵進京驅黎，並公開提出復辟，擁「廢帝」

溥儀重登皇位，被封為「北洋大臣」。但在全國人民的反對聲討，及段祺瑞的「討逆軍」的討伐下，復辟鬧劇僅上演了十三天。

1917年7月，北洋軍閥中的馮國璋（1859—1919年）代理總統，但在1918年10月又被段祺瑞脅迫下台，由「北洋元老」徐世昌當總統。1919年「五四」運動發生時，徐世昌下令鎮壓，逮捕了不少愛國學生，因此名聲掃地，於1922年被曹錕、吳佩孚等逼迫辭職，黎元洪又重新出任總統。1923年，曹錕（1862—1938年）逼迫黎元洪下台，以行賄議

袁世凱祭天圖

員的辦法當選總統。1924 年，曹錕的部下馮玉祥發動「北京政變」，逼迫曹錕宣佈辭職，推舉段祺瑞為「臨時執政」，電邀孫中山先生北上「共商國是」。

段祺瑞是中華民國早期的重要人物。他品行「祺瑞」，不抽、不喝、不嫖、不賭、不貪、不佔，時稱「六不總理」。他力助袁世凱逼清帝退位，抵制老上司袁世凱稱帝，討伐張勳復辟，有所謂「三造共和」的美譽。

從 1916 年袁世凱稱帝夢破，到 1928 年「少帥」張學良（1901—2001 年）「東北易幟」，中華民國經歷了四個總統（黎元洪、馮國璋、徐世昌、曹錕）和一個「臨時執政」（段祺瑞），史稱此時期為北洋軍閥政府時期。

第三節　北伐戰爭和蔣介石政府

1926 年 7 月 1 日，國共合作組成的廣州國民政府發表了《北伐宣言》，9 日國民革命軍誓師，北伐戰爭開始。

當時，中華民國的大部分由北方四大軍閥控制：東北三省、河北、山東等地區是張作霖的勢力範圍；山西、陝西、甘肅等地區是馮玉祥的勢力範圍；江蘇、浙江、安徽、江西等地區成了孫傳芳的勢力範圍；河南、湖北、湖南、四川、貴州等地區被吳佩孚控制。（請對照參閱圖 0 和圖 56）

這些軍閥一直混戰不休，境內百姓生活困苦，怨聲載道，人民都歡迎北伐軍，盼望結束軍閥統治的時代。

在各地人民羣眾的支持下，北伐軍勢如破竹。1926 年 7 月 12 日，北伐軍攻克湖南長沙；8 月 30 日以共產黨員葉挺（1896—1946 年）為團長的獨立團佔領了武昌的咽喉賀勝橋；9 月 7 日，北伐軍攻佔了漢陽、漢口，吳佩孚被迫逃往鄭州。9 月 16 日，馮玉祥宣佈忠於國民革命，加入討伐吳佩孚和張作霖的戰鬥。10 月 10 日，北伐軍攻克武漢，11 月 8 日攻克江西南昌，12 月攻佔福建，1927 年 3 月，北伐軍攻佔上海和南京，至此，北伐軍已基本控制了華南、華中、華東的十個省和馮玉祥的勢力範圍。

北伐軍攻克武昌後，廣州國民政府遷都武漢，並於 1927 年 3 月正式成立了武漢國民政府。是年 4 月 12 日，蔣介石在上海發動「四一二」政變，實行清黨反共，屠殺共產黨人。4 月 18 日，蔣介石在南京另立國民政府，與武漢國民政府對峙。6 月 19 日，武漢國民政府的汪精衞（1883—1944 年）和蔣介石達成清黨反共協定，7 月 15 日在武漢實行「分共」，第一次國共合作最後破裂，北伐戰爭夭折。

為了拯救革命，對蔣介石和汪精衞的大屠殺實行武裝對抗，中國共產黨於 1927 年 8 月 1 日在南昌武裝起義，打響了反對國民黨專政的第一槍。1928 年 4 月，朱德（1886—1976 年）領導的南昌起義軍和毛澤東（1893—1976 年）領導的農民起義軍在井岡山會師，1929 年在贛南、閩西地區建立了根據地。到 1933 年，中共根據地最大時轄有 21 個縣城，250 萬人口。

排除了共產黨人之後，國民黨軍隊繼續北上。1928 年，佔據了京津一帶，統一了除東北外的全國大部分地區。1928 年底，張學良「東

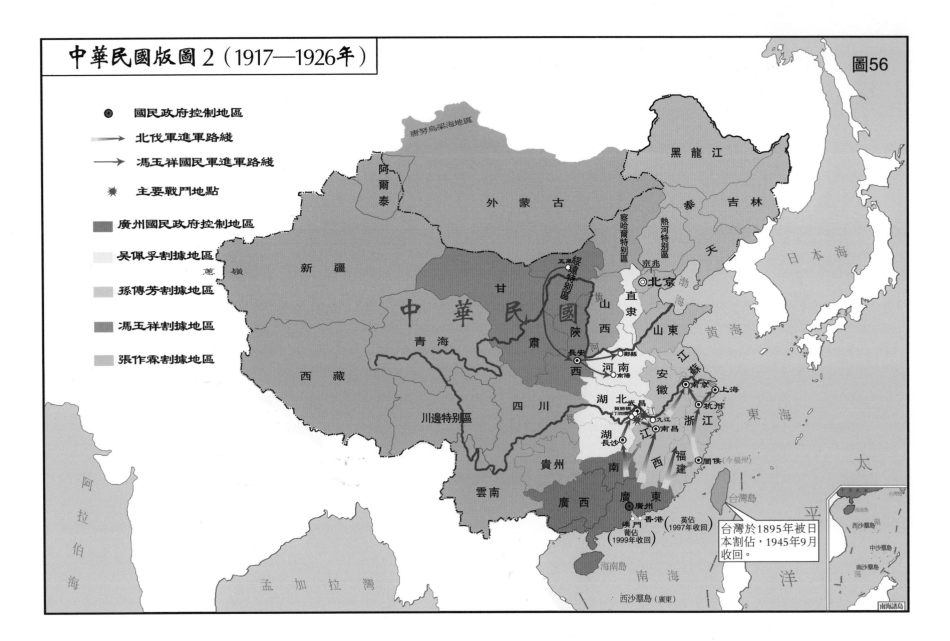

中華民國版圖 2（1917—1926年）

圖56

- ◉ 國民政府控制地區
- → 北伐軍進軍路綫
- → 馮玉祥國民軍進軍路綫
- ✳ 主要戰鬥地點
- 廣州國民政府控制地區
- 吳佩孚割據地區
- 孫傳芳割據地區
- 馮玉祥割據地區
- 張作霖割據地區

唐努烏梁海地區

黑龍江

阿爾泰

外蒙古

吉林

奉天

日本海

察哈爾特別區

熱河特別區

京兆

◉北京

直隸

渤海

新疆

甘肅

綏遠特別區

五原

山西

陝西

黃河

山東

黃海

中華民國

青海

長安

鄭縣

河南

南陽

江蘇

安徽

◉南京

◉上海

◉杭州

西藏

四川

湖北

武昌

汀泗橋

賀勝橋

九江

浙江

東海

川邊特別區

江西

南昌

湖南

長沙

福建

◉閩侯 (今福州)

太

雲南

貴州

廣西

廣東

◉廣州

台灣島

平

澳門 葡佔 (1999年收回)

香港 英佔 (1997年收回)

台灣於1895年被日本割佔，1945年9月收回。

阿拉伯海

海南島

南海

洋

孟加拉灣

西沙羣島 (廣東)

東沙羣島

西沙羣島

中沙羣島

南沙羣島

南海諸島

北易幟」，蔣介石完成了「全國統一」。但這統一不過是各方力量暫時的聯合。蔣介石要做真正的統治者，必須先收服各路「諸侯」。1929年3月，「蔣桂戰爭」爆發。1930年5月，又爆發了蔣介石與閻錫山（1883—1960年）、馮玉祥和桂系軍閥李宗仁（1891—1969年）的混戰。憑藉江浙大財團的支持，這些戰爭均以蔣的勝利告終。

中原大戰，死傷四十餘萬，大片土地蕩為白地，人民流離失所，削弱了中國軍隊抵禦外侮的能力。中國更加貧弱的狀況給了日寇侵華以可乘之機。1931年，日本炮製了「九一八」事變。東北軍十幾萬部隊一退再退，讓日軍於1932年2月侵佔了東北三省。3月，日本又炮製了「滿洲國」王朝。（請對照參閱圖0和圖57）

蔣介石奉行「攘外必先安內」的政策，對贛南、閩西地區的中共根據地發動了五次「圍剿」。

1934年10月，第五次「反圍剿」失敗，中國工農紅軍被迫萬里長征到了陝北，另闢革命根據地。

從1928年到1936年，蔣介石的中華民國政府成了軍閥混戰和「圍剿共匪」的政府。

第四節　艱苦卓絕的八年抗戰

1936年，日本侵佔全中國的企圖已經非常明顯，蔣介石仍然堅持「攘外必先安內」的政策，遭到了國民黨內部一些愛國人士的反對。

西安事變

1936年12月初，蔣介石到達西安，逼迫張學良、楊虎城把軍隊全部開赴陝北「剿共」前線。12月12日凌晨，張學良的東北軍和楊虎城的第十七路軍協同行動，扣留蔣介石和陳誠、衛立煌等國民黨軍政大員，隨即通電全國，提出改組南京政府、停止一切內戰等八項抗日主張，史稱「西安事變」。

此後，張學良、楊虎城和以周恩來為首的

北伐行軍途中

蔣介石在南京

中共代表團一起，與蔣介石夫人宋美齡等國民黨代表談判。經過商談，宋美齡等人作出「停止剿共」、「三個月後抗日發動」等項承諾。12月24日晚，周恩來會見蔣介石，當面向蔣介石說明中國共產黨抗日救國的政策。蔣介石表示同意談判議定的六項條件，允諾「只要我存在一日，中國決不再發生反共內戰」。

蔣介石被迫接受聯共抗日的條件後，「西安事變」和平解決。

後來，中國共產黨承認蔣介石為抗日領袖，把中國工農紅軍改編為國民革命軍第八路軍，和全國軍民一起投入到偉大的抗日戰爭中去。

南京大屠殺

1937年7月7日，日軍發動「蘆溝橋事變」，將侵略魔爪伸向全中國，「八年抗戰」爆發。

在蔣介石的統率下，中國軍隊先後在平津、淞滬、忻口、南京、徐州、太原、武漢、長沙、南昌等地浴血抗戰。但是，蔣介石實行片面抗戰路線和單純防禦的戰略方針，致使中國大片國土相繼淪陷，河北、山東、江蘇、浙江、安徽、江西、內蒙、山西、河南、湖北、湖南、廣東、廣西、海南、台灣等省的全部或一部分都先後被日寇侵佔。（請對照參閱圖0和圖57）

1937年12月13日，日軍佔領南京後，對南京無辜平民和已放下武器的軍人進行長達6週的大屠殺。他們採取砍頭、割腹、活埋、火燒、水溺等極其殘忍的手段，血腥屠殺了34萬多中國軍民，犯下了不可饒恕的滔天罪行。根據1946年遠東國際法庭不完全統計，中國軍民在南京被集體射殺、火燒及活埋者19萬人，被零星屠殺者15萬人。

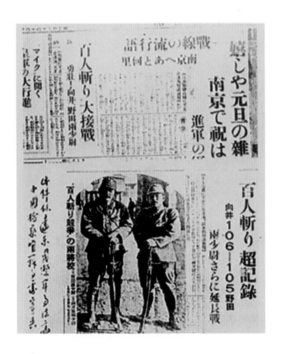

左：張學良與楊虎城

右：1937年12月，日本《東京每日新聞》以「紫金山下」為題進行報道，稱向井已殺了106人，野田殺了105人，但不知誰先殺到100人，所以勝負難分，他們還要以殺滿150個中國人為目標比賽下去。這是當時《東京每日新聞》對此事報道的影印件。天網恢恢，抗日戰爭勝利後的1948年，這兩個殺人惡魔被中國政府判處死刑，執行槍決

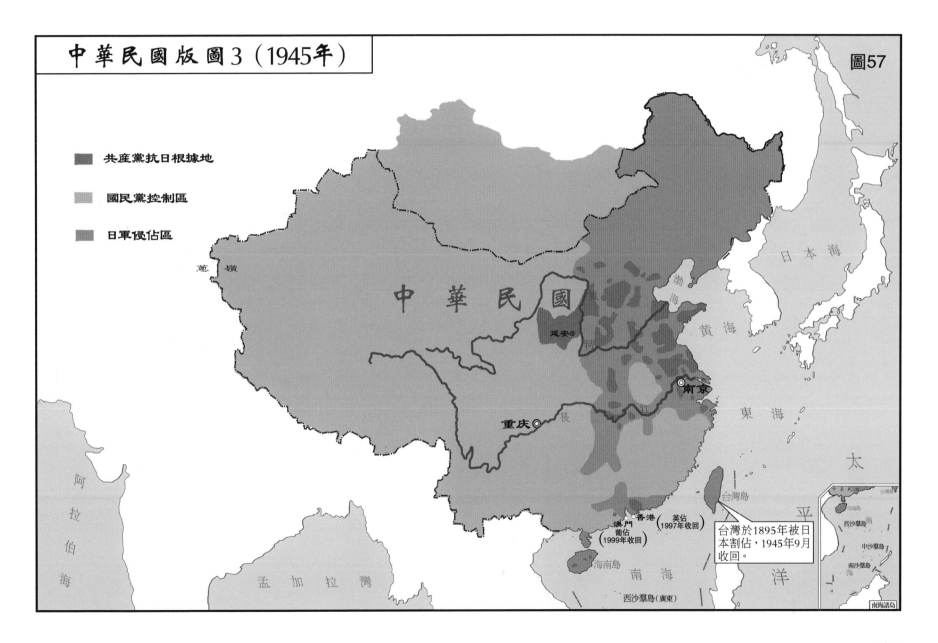

中華民國版圖3（1945年）　　圖57

共産黨抗日根據地

國民黨控制區

日軍侵佔區

中 華 民 國

蔥　嶺

延安

南京

重庆

長

日 本 海

渤海

黃海

東 海

太

平

洋

阿拉伯海

孟加拉灣

香港　英佔
（1997年收回）

澳門
葡佔
（1999年收回）

台灣島

海南島

南 海

西沙羣島（廣東）

台灣於1895年被日本割佔，1945年9月收回。

西沙羣島

中沙羣島

南沙羣島

南海諸島

平型關大捷和台兒莊大捷

中國人民是不屈不撓的人民！《義勇軍進行曲》的歌聲響遍全國：

起來，不願做奴隸的人們！把我們的血肉，築成我們新的長城！中華民族到了最危險的時候，每個人被迫着發出最後的吼聲。起來！起來！起來！我們萬眾一心，冒着敵人的炮火前進！冒着敵人的炮火前進！前進！前進！進！

1937 年 9 月 25 日，八路軍 115 師在山西

日軍簽字投降

東北的平型關伏擊日本侵略軍，擊斃了日軍精銳板垣師團的一千多人，擊毀日軍汽車一百餘輛，繳獲了大量的槍支彈藥，打破了「日軍不可戰勝」的神話，取得了抗日戰爭以來中國軍隊的第一個大勝利。

1938 年 4 月 6 日，國民政府軍在第五戰區司令長官李宗仁的指揮下，在台兒莊（今屬山東棗莊）殲滅了日軍精銳部隊磯谷、板垣師團的主力二萬多人，取得了震動中外的台兒莊大捷，徹底粉碎了日軍「三個月滅亡中國」的狂妄企圖。

經過八年艱苦卓絕的防禦、相持階段，中國人民的抗日戰爭進入到反攻階段。1945 年 5 月，法西斯德國投降，第二次世界大戰歐洲戰場的戰爭結束，日本法西斯陷入了孤立無援、困獸猶鬥的絕境。在中國軍民的大反攻和國際盟軍的無情打擊下，日本天皇於 8 月 15 日正式宣佈無條件投降，中國軍民艱苦卓絕的八年抗戰終於取得了偉大勝利。1945 年 9 月，根據《開羅宣言》和《波茨坦公告》，中國政府收回台灣。

但是，「收之東隅，失之北疆」。1946 年 1 月，南京政府承認外蒙古獨立。雖然當時還沒有勘定疆界，但從此外蒙古從中國分裂出去，成為獨立的蒙古人民共和國。（今稱蒙古國，請參閱圖 58）1950 年，中華人民共和國政府和蘇聯政府簽訂《中蘇友好同盟互助條約》，正式確認了蒙古人民共和國的獨立。

在偉大的抗日戰爭中，中日軍隊進行大規模或較大規模的會戰 22 次，重要戰役 200 餘次，大小戰鬥近 20 萬次，總計殲滅日軍 150 餘萬人、偽軍 164 萬餘人。但是，中國也付出了非常慘重的代價：中國軍民傷亡 3500 多萬人（其中軍人 331 萬），損失財產及戰爭消耗高達 5600 餘億美元！

中國人民是愛好和平的人民！但是，我們一定要勿忘戰爭，勿忘國恥，永遠記住歷史！

第五節　全面內戰和國民黨政府倒台

抗日戰爭勝利後，國民黨政府一心想消滅共產黨，發動內戰。但是，當時全國人民一片

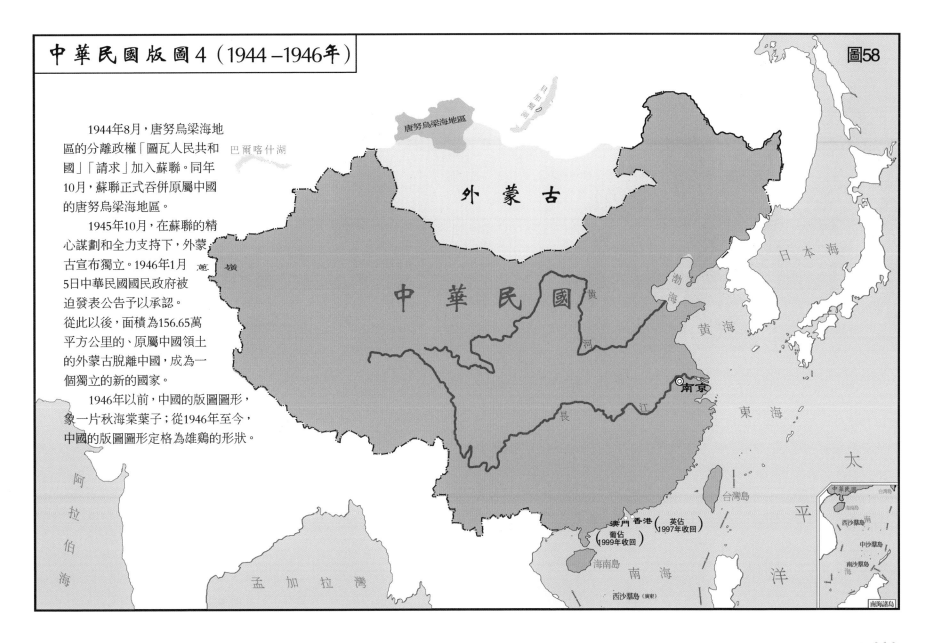

中華民國版圖4（1944－1946年）

圖58

1944年8月，唐努烏梁海地區的分離政權「圖瓦人民共和國」「請求」加入蘇聯。同年10月，蘇聯正式吞併原屬中國的唐努烏梁海地區。

1945年10月，在蘇聯的精心謀劃和全力支持下，外蒙古宣布獨立。1946年1月5日中華民國國民政府被迫發表公告予以承認。從此以後，面積為156.65萬平方公里的、原屬中國領土的外蒙古脫離中國，成為一個獨立的新的國家。

1946年以前，中國的版圖圖形，象一片秋海棠葉子；從1946年至今，中國的版圖圖形定格為雄鷄的形狀。

毛澤東、周恩來、赫爾利等飛抵重慶談判

重慶談判時的蔣介石與毛澤東

反內戰呼聲，為了贏得內戰的準備時間和爭取政治上的主動，蔣介石連發三次電報，邀請中共中央主席毛澤東赴重慶「面商國是」。

1945年8月28日，以毛澤東、周恩來、王若飛為首的中共代表團，在國民黨代表張治中和美國駐華大使赫爾利的陪同下，由延安飛抵重慶，就和平建國等問題同蔣介石進行了多次商談。

10月10日，經過艱難的談判，雙方代表簽署了《政府與中共代表會談紀要》，即《雙十協定》。

但是，《雙十協定》墨跡未乾，10月13日，蔣介石就命令國民黨部隊進攻解放區，被人民解放軍在河北邯鄲地區殲滅了4萬多人。1946年1月，國共雙方又簽訂了一個《停戰協定》。

1946年6月，蔣介石調兵遣將部署完畢，就公然撕毀《雙十協定》和《停戰協定》，開始對共產黨領導的解放區發動全面進攻，挑起了全面內戰。

蔣介石敢於撕毀協定，發動全面內戰，同美國對他的支持和援助有着直接關係。美國積極支持國民黨政府發動內戰，用飛機軍艦運送54萬國民黨軍隊到內戰前線，裝備了蔣軍54個師。並為蔣介石訓練軍隊、特務、軍醫等15萬人，給了蔣介石13億多美元的援助，甚至直接出兵替國民黨搶佔戰略要地和重要交通線。

當然，「世上沒有免費的午餐」，為了換取美國的援助，國民黨政府空前出賣國家主權。1946年，國民黨政府同美國簽訂所謂《中美友好通商航海條約》。接着，又簽訂了《中美航空條約》等一系列喪權辱國的條約，把中國主權大量出賣給美帝國主義。

從國共雙方的力量對比來看，共產黨處於絕對的劣勢。因此，從1946年6月到1947年6月，共產黨解放區一直處於戰略防禦態勢，戰爭主要在解放區進行。

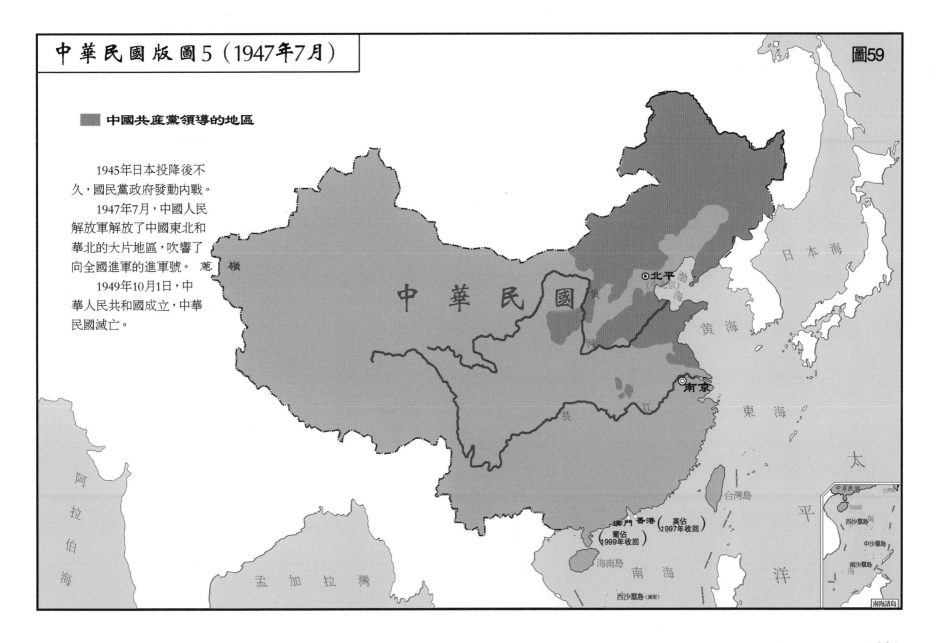

中華民國版圖 5（1947年7月）　　圖59

■ 中國共產黨領導的地區

　　1945年日本投降後不久，國民黨政府發動內戰。
　　1947年7月，中國人民解放軍解放了中國東北和華北的大片地區，吹響了向全國進軍的進軍號。
　　1949年10月1日，中華人民共和國成立，中華民國滅亡。

當時的大解放區，主要有 6 個：陝甘寧解放區、東北解放區、晉冀魯豫解放區、華東解放區（包括山東解放區和蘇皖解放區）、晉察冀解放區、晉綏解放區和中原解放區。

經過一年多的艱苦戰鬥，國民黨軍隊的全面進攻和重點進攻被粉碎，其正規部隊被殲滅了一百多個旅，加上非正規軍，共 112 萬人被殲，光是將級軍官就被俘 202 人。解放軍也迅速壯大到 195 萬人。

從 1947 年 7 月起，人民解放軍由戰略防禦轉入戰略進攻，解放了東北和華北的大片土地（請對照參閱圖 0 和圖 58）。

1948 年 9 月到 1949 年 1 月，人民解放軍先後進行了遼瀋、淮海、平津三大戰役，基本上消滅了國民黨軍隊的主力，解放了全東北和長江中下游以北的半個中國。

蔣介石眼看大勢已去，不得不於 1949 年 1 月宣佈「引退」，由副總統李宗仁代理總統，妄圖「隔江而治」，保住半壁江山。4 月初，國共兩黨代表再度和談，並擬定了《國內和平協定（最後修改案）》，但國民黨政府拒絕簽字。4 月 21 日，中國人民革命軍事委員會主席毛澤東、中國人民解放軍總司令朱德發佈向全國進軍命令。

1949 年 4 月 23 日，人民解放軍攻佔南京，國民黨政府宣告滅亡。

1949 年 10 月 1 日，中華人民共和國成立，定都北京。

1949 年 12 月，蔣介石逃往台灣，中國歷史從此又翻開了嶄新的一頁。

毛澤東宣佈中華人民共和國成立

全面內戰初期國共力量對比簡表

	國民黨統治區	共產黨解放區
擁有軍隊	430 萬人	130 萬人
擁有人口	3 億多人	1 億多人
擁有地區	富裕的大城市，擁有大部分鐵路交通線，佔有全國約 4/5 的關鍵地區	小城鎮、鄉村、偏遠和貧窮地區
擁有裝備	接收 100 萬日軍的武器裝備，美國的大量先進武器「援助」	以步槍等輕武器為主，有少量大炮

主要參考書目

文字類： (1) 二十五史（電子書），天津電子出版社，2001 年 8 月。

(2)《中國通史》，范文瀾等著，人民出版社，1978 年 6 月。

(3)《中華通史》，陳致平著，花城出版社，1996 年 2 月。

(4)《國史大綱》，錢穆著，商務印書館，1996 年 6 月。

(5)《中國史綱要》，翦伯贊主編，人民出版社，1982 年 5 月。

(6)《中國疆域沿革史》，顧頡剛著，商務印書館，1999 年 6 月。

(7)《中國歷代疆域的變遷》，葛劍雄著，商務印書館，1997 年 12 月。

(8)《世界通史》，（蘇）蘇聯科學院主編，三聯書店，1978 年 10 月。

(9)《全球通史》，（美）斯塔夫里阿諾斯（L.S.Stavrianos）著，上海社會科學院出版社，1999 年 5 月。

圖集類： (1)《中國歷史地圖集》，譚其驤主編，地圖出版社，1982 年 10 月。

(2)《簡明中國歷史地圖集》，譚其驤主編，中國地圖出版社，1991 年 10 月。

(3)《中國史稿地圖集》，郭沫若主編，中國地圖出版社，1990 年 12 月。

(4)《中華古地圖集珍》，閻平等著，西安地圖出版社，1995 年 7 月。

(5)《大學世界歷史地圖集》，吳于廑主編，人民出版社，1988 年 9 月。

(6)《世界歷史地圖集》，張芝聯等主編，中國地圖出版社，2002 年 4 月。

(7)《泰晤士世界歷史地圖集》，（英）巴勒克拉夫（G.Barraclough）主編，三聯書店，1985 年 9 月。

(8)《劍橋插圖中國史》，（美）伊佩霞（P.B.Ebrey）著，山東畫報出版社，2001 年 3 月。

附錄　地圖索引

圖 0	中華人民共和國版圖	23
圖 1	中國重要的原始人類化石和遺址分佈圖	25
圖 2	黃帝及堯舜禹等部落分佈圖	28
圖 3	夏王朝的活動範圍圖	32
圖 4	商王朝的形勢圖	37
圖 5	西周分封形勢圖	41
圖 6	春秋時期形勢圖	45
圖 7	戰國時期形勢圖	51
圖 8	圍魏救趙　馬陵之戰	52
圖 9	秦軍攻韓楚趙魏形勢圖	55
圖 10	春秋戰國主要的諸子百家	58
圖 11	秦帝國版圖 1	62
圖 12	秦帝國版圖 2	65
圖 13	秦末農民起義形勢圖	70
圖 14	西漢帝國初期版圖	74
圖 15	西漢帝國版圖	79
圖 16	羅馬帝國版圖	80
圖 17	東漢帝國版圖	84
圖 18	東漢末年農民起義與軍閥割據形勢圖	86
圖 19	三國鼎立形勢圖	91
圖 20	晉帝國的版圖	95
圖 21	東晉十六國形勢圖 1	99
圖 22	東晉十六國形勢圖 2	102
圖 23	東晉十六國形勢圖 3	105
圖 24	南北朝形勢圖 1	110
圖 25	南北朝形勢圖 2	114
圖 26	南北朝形勢圖 3	117
圖 27	隋帝國版圖	122
圖 28	唐帝國版圖 1	126
圖 29	唐帝國版圖 2	133
圖 30	阿拉伯帝國	134
圖 31	唐帝國版圖 3	139
圖 32	唐帝國版圖 4	141
圖 33	唐帝國版圖 5	142
圖 34	五代十國形勢圖 1	147
圖 35	五代十國形勢圖 2	150

圖 36　五代十國形勢圖 3　　　　　151

圖 37　遼宋金蒙時期形勢圖 1　　　156

圖 38　遼宋金蒙時期形勢圖 2　　　162

圖 39　遼宋金蒙時期形勢圖 3　　　166

圖 40　遼宋金蒙時期形勢圖 4　　　168

圖 41　元帝國的版圖 1　　　　　　172

圖 42　元帝國的版圖 2　　　　　　175

圖 43　元末農民起義形勢圖　　　　176

圖 44　明帝國的版圖 1　　　　　　182

圖 45　1533 年明帝國和莫斯科公國　186

圖 46　明帝國的版圖 2　　　　　　189

圖 47　西班牙帝國版圖　　　　　　190

圖 48　明末農民起義　　　　　　　191

圖 49　清帝國的版圖 1　　　　　　199

圖 50　清帝國的版圖 2　　　　　　200

圖 51　清帝國的版圖 3　　　　　　205

圖 52　清帝國的版圖 4　　　　　　209

圖 53　清帝國的版圖 5　　　　　　213

圖 54　清帝國的版圖 6　　　　　　216

圖 55　中華民國版圖 1　　　　　　220

圖 56　中華民國版圖 2　　　　　　224

圖 57　中華民國版圖 3　　　　　　227

圖 58　中華民國版圖 4　　　　　　229

圖 59　中華民國版圖 5　　　　　　231

看版圖學中國歷史

陸運高　著

責任編輯　蕭　健
裝幀設計　高　林
排　　版　賴艷萍
印　　務　劉漢舉

出版　　中華書局（香港）有限公司
　　　　香港北角英皇道 499 號北角工業大廈一樓 B
　　　　電話：（852）2137 2338　傳真：（852）2713 8202
　　　　電子郵件：info@chunghwabook.com.hk
　　　　網址：http://www.chunghwabook.com.hk

發行　　香港聯合書刊物流有限公司
　　　　香港新界荃灣德士古道 220-248 號
　　　　荃灣工業中心 16 樓
　　　　電話：（852）2150 2100　傳真：（852）2407 3062
　　　　電子郵件：info@suplogistics.com.hk

印刷　　美雅印刷製本有限公司
　　　　香港觀塘榮業街 6 號 海濱工業大廈 4 樓 A 室

版次　　2006 年 1 月初版
　　　　2021 年 3 月增訂版
　　　　© 2006 2021 中華書局（香港）有限公司

規格　　16 開（215mm×285mm）

ISBN　　978-988-8676-96-5